高等应用型人才"十三五"规划教材

多媒体课件制作

杨欢耸 等编著

电子工业出版社
Publishing House of Electronics Industry
北京·BEIJING

内 容 简 介

本书共由 9 章组成，第 1 章讲述了多媒体课件制作的理论基础；第 2 章讲述了多媒体课件素材的采集与编辑；第 3 章讲述了 PowerPoint 课件制作方法；第 4 章讲述了网页课件制作方法；第 5 章讲述了 Flash 课件制作方法；第 6 章讲述了微课的设计与制作；第 7 章讲述了移动微课件；第 8 章讲述了 Authorware 交互式课件的制作；第 9 章讲述了课件与数据库连接技术。

本书可以作为高等院校公共课教材，也可以作为教育技术专业、计算机专业的教材，同时可以作为不同层次的教学培训人员、学科教师、管理人员和多媒体开发人员的教学参考用书。

未经许可，不得以任何方式复制或抄袭本书之部分或全部内容。
版权所有，侵权必究。

图书在版编目（CIP）数据

多媒体课件制作 / 杨欢耸等编著. —北京：电子工业出版社，2017.2
ISBN 978-7-121-30801-7

Ⅰ. ①多… Ⅱ. ①杨… Ⅲ. ①多媒体课件—制作—高等学校—教材 Ⅳ. ①G436

中国版本图书馆 CIP 数据核字（2017）第 011005 号

策划编辑：贺志洪
责任编辑：贺志洪　　特约编辑：杨　丽　薛　阳
印　　刷：涿州市京南印刷厂
装　　订：涿州市京南印刷厂
出版发行：电子工业出版社
　　　　　北京市海淀区万寿路 173 信箱　邮编 100036
开　　本：787×1092　1/16　　印张：15.75　　字数：403.2 千字
版　　次：2017 年 2 月第 1 版
印　　次：2018 年 5 月第 3 次印刷
定　　价：38.00 元

凡所购买电子工业出版社图书有缺损问题，请向购买书店调换。若书店售缺，请与本社发行部联系，联系及邮购电话：(010) 88254888，88258888。
质量投诉请发邮件至 zlts@phei.com.cn，盗版侵权举报请发邮件至 dbqq@phei.com.cn。
本书咨询联系方式：(010) 88254609 或 hzh@phei.com.cn。

前　言

教育信息化作为国家信息化的战略重点，已经在教育理念和教学模式上发生了深刻的变革，其发展非常迅速，作为在教育信息化发展中非常有效的载体——多媒体设备及课件，也迅速地普及各个大、中、小学及各社会机构，大量的教师已广泛地使用多媒体来开展教育教学活动。由于多媒体开发软件的不断发展，一些旧的开发软件已不适应当前教育发展的需要，广大教师就迫切需要一本符合现代潮流的多媒体课件开发教材。本书在大量调研的基础上，组织了一批富有经验的专家学者，以理论为指导、以信息技术和学科整合为宗旨，并结合大量的案例，手把手地教你学做优秀的多媒体课件，相信看了此书后，读者会有非常多的惊喜。

本书共分为 9 章，分别是多媒体课件制作的理论基础、多媒体课件素材的采集与编辑、PowerPoint 课件制作、网页课件制作、Flash 课件制作、微课的设计与制作、移动微课件、Authorware 课件制作、课件与数据库连接技术。本书编著者有杨欢耸、潘红、汪旦华、詹建国、项洁、汪燕云、虞剑波、刘鹏、王超。

本书可以作为高等院校的教学用书，也可以作为不同层次的教学和培训用书，同时可作为学校教师、管理人员和技术人员的参考用书。

本书在编写过程中得到了杭州师范大学和浙江大学相关教师的大力支持，在此表示衷心的感谢。本书在编写过程中得到了杭州师范大学智库项目及教改项目的大力支持，也得到了教育部与高通公司产学合作协同育人项目（项目编号 201602034006）的支持，还得到了浙江大学等高校的大力支持，在此表示衷心的感谢。

由于编者水平有限，书中难免会有疏漏和不足之处，敬请读者批评指正。作者信箱 hzjyhs@163.com。

编著者
2017.1 于杭州

目　录

第1章　多媒体课件制作的理论基础 ··········· 1

1.1　多媒体课件的基本概述 ··········· 1
- 1.1.1　多媒体课件的定义 ··········· 1
- 1.1.2　多媒体课件的类型 ··········· 1
- 1.1.3　多媒体课件的特点 ··········· 3
- 1.1.4　多媒体课件的制作流程 ··········· 3

1.2　多媒体课件的内容选择 ··········· 6

1.3　多媒体课件设计的理论基础 ··········· 7
- 1.3.1　学习理论 ··········· 7
- 1.3.2　教学理论 ··········· 12
- 1.3.3　视听与传播理论 ··········· 18
- 1.3.4　系统科学理论 ··········· 21

第2章　多媒体课件素材的采集与编辑 ··········· 25

2.1　文本素材的采集与编辑 ··········· 25
- 2.1.1　文本素材 ··········· 25
- 2.1.2　文本素材的采集方法 ··········· 25
- 2.1.3　图形、图像文字 ··········· 26

2.2　图形图像素材的采集与编辑 ··········· 27
- 2.2.1　图形、图像在课件中的作用 ··········· 27
- 2.2.2　图形、图像基本类型和格式 ··········· 27
- 2.2.3　图形图像的采集方法 ··········· 29
- 2.2.4　图像处理 ··········· 31
- 2.2.5　使用 Photoshop 处理图片文件 ··········· 32

2.3　音频素材的采集与编辑 ··········· 38
- 2.3.1　音频格式 ··········· 38
- 2.3.2　音频素材采集方法 ··········· 39
- 2.3.3　使用 GoldWave 处理音频文件 ··········· 42

2.4 视频素材的采集与编辑 … 48
2.4.1 视频素材采集与编辑概述 … 48
2.4.2 使用会声会影 10 处理视频文件 … 50
2.5 动画素材的采集与编辑 … 53
2.5.1 教学动画概述 … 53
2.5.2 动画素材的采集与编辑 … 55
2.5.3 使用 Flash CS6 处理动画文件 … 62

第 3 章 PowerPoint 课件制作 … 67
3.1 PowerPoint 概述 … 67
3.2 PowerPoint 基本操作 … 67
3.2.1 视图方式的切换 … 67
3.2.2 演示文稿的创建 … 68
3.2.3 添加、删除和调整幻灯片顺序 … 68
3.3 PowerPoint 幻灯片的编辑 … 69
3.3.1 幻灯片布局 … 69
3.2.2 色彩设计 … 70
3.3.3 母版的应用 … 70
3.3.4 主题的设置 … 71
3.3.5 文本处理 … 72
3.3.6 超链接处理 … 73
3.3.7 图形图像处理 … 76
3.3.8 音视频动画处理 … 81
3.3.9 动画设置 … 83
3.4 PowerPoint 放映与发布 … 87
3.5 一个简单 PPT 课件的制作 … 87

第 4 章 网页课件制作 … 93
4.1 网页课件基础 … 93
4.1.1 网络（network） … 93
4.1.2 HTTP 协议 … 94
4.1.3 网页与网站 … 95
4.1.4 超文本标记语言 … 96
4.1.5 网络型课件使用环境的构建 … 96
4.2 网页制作 … 98
4.2.1 初识网页 … 98
4.2.2 Dreamweaver CS6 的工作环境 … 99
4.2.3 创建和管理站点 … 104
4.2.4 网页文件的新建 … 107

  4.2.5 网页中的层叠样式表文件 ·· 110
  4.2.6 网页中的多媒体文件 ··· 115
  4.2.7 表单的制作 ·· 118
 4.3 前台脚本语言 JavaScript ··· 122
  4.3.1 JavaScript 的应用实例 ··· 123
  4.3.2 jQuery 技术 ··· 126
 4.4 ajax 技术介绍 ·· 126

第 5 章 Flash 课件制作 ·· **128**

 5.1 Flash 基础知识概述 ··· 128
  5.1.1 Flash 启动 ··· 128
  5.1.2 Flash 文件 ··· 129
  5.1.3 Flash 界面 ··· 129
  5.1.4 时间轴窗口 ·· 130
  5.1.5 工具栏 ··· 130
  5.1.6 属性窗口 ·· 131
  5.1.7 库窗口 ··· 132
  5.1.8 对齐与形变工具 ·· 132
  5.1.9 颜色窗口 ·· 132
 5.2 Flash 动画元素的绘制 ··· 133
  5.2.1 帧的概念 ·· 133
  5.2.2 Flash 动画元件及其制作 ··· 133
 5.3 Flash 基本动画及制作 ··· 135
  5.3.1 补间形状动画的制作 ··· 135
  5.3.2 传统补间动画的制作 ··· 136
  5.3.3 逐帧动画的制作 ·· 137
 5.4 Flash 动画的进一步提升 ··· 138
  5.4.1 引导层动画的制作 ·· 138
  5.4.2 遮罩层动画的制作 ·· 140
 5.5 Flash 课件的交互操作 ··· 141
 5.6 外部文件引入与控制 ··· 145
  5.6.1 Flash 课件应用实例分析 ··· 146
  5.6.2 课件制作演示 ··· 147
 5.7 发布 ··· 151
  5.7.1 Flash 自带的发布功能 ·· 151
  5.7.2 打包外部文件 ··· 152
  5.7.3 其他工具 ·· 152

第 6 章 微课的设计与制作 ·· **154**

 6.1 微课概况 ··· 154

6.2 微课制作方式概述 156
6.2.1 微课视频的主要制作方式 156
6.2.2 微课制作流程 157
6.2.3 常用微课视频制作工具 157
6.3 微课教学设计 158
6.4 微课视频设计 159
6.5 用 Camtasia Studio 制作微课视频 161
6.5.1 录制环境 161
6.5.2 视频录制 161
6.5.3 视频编辑 163
6.5.4 视频输出 168

第 7 章 移动微课件 170
7.1 基于 H5 的移动微课件 170
7.2 移动微课件的制作工具 171
7.2.1 移动微课件制作工具 171
7.2.2 移动微课件开发工具使用基础 172
7.3 移动微课件的设计与制作 183
7.3.1 移动微课件设计要点 183
7.3.2 移动微课件的制作 183

第 8 章 Authorware 课件制作 189
8.1 Authorware 的基本操作 189
8.1.1 工作环境 189
8.1.2 演示窗口属性设置 191
8.2 Authorware 的图标和使用 191
8.3 Authorware 变量、函数和编程语句 192
8.3.1 运算符 192
8.3.2 变量 193
8.3.3 函数 193
8.3.4 编程语句 194
8.4 Authorware 用于课件制作的典型案例 195
8.4.1 按钮响应及教学积件实例 195
8.4.2 教学积件实例 201

第 9 章 课件与数据库连接技术 205
9.1 数据库概述 205
9.1.1 数据库简介 205
9.1.2 数据库管理系统 205

9.2 Access 2013 的基本操作 ·········· 206
9.2.1 数据库文件的新建、打开和保存 ·········· 206
9.2.2 数据表的创建、维护与数据录入 ·········· 207
9.3 PowerPoint 中的数据库应用 ·········· 213
9.3.1 使用 Access 建立题库 ·········· 213
9.3.2 PowerPoint 2013 中的 VBA ·········· 214
9.3.3 VBA 的基础知识 ·········· 217
9.3.4 VBA 常用结构语句 ·········· 218
9.3.5 VBA 中的过程和函数 ·········· 221
9.3.6 使用 VBA 制作 PPT 随堂测试实例 ·········· 223
9.4 Flash 中的数据库应用 ·········· 230
9.4.1 Flash 与数据库交互基本原理 ·········· 230
9.4.2 Flash 脚本与数据库交互应用实例 ·········· 232

参考文献 ·········· 242

第 1 章　多媒体课件制作的理论基础

1.1　多媒体课件的基本概述

1.1.1　多媒体课件的定义

多媒体课件（Courseware）是在一定的学习理论指导下，根据教学目的设计的，反映某种教学内容与教学策略的计算机软件。多媒体课件必须根据教学大纲的要求和教学的需要，经过严格的教学设计，并以多种媒体结合的表现方式和超文本结构制作而成的课程软件。

简单来说，多媒体课件就是老师用来辅助教学的工具。创作人员根据自己的创意，先从总体上对信息进行分类组织，然后把文字、图形、图像、声音、动画、影像等多种媒体素材在时间和空间两维度进行集成，使它们融为一体并赋予它们交互性，从而制作出各种精彩纷呈的多媒体应用软件产品。

1.1.2　多媒体课件的类型

根据多媒体课件的内容与作用的不同，可以将多媒体课件分为以下几种类型。

1. 助教型

助教型的多媒体课件是为了解决某一课程的教学重点与教学难点而开发的，知识点可以不连续，主要用于课堂演示教学，所以，也称课堂演示型多媒体课件。助教型多媒体课件注重对学习者的启发、提示，或帮助学习者理解，或促进学习者记忆，或引发学习者兴趣，有利于学习者变被动学习为主动学习。助教型多媒体课件一般是由教师自行编制的，常见的一般有两种：一种是利用工具软件 PowerPoint 制作的演示幻灯片，也称电子教案；另外一种是在多媒体创作工具软件 Authorware 中集成的教学软件。无论哪一种，均是在直线式演示的基础上，根据需要能够实现跳转和链接功能，在合成了图、文、声、像等多种媒体元素的同时，体现了多媒体课件的交互性。助教型多媒体课件适于各学科演示重点内容、难点内容、数据图表、动态现象、模拟示意等，可用来配合课堂的讲授、讨论、练习和示范。

2. 助学型

助学型多媒体课件是通过界面上的交互式设计，让学习者进行人机交互操作，可以让学习者自主地进行学习,所以,也称自主学习型多媒体课件。助学型多媒体课件具有完整的知识结构,反映一定的教学过程和教学策略,提供相应的形成性练习供学习者进行学习评价。助学型多媒体课件的结构与助教型多媒体课件有所不同,其课件结构的主要关系不是顺序的线性,而是以非线性网状结构为基础的,学习者通过选择链接来选择信息。设计功能较全、需要组织和利用大量信息或对学习者实现有效监控的助学型多媒体课件,要用数据库来支持运行。在小型课件中,也应该按照数据库的规范组织信息。由于超媒体结构容易使学习者在信息浏览中迷失方向、偏离学习目标,还需要用多种导航方法相互配合,构成课件的导航系统。

3. 训练与练习型

训练与练习型多媒体课件通过试题的形式用于训练、强化学习者某方面的知识或能力。课件中显示的教学信息主要由数据库来提供。这种类型的课件在设计时要保证具有一定比例的知识点覆盖率,以便全面地训练和考核学习者的能力水平。训练与练习型多媒体课件给学生提供与所学例题相似的练习项目,通常是一次一个项目,对每个项目给予反馈,反馈的内容取决于学生的输入,反馈的形式包括简单的对或错判定、提示继续尝试、动画演示、语言解释等。有的课件是当学生回答正确时,直接进入到下一个练习项目。训练与练习型多媒体课件的功能可以分为多个层次。学生可以逐个回答屏幕上的一系列问题。功能较强的课件能够在学生回答某一层次的问题后,把学生引向更高层次的问题;或是在学生回答有一定错误时,使之回到低一层次的问题。

4. 实验型

实验型多媒体课件利用计算机仿真技术,提供可更改参数的指示项,供学习者进行模拟实验或操作使用。学习者使用实验型多媒体课件,当输入不同的参数时,能随时真实地模拟对象的状态和特征,例如模拟各种仪器的使用、多种技能的训练等。实验型多媒体课件强调学习所模拟的特定系统,而不是普遍地解决问题的技能和策略。模拟是多媒体技术再现真实的或想象的系统。根据模拟的教学目的和教学内容,模拟型课件可分为两大类,其中一类是物理模拟和过程模拟。物理模拟是在屏幕上呈现物体或现象,主要用于事实、概念等陈述性知识的学习,例如让学生连接电路,观看电路的通断现象;过程模拟是加快或减慢通常不便于观察的真实过程,或是把抽象的事务变化发展过程可视化,可以让学生多次运行模拟步骤,每次运行开始时选择变量值,观察所发生的现象,并解释结果。另一类是程序模拟和情景模拟。程序模拟的目的是为了教授达到某个目的的活动的顺序,其中包含有实际事务(物体)的模拟。程序模拟主要用于智慧技能、认识策略等程序性知识的学习,例如计算机操作模拟可以让学生在模拟中模仿运行计算机操作的真实过程。情景模拟可以给学生提供多种可选择的活动方案,主要用于培养学习者在不同情景中的行为和态度,而不是以知识和技能为目标,例如给学生提供假设的情景,让学生扮演其中的一个角色等。实验型多媒体课件各种模拟的共同点是能让学生生动、真实地体验到选择一定的行为将会产生一定的结果。

5. 资料、积件型

资料、积件型多媒体课件包括各种电子书、词典和积件式课件,一般仅提供某种教学功能和某类教学资料,并不反映完整的教学过程。这种类型的课件可供学习者和教师进行资料查阅,也可以根据教学需要,对其中的资料进行编辑和集成,形成新的更加适用的多媒体课件。

1.1.3 多媒体课件的特点

与其他教学媒体相比,多媒体课件的特点体现在以下几个方面。

1. 交互性

无论是视觉、听觉还是视听媒体,它们的信息传递方式基本上是单向的,多媒体课件突破了这一限制,实现双向通信、人机交互,为教与学带来了极大的方便。

2. 集成性

多媒体课件的教学内容与表现形式多样,集文字、图形、图像、声音、动画、视频于一体,在承载信息方面真正实现多媒体化,从而提高教学的效率和质量。

3. 智能性

多媒体课件具有超文本的动态结构,把计算机的内在运算机制与智能性的外部工作联系起来,能根据学生的反应做出判断,帮助学生决定相应的学习策略,学生可以按照自己的目的和认知特点重新组织信息,采用不同的学习路径进行学习,智能性的反应更符合人类的认知规律,便于学生进行联想思维。

4. 信息传输网络化

交互类媒体以数字化方式存储、处理信息,经过编码压缩后的信息数据量小,适合网络传播,而且传输及时、可靠,效率高,多数情况下能做到双向实时传输。

1.1.4 多媒体课件的制作流程

多媒体课件集文字、符号、图形、图像、动画、声音、视频于一体,交互性强,信息量大,能多路刺激学生的视觉、听觉等器官,使课堂教育更加直观、形象、生动,提高了学生学习的主动性与积极性,减轻了学习负担,有力地促进了课堂教育的灵活与高效。正因为多媒体课件在课堂教学中取得了巨大的成效,许多软件开发商生产了大量的课件,网上更有大量的课件供大家下载使用,但这些课件一般都存在一些问题。例如与不同任课教师的教学实际严重脱钩,软件教学内容的深度和广度与具体的学生对象有一定的距离,有的针对性不强,应变力差,用于课堂教学存在较大的局限性,甚至有的把应试教育模式搬到各种课件中。在现代教育技术被广泛应用的形式下,多媒体课件的设计制作越来越成为广大教师所应掌握的一种教学技能,那么在实际操作中如何制作一个优秀的课件呢?

1. 选题

多媒体课件是一种现代化的教育教学手段,它在教学中有其他媒体所无法替代的优势,但我们使用多媒体课件时一定要适度,并不是每一节课都要使用课件,因此制作课件一定要注意选题、审题。一个课件用得好,能极大地提高课堂效率;反之,则只会流于形式,甚至起到相反的作用。

选题的基本原则表述如下。

(1)选择能突出多媒体特点和优势的课题,要适合多媒体来表现。例如在语文《荷塘月色》教学中,我们可以用多媒体课件集声音、视频的特点,精心设计以荷塘为背景的视频,加以古筝为背景音乐，使二者巧妙地配合，创设一种声情并茂的情景，使学生完全沉浸在一种妙不可言的氛围中，不知不觉地融入课堂当中。这种效果不是单凭教师讲、学生听所能达到的。

（2）选择用传统教学手段难以解决的课题，选择学生难以理解、教师难以讲解清楚的重点和难点问题。例如在理、化、生实验中，有的实验存在许多微观结构和微观现象，语言表述就会显得比较抽象、难以理解。如果我们能用课件来演示传统手段不易解决的实验，就会使抽象的内容具体化、形象化，提高教学效率。在物理"α 粒子散射实验"中，既存在微观现象，很难观察，而且在一般的实验室中也很难演示，如果利用多媒体课件，则很容易将微观现象展示出来。在生物实验中，有些实验的时间比较长，有的甚至要好几天，例如"植物细胞的有丝分裂"，如果用多媒体课件来展示，可能只需要 1~2 分钟的时间就可以将整个过程演示清楚，提高了课堂效率，加深了学生的印象。

（3）注意效益性原则。由于制作多媒体课件的时间周期比较长，需要任课老师和制作人员投入大量的时间，付出巨大的精力，所以制作课件一定要考虑效益性原则，用常规教学手段就能取得较好的效果时，就不必花费大量的人力、物力去做多媒体课件。

2．编写脚本

脚本一般包括文字脚本和制作脚本。文字脚本又包括教师的教案和文字稿本。制作一份优秀的课件，首先任课老师要写出一份好的教案，而且是能体现多媒体优势的教案。文字稿本要明确教学目标和教学重点、难点，反映教学的进程及教学的树型结构，明确课件的类型、使用的最佳时期（多媒体课件在课堂上的使用，应符合学生思维的递进性和教学的连贯性，在恰当的时候切入课件）。制作脚本就是把教学进程具体化。制作脚本首先要对课件进行整体构思，要将主界面和各分界面设计好，将要用到的文字、图形、解说、音频、视频以及交互都要设计好，同时还要对播放课件的时间进行规划，对于配音、配乐可以请普通话优秀教师和音乐教师帮忙、把关。

3．收集素材

理想、恰如其分的素材是制作优秀课件的基础，课件素材使用的优劣直接关系到课件的质量。制作人员应建立一个素材库，平时要注意积累制作课件所需的素材，并且要进行登记，进行分类保管。课件素材的来源主要有以下几种方式。

（1）自己制作

在平时空闲的时间里，我们可以制作一些原始的或相对稳定的素材，例如，用 Flash 制作一些简单适用的动画，用 Word 或 WPS 制作一些常用的箭头或理、化实验中的实验器具，用数码相机拍摄校园环境或学校举办活动作为素材。

（2）利用光盘上的素材

现在市面上有许多基于教材的素材光盘，与教材相对应的风景、建筑、人物以及音频、视频等素材多种多样。另外，在课件评比、素材交流中留心收集优秀的成品或半成品素材。

（3）利用网络资源

自己制作素材或利用光盘上的素材都存在一定的局限性，而在 Internet 上，可以说不同学科、不同类型的素材应有尽有。平时，一方面我们可以下载一些可能用得着的优质素材，另一方面要留心对一些提供大量素材的网站加以登记，制作课件缺某些素材时，就可以直接到该网站上去搜索、下载，当然使用时要注意版权问题。

4. 选择合适的制作平台

根据教学内容的不同，根据素材的类别以及课件的开发要求，我们要选择适合表现课件内容的制作平台。PowerPoint 是一种易学、易用的软件，操作方法简单，它以页为单位制作演示文稿，然后将制作好的页集成起来，形成一个完整的课件。如果制作时间不充裕，结构比较简单，使用它能在较短时间内编制出幻灯片类型的课件，具有较强的时效性。Authorware 是课件制作者使用最多的软件之一，它最大的特点是交互功能非常强，而且能把文字、符号、图形、图像、动画、声音、视频整合在一起，能充分体现多媒体的优势。还有很重要的一点是，它以图标为基本单位，是基于流程图的可视化多媒体设计方式，一般不需要进行复杂的编程，所以制作课件也比较简单。"几何画板"是制作数学课件的好帮手，它弥补了其他多媒体创作工具作图方面的缺陷，它不仅可以用圆规、直尺等工具精确地绘制几何图形，而且还能进行动态测量和计算，可以度量许多几何元素或图形的参数值，能在运动中保持给定的几何关系，在动态的几何图形变化中来观察、探索、发现不变的几何规律。制作多媒体的常用工具还有 Director、方正奥思、洪思多媒体编著系统、凯迪多媒体创作系统、ToolBook 等。

5. 制作合成

有了制作脚本并根据脚本的需要收集好了素材后，就可以利用多媒体创作工具对各种素材进行编辑，按照教学进程、教学结构以及脚本的设计思路，将课件分成模块进行制作，然后将各模块进行交互、链接，最后整合成一个多媒体课件，制作课件时一定要注意以下几个原则。

（1）内容与形式的统一

首先，课件是用来辅助教学的，因此教学内容一定要有针对性，要有利于突出教学中的重点，突破教学中的难点；其次，课件要符合教学原则和学生认知规律，内容组织清楚，阐述、演示逻辑性强。最后，为了达到教学目的，还要采取一定的形式，我们可以通过新颖的表现手法、优美的画面、鲜明和谐的色彩以及恰当地运用动画和特技来调动学生学习的积极性和主动性，启发学生的思维，但一定要注意表现形式不要过于花哨，否则会造成喧宾夺主，将学生的注意力集中到表现形式上。

（2）注重参与性原则

在制作课件时一定要在课件中留下一定的空间，能让老师和学生共同参与进来，这样就能提高学生的学习兴趣和学习热情，学生就会融入到教学当中去。如果一堂课从头到尾都是计算机唱主角，就像放电影一样，不经过学生的思考就将教学重点、难点展示出来，那么就不利于培养学生的思维能力，不能培养学生的创新能力，失去了课件制作的意义。

（3）注意技术性原则

许多一线教师的计算机水平不是很高，所以首先要求课件操作简单、切换快捷；其次要求课件具有良好的稳定性，在运行过程中，过渡自然，动画、视频播放流畅，不应出现故障；再次交互设计合理，页面跳转、人机应答都要合理；最后要求兼容性强，能满足各种相应媒体所要求的技术规格，在不同配置的计算机上能正常运行。

6. 预演、评审、制作光盘

编辑制作完一个课件后，一般要在相应学科组进行预演，由教师们从课件评价的标准等各方面进行评审，然后经过不断修改、不断补充、不断完善，直到达到最好的教学辅助效果。为了利于交流、便于保存，课件最后应该刻录制作成光盘。现在，多媒体课件开发与应用软、硬件环境得到了很大的改善，一系列多媒体软件开发工具的出现，极大地简化了课件制作过程，使多媒体课件的制作越来越容易。

1.2 多媒体课件的内容选择

1. 多媒体课件的课题选择

通常选择那些既适合于多媒体技术表现的又是在教学活动急需解决的问题作为研究课题。课题选择应注意以下几个方面。

（1）教学要求

明确多媒体课件是对哪个学科的课程进行辅助教学，决定教学的内容和教学范围，明确多媒体课件所要实现的目的和达到的目标。

（2）教学对象

明确所制作的课件适合于哪类学习者使用，要着重考虑以下几点：学生的文化程度、年龄、学习能力、对计算机操作的能力和先置条件。

（3）课件运行环境

确定课件所需要的运行环境，包括计算机的硬件环境、软件环境和课件播放环境。

（4）课件的组成部分

清楚所制作的课件属于哪种类型，了解课件的大体结构、主要模块以及各个主要模块之间的相互联系。

2. 多媒体课件的教学设计

多媒体课件是根据教学目标而设计的计算机程序，作为一种教学媒体，它能根据学生的交互，控制计算机所呈现的教学信息。课件的教学设计主要有教学单元的划分、教学模式的选择、多媒体信息的选择、知识结构的建立和形成性练习的设计等。

3. 多媒体课件的脚本编写

在课件制作中，我们引入了"脚本"一词，它来源于教案，但又不同于教案，它是课件设计与实现的依据，包括文字脚本和制作脚本两部分。文字脚本是关于课件"教什么""如何教"和"学什么""如何学"的文字描述。制作脚本是在文字脚本的基础上，依据先进的教育科学理论和教学设计思想，将文字脚本改编成适于计算机表现的形式，完成为互动式页面的设计和媒体表现方式的设计。

4. 多媒体课件的素材准备

素材包括文本、图像、动画、声音、视频等。素材的准备工作一般主要包括文本的录入、图形、图像的制作与后期处理，动画的编制和视频的截取等。素材要以理想的形式呈现教学内容，其选取应依授课内容而决定。如讲述古代的诗词时，可以选取中国传统的古代乐曲、中国传统文化的图片、诗人的画像等素材组合成一堂古香古色的诗词欣赏课，其优美的意境与和谐的旋律远远不是靠几段文字或者教师费尽口舌的讲解所能替代的。

5. 多媒体课件的软件编辑

利用制作工具或程序语言对各种素材进行编辑，按照前面的教学设计所确定的课件结构和脚本设计的具体内容将各种素材有机地结合在一起，编辑成交互性强、操作灵活、视听效果好的多媒体课件，在课件的具体编辑过程中应着重考虑以下几点：第一，为了便于发挥人机交互的作用，把教学内容放在屏幕最显著的位置，而把操作信息放在屏幕的最下一行；第二，为了突出重点，屏幕上通常一次只呈现一个概念，然后清屏，每次清屏时，都应设置一个"继续"按钮，便于学习者自己控制进度；第三，屏幕上应充分显示有关下一步操作的指示信息并为屏幕按钮提供必要的使用说明；第四，为使课件在整体上保持风格的统一，整个课件通常采用一个背景，只是在某些细部为说明某一特定概念而采用不同的背景。背景也采用中间色，以便于与其他颜色搭配。这样屏幕看起来感觉自然，学生注意力放在屏幕教学内容上而不是分散注意力去看屏幕各种花样。

6. 多媒体课件的产品生成

在多媒体制作工具的支持下，按照设计脚本的思路，将准备好的素材有机地结合起来，一个多媒体课件便生成了。为保证课件的正常使用，还应根据不同的教学环境进行测试，以便及时修改课件在运行中存在的问题。

7. 多媒体课件的评价

一个课件的好与坏，只有通过实践才能真正得出结论。课件制作完成后，应用于课堂教学，然后根据学生的反馈信息，再将课件加以修改，从而使其达到最优。

1.3　多媒体课件设计的理论基础

多媒体课件制作是通过新的技术手段对大量的学习资源和学习过程进行优化，以达到促进学习质量的目的。因此，它必须以多种理论作为指导思想，主要包括学习理论、教学理论、视听与传播理论、系统科学理论等。

1.3.1　学习理论

学习理论是教育学和教育心理学的一门分支学科，是探究人类学习本质及其形成机制的心理学理论。它重点研究学习的性质、过程、动机以及方法和策略等。学习理论主要包括行为主义学习理论、认知主义学习理论、人本主义学习理论及建构主义学习理论等。

1. 行为主义学习理论

（1）行为主义学习理论概述

行为主义学习理论诞生于 20 世纪初，其中的代表人物有巴甫洛夫、华生、桑代克、斯金纳、班杜拉等。行为主义的学习理论可以用公式 S-R 来表示，其中 S 表示来自于外界的刺激，R 表示个体接受刺激后的行为反应。他们认为个体在不断接受特定的外界刺激后，就可能形成与这种刺激相适应的行为表现，他们把这个过程称为 S-R 连接的学习行为，即学习就是刺激与反应建立了联系。行为主义学习理论"重视与有机体生存有关的行为的研究，注意有机体在环境中的适应行为,重视环境的作用"。行为主义理论又称刺激-反应(S-R)理论,是当今学习理论的主要流派之一。

巴甫洛夫(1849—1936)是俄国著名的生理学家。他曾担任俄国科学院院士。1904年,由于他在消化生理学方面的卓越研究而荣获诺贝尔奖。巴甫洛夫以狗作为实验对象,提出了广为人知的条件反射理论。他在研究消化现象时,观察了狗的唾液分泌,即对食物的一种反应特征。他的实验方法是,把食物显示给狗,并测量其唾液分泌。在这个过程中,他发现如果随同食物反复给狗一个中性刺激,即一个并不自动引起唾液分泌的刺激,如铃响,狗就会逐渐"学会"在只有铃响但没有食物的情况下分泌唾液。一个原是中性的刺激与一个原来就能引起某种反应的刺激相结合,而使动物学会对那个中性刺激做出反应,这就是经典性条件反射的基本内容。

事实上,行为主义学习理论是美国心理学家华生在巴甫洛夫等条件反射学说的基础上初步创立的。华生认为人类的行为都是通过行为后天习得的,其构成的基本要素是反应,一切行为表现只是多种反应的组合;在这些反应中大部分是个体与适应环境中各种刺激发生的关系,他认为只要找出了环境刺激与个体反应之间的规律性关系,就可以设计并控制刺激、反应的组合形成预期的行为或消除已有的行为,这就形成了刺激-反应学习理论。

美国实证主义心理学家桑代克(1874—1949)用科学实验的方式来研究学习的规律。桑代克的实验对象是一只可以自由活动的饿猫。他把猫放入笼子,然后在笼子外面放上猫可以看见的鱼、肉等食物,笼子中有一个特殊的装置,猫只要一踏笼中的踏板,就可以打开笼子的门闩出来吃到食物。一开始猫放进去以后,在笼子里上蹿下跳,无意中触动了机关,于是它就非常自然地出来吃到了食物。桑代克记录下猫逃出笼子所花的时间,然后又把它放进去,进行又一次尝试。桑代克认真地记下猫每一次从笼子里逃出来所花的时间,他发现随着实验次数的增多,猫从笼子里逃出来所花的时间不断减少。到最后,猫几乎是一被放进笼子就去启动机关,即猫学会了开门这个动作。通过这个实验,桑代克认为所谓的学习就是动物(包括人)通过不断地尝试形成刺激—反应连接,从而不断减少错误的过程。在桑代克看来,"学习即连接,心即人的连接系统","学习是结合,人之所以长于学习,即因他形成许多结合"。在猫学习打开疑难笼的过程中,经过多次尝试与失败,在复杂的刺激情境中发现门闩(S)作为打开笼门的刺激(S)与开门反应(R)形成了巩固的联系,这时学习便产生了。所以在实验中可以把学习看做是刺激与反应的连接,即 S-R 之间的连接。因此,人们又称各种联想主义的理论为 S-R 理论。这种学习过程是渐进的,通过"尝试与错误"直至最后成功的过程。故桑代克的连接说又称尝试与错误说(简称试误说)。桑代克根据自己的实验研究得出了以下三条主要的学习定律。

① 准备律。在进入某种学习活动之前,如果学习者做好了与相应的学习活动相关的预备性反应(包括生理和心理的),学习者就能比较自如地掌握学习的内容。

② 练习律。对于学习者已形成的某种连接,在实践中正确地重复这种反应会有效地增强这种连接。因而就小学教师而言,重视练习中必要的重复是很有必要的。另外,桑代克也非常重视练习中的反馈,他认为简单机械的重复不会造成学习的进步,告诉学习者练习正确或错误的信息有利于学习者在学习中不断纠正自己的学习内容。

③ 效果律。学习者在学习过程中所得到的各种正或负的反馈意见会加强或减弱学习者在头脑中已经形成的某种连接。效果律是最重要的学习定律。桑代克认为学习者学习某种知识以后,即在一定的结果和反应之间建立了连接,如果学习者遇到一种使他心情愉悦的刺激或

事件，那么这种连接会增强，反之会减弱。他指出，教师尽量使学生获得感到满意的学习结果显得尤为重要。

（2）行为主义学习理论对多媒体课件制作的影响

① 程序教学对计算机辅助教学的影响。斯金纳认为，只有通过机械装置才能提供必要的大量的强化系列。这就是斯金纳设计教学机器、提倡程序教学的主要出发点。程序教学是一种个别化的自动教学的方式，由于经常用机器来进行，也称之为"程序教学之父"。

② 程序教学对教学设计的影响。程序教学建立的一系列学习原则和开发程序教材的系统方法，直接影响了教学设计理论与实践的发展。

2. 认知主义学习理论

（1）学习是知觉经验的重组

格式塔的学习理论主要由学习顿悟说和完形说两大部分构成。格式塔心理学家认为，学习即知觉重组或认知重组，通过学习，会在头脑中留下记忆痕迹，记忆痕迹是因经验而留在神经系统中的。但这些痕迹不是孤立的要素，而是一个有组织的整体，即完形。格式塔学习理论所关注的，正是发生这种知觉重组的方式。格式塔心理学据此提出学习的"顿悟说"。

学习顿悟说是第一次世界大战期间苛勒在腾涅立夫岛上通过对黑猩猩进行大量的学习实验而提出的。从格式塔心理学的角度来说，顿悟就是对问题情境的突然理解而觉察到问题的解决办法。学习顿悟说与行为主义的学习连接说相比，有两个突出的优点。其一是注意学习的认知特性，强调学习内部认识过程的重要性，即观察、理解、顿悟等认识功能在学习中的重要作用；其二是强调学习者在学习过程中的主观能动作用，把学习过程看成是积极主动和有目的的过程，反对盲目、机械地学习。

根据学习顿悟说，我们在学习中应该尽量创造一定的学习情境或条件，注意观察和理解其间的内在联系或一定的关系。这样才能培养自己的观察能力和独立思考能力。同时，我们在学习中要注意发挥自己的主观能动性，逐渐培养认知兴趣和探究倾向，在自己积极主动的心态指引下进行学习。按照学习顿悟说的观点，学习过程中最主要的是顿悟关系，是观察和理解过程，而不是接近条件作用和操作条件作用。所以，在学习中，要先理解知识，而不只是盲目地或单纯地练习或重复。

（2）学习是形成认知的地图

爱德华·托尔曼（1886—1959）是美国著名的心理学家。他主张要对行为的原理做出解释，但反对采用其他行为主义者所使用的刺激—反应的模式。这主要是因为他受华生行为主义和格式塔影响的结果，力图寻求认知和行为的统一。他认为所有的行为都是有目的的，都是经由认知指向目标的。行为绝不是没有思维的简单的刺激反应连接的结果。但是同时他也坚持认为思维的过程是要由他们所导致的行为来确定的。从这我们可以看出托尔曼的认知是同可观察的行为紧紧连在一起的。

托尔曼根据白鼠走迷宫的实验结果，提出了他的学习理论，主要包括以下三方面。

第一，学习是有目的的。托尔曼认为所有的学习都是有目的的。这就意味着所有的学习都受期待所指引，而期待本身则直接与目标相连。简单地说，引导着有机体学习行为的目的是对不断强化的结果的期待。

第二，学习是认知性的行为。托尔曼认为学习不是简单、机械地形成运动反应，而是学习达到目的的符号，形成"认知地图"。所谓认知地图是动物在头脑中形成的对环境的综合表象，包括路线、方向、距离，甚至时间、关系等信息。

第三，学习是整体性的行为。托尔曼并没有像行为主义者那样把复杂的行为序列分解还原成大量简单的刺激—反应的单元，而是根据可观察到的整体特征来认识和解释行为。他认为所谓的整体特征就是指它们具有同一个目标，是这个目标在控制着一系列的行为而不是奖励。换句话说，在托尔曼的体系中，用来解释学习的联系不是刺激和强化之间的，也不是刺激和反应之间的，而是刺激和期待之间的。

（3）认知主义学习理论对多媒体课件制作的启示

① 刺激选择不是一种随机的过程。因此，不能仅仅考虑到刺激的特征，而且还要关注学习者已有的信息或认知图式（Scheme）。

② 人类记忆加工信息的能量是有限的。如果一味要求学生在短时间内掌握大量的信息，不给他们留有加工或思考的时间，结果必然会像狗熊掰苞米一样，捡一个丢一个。

③ "组块"理论。为了尽可能使学生在短时间内学习较多的知识，我们必须把知识组织成有意义的块状，减少机械学习。

④ 信息编码不仅有助于学生的理解，而且也有助于信息的储存和提取。教师在帮助学生使用各种策略来编码方面是可以大有作为的。

3. 人本主义学习理论

人本主义是20世纪50年代末60年代初在美国出现的一种重要的教育思潮，主要的代表人物是马斯洛（A.Maslow，1908—1970）、罗杰斯（C.R.Rogers，1902—1987）等。这些心理学家反对把对动物的研究结果应用于人类学习，主张采用个案研究方法。人本主义心理学的主要观点是：心理学研究的对象是"健康的人"；生长与发展是人的本能；人具有主动地、创造性地作出选择的权利；人的本性中情感体验是非常重要的内容。建立于现代人本主义心理学基础上的人本主义学习理论包括以下观点。

（1）马斯洛的需要层次理论

按马斯洛的理论，个体成长发展的内在力量是动机。而动机由多种不同性质的需要所组成，各种需要之间有先后顺序与高低层次之分；每一层次的需要与满足，将决定个体人格发展的境界或程度。在心理学上，需要层次论是解释人格的重要理论，也是解释动机的重要理论，其包括以下5个方面：生理需要；安全需要；爱与归属的需要；尊重需要；自我实现需要如见图1-1所示。

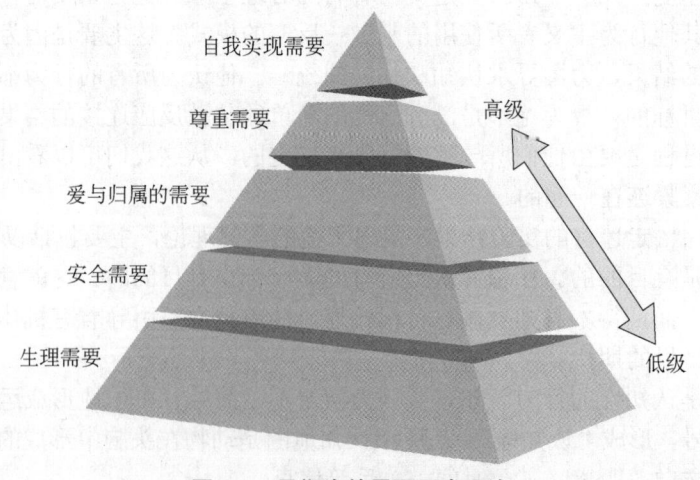

图1-1　马斯洛的需要层次理论

5 种需要可以分为两级，其中生理需要、安全需要都属于低一级的需要，这些需要通过外部条件就可以满足；而爱与归属的需要、尊重需要和自我实现需要是高级需要，它们是通过内部因素才能满足的，而且一个人对尊重和自我实现的需要是无止境的。也就是说，个体之所以存在，之所以有生命意义，就是为了自我实现。一般来说，只有在较低层次的需求得到满足之后，较高层次的需求才会有足够的活力驱动行为。满足较高层次需求的途径多于满足较低层次需求的途径。

（2）罗杰斯有意义的自由学习观

由于人本主义强调教学的目标在于促进学习，因此学习并非教师以填鸭式严格强迫学生无助、顺从地学习枯燥乏味、琐碎呆板、易忘的教材，而是在好奇心的驱使下去吸收任何他自觉有趣和需要的知识。罗杰斯认为，学生学习主要有两种类型：认知学习和经验学习。其学习方式也主要有两种：无意义学习和有意义学习，并且认为认知学习和无意义学习、经验学习和有意义学习是完全一致的。因为认知学习的很大一部分内容对学生自己是没有个人意义（personal significance）的，它只涉及心智（mind），而不涉及感情或个人意义，是一种"在颈部以上发生的学习"，因而与完人无关，是一种无意义学习。而经验学习以学生的经验生长为中心，以学生的自发性和主动性为学习动力，把学习与学生的愿望、兴趣和需要有机地结合起来，因而经验学习必然是有意义的学习，必能有效地促进个体的发展。

所谓有意义学习（significant learning），不仅仅是一种增长知识的学习，而且是一种与每个人各部分经验都融合在一起的学习，是一种使个体的行为、态度、个性以及在未来选择行动方针时发生重大变化的学习。在这里，我们必须注意罗杰斯的有意义学习（significant learning）和奥苏伯尔的有意义学习（meaning fullearning）的区别。前者关注的是学习内容与个人之间的关系；而后者则强调新、旧知识之间的联系，它只涉及理智，而不涉及个人意义。因此，按照罗杰斯的观点，奥苏伯尔的有意义学习（meaningful learning）只是一种"在颈部以上发生的学习"，并不是罗杰斯所指的有意义学习（significant learning）。

对于有意义学习，罗杰斯认为主要具有 4 个特征：①全神贯注，整个人的认知和情感均投入到学习活动之中；②自动自发，学习者由于内在的愿望主动去探索、发现和了解事件的意义；③全面发展，学习者的行为、态度、人格等获得全面发展；④自我评估，学习者自己评估自己的学习需求、学习目标是否完成等。因此，学习能对学习者产生意义，并能纳入学习者的经验系统之中。总之，"有意义的学习结合了逻辑和直觉、理智和情感、概念和经验、观念和意义。若我们以这种方式来学习，便会变成统完人"。

4. 建构主义学习理论

一般认为建构主义观点是由瑞士心理学家皮亚杰于 1966 年提出的。皮亚杰的研究和理论对教育学和心理学产生了深远的影响。他的理论经常被称为认知发展论，因为他主要考察了儿童如何对于周围的环境和自身有更高级的认识的过程及其智力表征。简而言之，他的理论是描述人类的认知发展的。

皮亚杰认为，人出生后，成长发展的过程就是不断适应环境的过程，即人的认知在不断发展的过程。图式是认知发展的起点和核心，认知的发展就是图式的形成和变化过程，这一过程受如下三个基本过程的影响。

① 同化是指通过天生就具有的或是已经学过的知识来对新的情境进行反应的过程。

② 顺应是指有机体调节自己内部结构以适应特定刺激的过程。

③ 平衡是指个体通过自我调节机制，使认知发展从一种平衡状态向另一种较高水平的平衡状态过渡的过程。皮亚杰认为所有的行为都涉及同化和顺化。而保持二者之间的平衡也是很重要的。如果有太多的同化，就没有新的学习；如果有太多的顺化，行为就会变得很焦躁。

皮亚杰根据对儿童的研究，将认知发展分为 4 个阶段（见表 1-1），从中我们也可以得到一些关于人类智力发展的一些启示。

① 感知运动阶段。从出生到约 2 岁，这个阶段的儿童只能依靠自己的肌肉动作和感觉应付外界事物。

② 前运算阶段。为 2~7 岁，这一时期的幼儿只能以表象进行思维，他们的思维是表面的、原始的和混乱的。

③ 具体运算阶段。为 7~11 岁，在这一阶段，儿童形成了初步的运算结构，出现了逻辑思维。但思维还直接与具体事物相联系，离不开具体经验，还缺乏概括的能力，抽象推理能力尚未发展，不能进行命题运算。

④ 形式运算阶段。约自十一二岁开始，到这一阶段，个体形成了完整的认知结构系统，能进行形式命题思维，智力发展趋于成熟。皮亚杰起初认为形式运算的智力发展约在 15 岁时完成。

表 1-1　认知发展的阶段

阶段	年龄	特征
感知运动阶段	0~2 岁	仅靠感觉和动作适应外部环境，应付外界事物。 认知特点： ① 通过探索感知与运动之间的关系来获得动作经验； ② 低级的行为图式； ③ 获得了客体的永恒性（9~12 个月）
前运算阶段	2~7 岁	①"万物有灵论"； ② 一切以自我为中心； ③ 思维具有不可逆性、刻板性； ④ 没有守恒概念； ⑤ 作出判断时只能运用一个标准或维度
具体运算阶段	7~11 岁	① 这个阶段的标志是守恒观念的形成（守恒性）； ② 思维运算必须有具体的事物支撑，可以进行简单抽象思维； ③ 理解原则和规则，但只能刻板遵守规则，不敢改变； ④ 思维具有可逆性（儿童思维发展的最重要特征）
形式运算阶段	11~16 岁	① 能够根据逻辑推理、归纳或演绎方式来解决问题； ② 能够理解符号意义、隐喻和直喻，能做一定的概括； ③ 思维具有可逆性、补偿性和灵活性

皮亚杰认为，各个阶段都有其独特的结构，标志着一定阶段的年龄特征；各个阶段的出现，从低到高有一定次序，不能逾越，也不能互换；前一阶段为后一阶段做准备，后一阶段与前一阶段相比有质的差异，两个阶段之间不是截然分开的，而是有一定的交叉。由于各种因素，如环境、教育、文化以及主体的动机等差异，阶段可以提前或推迟，但各阶段的先后次序不变。

1.3.2　教学理论

1. 行为主义教学理论

20 世纪初，以美国心理学家华生（J.B.Watson，1878—1958）为首发起的行为革命对心理学的发展进程影响很大。他在《行为主义者心目中的心理学》中指出，心理学是自然科学的一个纯客观的实验分支，它的理论目标在于预见和控制行为。因此，把刺激—反应作为行为的基本单位，学习即"刺激—反应"之间连接的加强，教学的艺术在于如何安排强化。由此派生出程序教学、计算机辅助教学、自我教学单元、个别学习法和视听教学等多种教学模式和方式。

其中以斯金纳的程序教学理论影响最大，其理论的基本主张如下所述。

(1) 预期行为结果的教学目标

斯金纳认为，"学习"即反应概率的变化；"理论"是对所观察到的事实解释；"学习理论"所要做的，是指出引起概率变化的条件。他还认为人类与动物的行为可能取决于前提性事件，也可能取决于结果性事件，所以我们可以安排各种各样的反应结果，以决定和预见有机体的行为。根据行为主义原理，教学目的就是提供特定的刺激，以便引起学生的特定反应，所以教学目标越具体、越精确越好。美国教育心理学家布卢姆等人的教育目标分类学与行为主义的基本假设是相一致的。

(2) 强化组织的教学过程

所谓强化组织，就是对强化刺激的系统控制。斯金纳认为，学生的行为是受行为结果影响的，若要学生做出合乎需要的行为反应，必须形成某种稳定的关系，即在行为后有一种强化性的后果；倘若一种行为得不到强化，它就会消失。根据这一原理，形成了一种强化组织的教学过程，这种教学过程对学习环境的设置、课程材料的设计和学生行为的管理做出了系统的安排。

强化组织的教学过程包括以下5个阶段。

① 具体说明最终的行为表现：确定并明确目标，具体说明想要得到的行为结果，制订测量和记录行为的计划。

② 评估行为：观察并记录行为的频率，如有必要，则记录行为的性质和当时的情景。

③ 安排强化：做出有关环境安排的决定，选择强化物和强化安排方式，确定最后的塑造行为的计划。

④ 实施方案：安排环境并告知学生具体要求。

⑤ 评价方案：测量所想到的行为反应，重现原来的条件，测量行为，然后再回到强化安排中去。简单来看，行为主义者似乎关注的是"怎样教"，而不是"教什么"。事实上，根据行为科学的原理设计程序，直接涉及要教什么、不教什么，他们侧重的是行为，并要以一种可以观察、测量的形式来具体说明课程内容和教学过程。

(3) 程序教学的原则

在斯金纳看来，在教学过程中，教师必须充分考虑，在规定的时间里计划教学的内容是什么？有哪些可以利用的强化物？（比如奖品甚至一句肯定的赞语）怎样有效地安排教学环节？也就是说，教师如何对教学目标进行分解，把非常复杂的行为模式逐渐精致地化为小的单位或者步骤，确保每个步骤的行为都得到及时的强化。所以斯金纳提出了程序教学，包括以下几个原则：积极反应原则、小步子原则、即时反馈原则、自定步调原则、低错误率原则。

2. 认知主义教学理论

认知心理学家批判行为主义是在研究"空洞的有机体"，在个体与环境的相互作用上，认为是个体作用于环境，而不是环境引起人的行为，环境只是提供潜在刺激，至于这些刺激是否受到注意或被加工，这取决于学习者内部的心理结构。学习的基础是学习者内部心理结构的形成和改组，而不是刺激—反应连接的形成或行为习惯的加强或改变，教学就是促进学习者内部心理结构的形成或改组。提出认知教学理论的是美国教育心理学家布鲁纳和奥苏伯尔等，其中影响较大的是布鲁纳的认知结构教学理论，其理论的基本主张包括以下几点。

（1）理智发展的教学目标

布鲁纳认为，发展学生的智力应是教学的主要目的。他在《教育过程》中指出，必须要强调教育的质量和理智的目标，也就是说，教育不仅要培养成绩优异的学生，而且还要帮助每个学生获得最好的理智发展。教育主要是"培养学生的操作技能、观察技能、想象技能以及符号运算技能"。具体表现为以下几点。

① 鼓励学生发现自己猜想的价值和可修正性，以实现试图得出假设的激活效应。

② 培养学生运用心智解决问题能力的信心。

③ 培养学生的自我促进。

④ 培养学生"经济地运用心智"。

⑤ 培养理智的诚实。

（2）动机—结构—程序—强化原则

布鲁纳提出了相应的四条教学原则，如下所述。

第一，动机原则。学习取决于学生对学习的准备状态和心理倾向。儿童对学习都具有天然的好奇心和学习的愿望，问题在于教师如何利用儿童的这种自然倾向，激发学生参与探究活动，从而促进儿童智慧的发展。

第二，结构原则。即要选择适当的知识结构，并选择适合于学生认知结构的方式，才能促进学习。这意味着教师应该认识到教学内容与学生已有知识之间的关系，知识结构应与学生的认知结构相匹配。

第三，程序原则。即要按最佳顺序呈现教学内容。由于学生的发展水平、动机状态、知识背景都可能会影响教学序列的作用，因此，如果发现教学效果不理想，教师就需要随时准备修正或改变教学序列。

第四，强化原则。即要让学生适时地知道自己学习的结果。但需要注意的是，教师不应提供太多的强化，以免学生过于依赖教师的指点。另外，要逐渐从强调外部奖励转向内部奖励。

（3）学科知识结构

布鲁纳认为，任何学科知识都是一种结构性存在，知识结构本身具有理智发展的效力。他认为学习基本结构有 4 个好处：第一，如果学生知道了一门学科的基本结构或它的逻辑组织，就能理解这门学科；第二，如果学生了解了基本概念和基本原理，有助于学生把学习内容迁移到其他情景中去；第三，如果把教材组织成结构的形式，有助于学生记忆具体细节的知识；第四，如果给予学生适当的学习经验和对结构的合理陈述，即便是年幼儿童也能学习高级的知识，从而缩小高级知识与初级知识之间的差距。

（4）发现教学方法

布鲁纳认为，学生的认知发展主要是遵循其特有的认识程序。学生不是被动的知识接受者，而是积极的信息加工者。教师的角色在于创设可让学生自己学习的环境，而不是提供预先准备齐全的知识。因此，他极力倡导使用发现法，强调学习过程，强调直觉思维，强调内在动机，强调信息提取。

3. 建构主义教学理论

建构主义理论的内容很丰富，但其核心只用一句话就可以概括：以学生为中心，强调学生对知识的主动探索、主动发现和对所学知识意义的主动建构（而不是像传统教学那样，只是把知识从教师头脑中传送到学生的笔记本上）。

建构主义是认知结构学习理论在当代的发展，它强调学生的巨大潜能，认为教学要把学生现有的知识经验作为新知识的生长点，引导他们从原有的知识经验中"生长"出新的知识经验。建构主义者认为，学习是在社会文化背景下，通过人际间的协作活动而实现意义建构的过程。

建构主义所蕴含的教学思想主要反映在知识观、学习观、课程观、教学观、学生观和教学模式六个方面。

（1）知识观

建构主义者一般强调，知识并不是对现实的准确表征，它只是一种解释、一种假设，并不是问题的最终答案。而且，知识不可能以实体的形式存在于具体个体之外，尽管我们通过语言符号赋予了知识一定的外在形式，甚至这些命题还得到了较普遍的认可，但这并不意味着学习者会对这些命题有同样的理解，因为这些理解只能由个体基于自己的经验背景而建构起来，它取决于特定情境下的学习历程。学生对知识的"接受"只能靠他自己的建构来完成，以他们自己的经验、信念为背景来分析知识的合理性。学生的学习不仅是对新知识的理解，而且也是对新知识的分析、检验和批判。

（2）学习观

建构主义者认为，知识不是通过教师的讲授获得的，而是学习者在一定的情境即社会文化背景下，借助其他人（包括教师和学习伙伴）的帮助，利用必要的学习资料，通过意义建构的方式获得的。学习是个体建构自己知识的过程，这意味着学习是主动的，学生不是被动的刺激接受者，他要对外部信息做主动的选择和加工，因而不是行为主义所描述的刺激—反应过程。而且，知识或意义也不是简单地由外部信息决定的，外部信息本身没有意义，其意义是学习者通过新旧知识经验间反复的、双向的相互作用过程建构而成的。其中，每个学习者都在以自己原有的经验系统为基础对新的信息进行编码，建构自己的理解，同时原有知识又因为新经验的进入而发生调整和改变，所以学习并不是简单的信息积累，它也包含由于新、旧经验的冲突而引发的观念转变和结构重组。学习过程也并不简单的是信息的输入、存储和提取，而是新、旧经验之间的双向的相互作用过程。

（3）课程观

建构主义者强调，用情节真实、复杂的故事呈现问题，营造解决问题的环境，以帮助学生在解决问题的过程中活化知识，变事实性知识为解决问题的工具；主张用产生于真实背景中的问题启发学生思维，并以此支撑和鼓励学生培养解决问题、基于案例和项目学习能力，进而以此方式参与课程的设计与编制；主张课程既要基于学科，又要超越学科，面向真实世界，从而使教学始于课堂，走出课堂，融于社会。

（4）教学观

建构主义者强调，教学通过设计重大的任务或问题以引导学习和支撑学习的积极性，帮助学习者成为学习主体。建构主义学习环境由情境、协作、会话和意义建构4个要素构成。其中，情境是意义建构的基本条件，教师与学生之间、学生与学生之间的协作，以及会话是意义建构的过程，而意义建构则是建构主义学习的目的。

(5) 学生观

建构主义者强调，学生并不是空着脑袋走进教室的。在日常生活中，在以往的学习中，他们已经形成了丰富的经验，往往会依靠他们的认知能力，形成对问题的某种解释。而且，这种解释并不都是胡乱猜测，而是从他们的经验背景出发推出的合乎逻辑的假设。所以，教学过程中要把学生现有的知识经验作为新知识的生长点，引导学生从原有的知识经验中"生长"出新的知识经验。

(6) 教学模式

基于建构主义教学观的理论，产生了一系列不同于以往的教学模式，在此简要介绍其中较为典型的三种。

① 支架式教学，应当为学习者建构对知识的理解提供一种概念框架的教学。这种框架中的概念是为发展学习者对问题的进一步理解所需要的，为此，事先要把复杂的学习任务加以分解，以便把学习者的理解逐步引向深入。支架式教学是以苏联著名心理学家维果斯基的"最近发展区"理论为依据的。维果斯基认为，在测定儿童智力发展时，应至少确定儿童的两种发展水平：一是儿童现有的发展水平，二是潜在的发展水平，这两种水平之间的区域称为"最近发展区"。教学应从儿童潜在的发展水平开始，不断创造新的"最近发展区"。支架教学中的"支架"应根据学生的"最近发展区"来建立，通过支架作用不停地将学生的智力从一个水平引导到另一个更高的水平。其具体过程为：搭建支架→进入情境→学生独立探索→协作学习→效果评价。

② 抛锚式教学，其主要目的是使学生在一个完整的、真实的问题情境中，产生学习的需要，并通过学习共同体中成员间的互动、交流，即合作学习，凭借自己的主动学习、生成学习，亲身体验完成从识别目标到提出和达到目标的全过程。建构主义者认为，学习者要想完成对所学知识的意义建构，即达到对该知识所反映事物的性质、规律以及该事物与其他事物之间联系的深刻理解，最好的办法是让学习者到现实世界的真实环境中去感受、去体验（即通过获取直接经验来学习），而不是仅仅聆听别人（如教师）关于这种经验的介绍和讲解。抛锚式教学不同于通常课堂上以"知识传递"为目的的教学，它在教学中利用以逼真情节为内容的影像作为"锚"为教与学提供一个可以依靠的情境，进而使学习者对教学内容进行探索。抛锚式教学的基本目的不是提高学生在测验中的分数，而是为了帮助学生提高达到目的的能力。其基本环节为：创设情境→确定问题→自主学习→协作学习→效果评价。

③ 随机进入式教学，是指对同一内容，不同时间、不同情境、基于不同目的、着眼于不同方面、用不同方式多次加以呈现，以实现学习者对同一对象的全方位、多方面的理解。显然，学习者通过多次"进入"同一教学内容将能达到对该知识内容比较全面而深入的掌握。这种多次进入，绝不是像传统教学中那样，只是为巩固一般的知识、技能而实施的简单重复。这里的每次进入都有不同的学习目的，都有不同的问题侧重点。因此多次进入的结果，绝不仅仅是对同一知识内容的简单重复和巩固，而是使学习者获得对事物全貌的理解与认识上的飞跃。其基本环节为：呈现基本情境→随机进入学习→思维发展训练→小组协作学习→学习效果评价。

4. 情感教学理论

20 世纪 60 年代以来，人本主义作为心理学的第三势力崛起，力陈认知心理学的不足在于把人当做"冷血动物"，即没有感情的人，主张心理学要想真正成为关于人的科学，应该探讨完整的人，而不是把人分割成行为、认知等从属方面。人本主义心理学家认为，真正的学习涉及整个人，而不仅仅是为学习者提供事实。真正的学习经验能够使学习者发现他自己独特的品质，发现自己作为一个人的特征。教学的本质即促进，促进学生成为一个完善的人。美国人本主义心理学家罗杰斯（Carl.R.Rogers，1902—1987）的非指导性教学就是这一流派的代表，其基本主张包括以下几点。

（1）教学目标

罗杰斯认为，最好的教育目标应该是教育成"充分发挥作用的人、自我发展的人和形成自我实现的人"。

（2）非指导性教学过程

罗杰斯把心理咨询的方法移植到教学中来，为形成促进学生学习的环境而构建了一种非指导性的教学模式。这种教学过程以解决学生的情感问题为目标，包括 5 个阶段：①确定帮助的情景，即教师要鼓励学生自由地表达自己的情感；②探索问题，即鼓励学生自己来界定问题，教师要接受学生的感情，必要时加以澄清；③形成见识，即让学生讨论问题，自由地发表看法，教师给学生提供帮助；④计划和抉择，即由学生计划初步的决定，教师帮助学生澄清这些决定；⑤整合，即学生获得较深刻的见识，并做出较为积极的行动，教师对此要予以支持。

（3）意义学习与非指导性学习

罗杰斯按照某种意义的连续，把学习分成无意义学习和意义学习。无意义学习（如记忆无意义的音节）只与心有关，它是发生在"颈部以上的学习"，没有情感或个人的意义参与，它与全人无关；意义学习不是那种仅仅涉及事实累积的学习，而是一种使个体的行为、态度、个性以及在未来选择行动方式时发生重大变化的学习。这不仅仅是一种增长知识的学习，而且是一种与每个人各部分经验都融合在一起的学习。这种意义学习主要包括 4 个要素：①学习具有个人参与的性质；②学习是自我发起的，即使有推动力或刺激来自外界，但要求发现、获得、掌握和领会的感觉是来自内部的；③学习是渗透性的；④学习是由学生自我评价的。这种意义学习实际上就是一种非指导性学习。非指导性学习既是一种理论，又是一种实践，它是一种教学模式。它的理论假设是：每个人都有健康发展的自然趋向，有积极处理多方面生活的可能性，充满真诚、信任和理解的人际关系会促成健康发展潜能的实现。它的基本原则是：教师在教学中必须有安全感，他信任学生；同时感到学生同样信任他，不能把学生当做"敌人"，倍加提防。课堂中的气氛必须是融洽、真诚、开放、相互支持的，以使学生自由地表达个人想法，自由引导个人的思想、情绪，自然地显示症结所在的情绪因素，并自己调整这种情绪的变化和决定变化的方向，从而改变相应的态度与行为。

（4）师生关系的品质

罗杰斯认为，教师作为"促进者"在教学过程中的作用表现为 4 个方面：①帮助学生澄清自己想要学什么；②帮助学生安排适宜的学习活动与材料；③帮助学生发现他们所学东西的个人意义；④维持某种滋育学习过程的心理气氛。罗杰斯认为，发挥促进者的作用，关键不在于课程设置、教师知识水平及视听教具，而在于"促进者和学习者之间的人际关系的某些态度品质"。这种态度品质包括三个方面：真诚、接受、理解。他认为，真诚是第一要素，是基本的。所谓真诚就是要求教师与学生坦诚相见、畅所欲言，不要有任何的做作和虚伪，喜怒哀乐要完全溢于言表；所谓接受，有时也称信任、奖赏，要求教师能够完全接受学生碰到某一问题时表露出来的畏惧和犹豫，并且接受学生达到目的时的那种惬意；所谓理解，罗杰斯常用"移情性的理解"一词，它是指教师要设身处地站在学生的立场上考察或认识学生的所思、所言、所为，而不是用教师的标准及主观的臆断来"框套"学生。

1.3.3 视听与传播理论

1. 视听教育理论

19世纪末，20世纪初，工业革命促进了电子技术的迅速发展，一些新的科学技术如幻灯、电影、投影、无线广播等很快应用于教育教学。这些现代化传播媒体的运用，可以向学生提供生动的视觉映像，这种映像与学生的直接的具体的经验相联系，便产生了所谓的替代学习的"视听教育"的想法。实验结果表明，视听教育可使学生增加35%的知识量，可提高20.5%的学习成绩。1946年，美国视听教育家伊嘉·戴尔撰写了《视听教学法》专著，提出了早期的视听教育理论——"经验之塔"理论。从理论方面系统分析了视听教育的价值，强调了视听教学媒体在教学中的重要性，为多媒体课件的进一步发展提供了理论依据。视听教育理论研究如何利用视觉、听觉感官的特点与功能，提高教育信息传递的效果。它的心理学基础是以行为主义心理学为基础的视感知规律、听感知规律和"经验之塔"理论。

（1）人眼的视觉特性

视觉的光谱灵敏度：人眼对波长为555纳米的光的灵敏度最高，在此两侧，随着波长的变化而减少。

人眼所能感觉到的亮度最低可至约0.0001坎德拉/平方米。在平均亮度适当时，人眼的视觉范围为1 000∶1，平均亮度很低时，视觉范围仅为10∶1。人眼的视觉特性如图1-2所示。

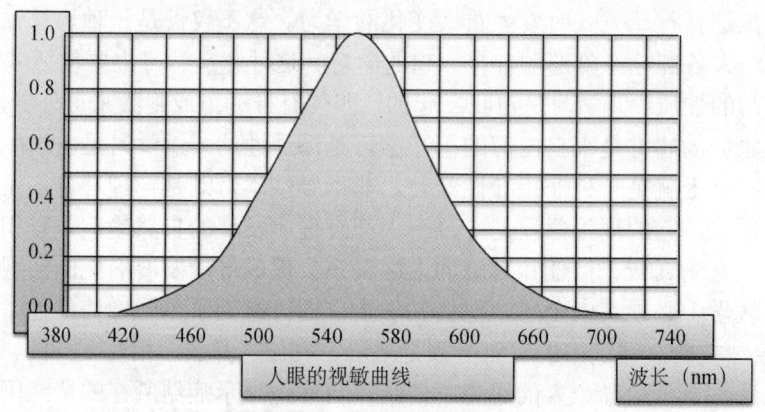

图1-2 人眼的视觉特性

人们通常用亮度、色调、色饱和度三个特性来描述人眼能看到的彩色光。

亮度是光作用于人眼时所引起的明亮程度的感觉，与被观察物体的发光程度、照射光强度及反射光强度有关。

色调是当人眼看到一种或多种波长的光时所产生的彩色感觉，反映颜色的类别，并决定颜色的基本特性。

对于同一色调的彩色光，饱和度越深，颜色越鲜明或越纯。通常将色调与色饱和度通称为色度。

人眼的分辨力与物体在视网膜上的成像距离、光的照度以及景物的相对对比度有关。人眼对色彩的分辨力远不如对亮度细节的分辨力。

人眼的视觉惰性，景物的亮度消失后，人眼的亮度感觉并不立即消失，而是按近似指数下降。

（2）人的视觉心理

心理趋合是指利用人们的想象力去填充实际在画面中并没有见到的空间。

画面均衡是是人们对画面表现主题的一种形式感觉，是产生画面稳定感的因素，包括对称性均衡与非对称性均衡。

视觉重心是指人们习惯于从左边向右边观察画面，把注意力停留和集中在右边的物体上，也称右撇现象。

（3）视觉心理与构图

构图元素主要有线条、色彩、明暗和节奏等。

（4）听感知规律

声音的感知有响度、音调和音色三个主观听感知要素。

响度：人耳对声音强弱的主观感觉，主要取决于声音的声压或声强大小，但不是简单正比关系；也与声音的频率有关。

音调：人耳对声音调子高低的主观感觉，主要取决于声音的频率。

音色：人耳对声源发声特色的感觉，主要取决于谐波成分的多少及振幅的比例。

2．经验之塔理论

20世纪40年代，美国教育家戴尔（Edgar Dale）从教学实践的研究中，总结了一系列视听教学的方法，出版了《视听教学方法》一书。由于他把各种视听教学的手段与方法概括为一个"经验之塔"去系统地阐述，因此有人称之为"经验之塔"理论。该书是一本经典著作，对于视听教育发展起到了推动作用。"经验之塔"理论已成为教育技术中的一个重要理论，在指导制作多媒体课件方面，具有显著的意义和作用。

戴尔把学习得到的经验按抽象程度的不同分为三大类十个层次，即有目的的直接经验；设计的经验；参与演戏；观摩示范；野外旅行；参观展览；电影和电视；广播、录音、照片、幻灯；视觉符号和语言符号（见图1-3）。

（1）做的经验

① 有目的的直接经验。"塔"的底部是直接的、具体的经验，它是直接与客观事物本身接触取得的经验，是通过自己对客观事物的看、听、尝、摸和嗅，即通过完整的生活经验，去取得大量有意义的信息与观念。

② 设计的经验。对客观事物进行"仿造"的设计、制作过程所取得的经验。

③ 参与演戏。通常有许多事情是不能直接去实践而取得经验的。若把这些事情编成戏剧，使学生在戏剧中扮演一个角色，就可以使他们尽可能地接近真实的情景去获得经验。演戏可以使人们参与重复的经验。

上述三个层次都是通过亲自实践，从"做"的过程中去取得经验，尽管设计与演戏所实践的是仿造或重复的真实事物，是向抽象化方向发展了，但它能突出重点，有利于达到教学目标。

（2）观察的经验

① 观摩示范。观摩示范是将重要的事实、过程与观念用形象动作去呈现出来，使学生进

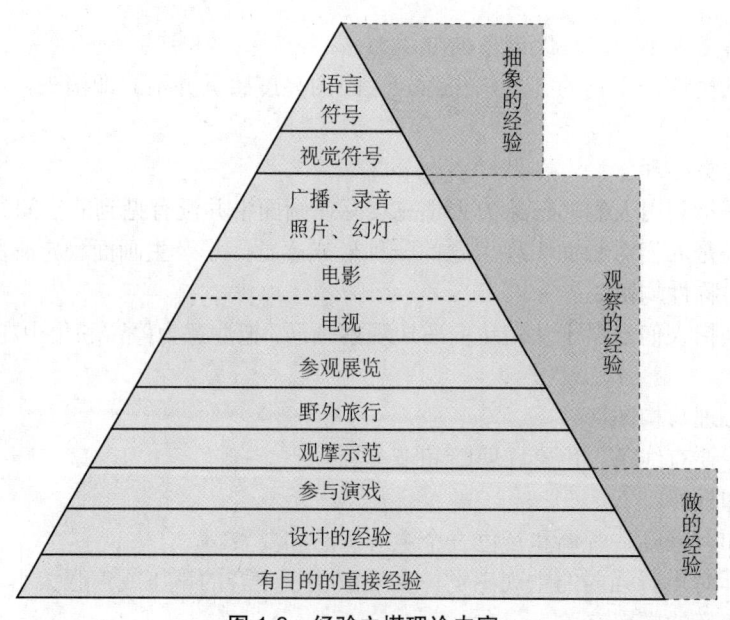

图1-3 经验之塔理论内容

行有目的的、准确的观察,从而获得一种观察经验。要使示范有效,学生必须有高度的自觉性、积极性并富有想象地参与进去,在观察中进行抽象化的思维活动,以促使进行准确而有洞察力的观察。

② 野外旅行。野外旅行的目的主要是为了观察在课堂上看不到的处于自然状态的事物。参观旅行,主要目的是观察,而在观察之后,也许会介入直接的活动。

③ 参观展览。展览有陈列的实物、模型、图表甚至照片,由它们组合起来说明某一事件的特定的意义。展览主要是提供人们看,参观者并不能操纵或触摸展品,从观察这些陈列的材料去取得观察的经验。

④ 电视和电影。通过看电影、电视,得到的主要是间接的、替代的经验。但电影、电视有它特殊优越的地方。首先,它们能选择典型的材料,使学生能集中注意力观察事物的重点部分;其次,它们能突破时间和空间的限制,能随时重现过去的历史事件,或即时呈现正在发生的真实事件,因此在某种程度上讲也能带来一定的直接经验;最后,电影、电视能借助特殊的拍摄技巧、编辑技巧、动画技巧、特殊效果技巧等,帮助学生观察原本难以观察的微观或宏观的景象,不仅能展示事物的表面,也能剖析事物的内部结构,既能把快速变化运动的过程变为慢的来观察,也能把缓慢变化的过程变快,在很短的时间内呈现出来,为学生学习提供良好的条件。

⑤ 广播、录音、照片、幻灯。提供的信息,通常能为没有文字阅读能力的人所理解。这些视听手段可以为个人或小组所用,在班级教学中,常用的手段有幻灯机、投影器、放音设备和扩音系统等辅助手段。但静态图像、广播、录音等都不及前面讨论的视听经验直接。尽管有些静态图像可能使人觉得有强烈的动感,甚至似乎可以听到声音,但是,照片终归不如有声电影、电视。同样,无线电广播只能提供声音信息,在信息量方面远没有电影、电视丰富。

(3) 抽象的经验

① 视觉符号。视觉符号是指平面地图、示意图、图表等抽象化了的符号,它们与现实事

物已没有多少类似的地方。由于视觉符号并不"再现"一个具体的经验，因此，往往一个很简单的符号是很难理解的，教师应力求做到使所使用的符号适合学生的理解水平，通过实践，让学生自己去制作图表，如统计图、地图等，培养和发展他们运用符号的能力。

② 语言符号。语言符号是一种抽象化了的代表事物或观念的符号。所谓抽象化就是这种符号已经没有实在事物的形态，不再含有对意义的视觉暗示。语言符号包括口头语言与书面词语符号。口头语言是基本的，只要有听说能力的人，都能够使用他们的民族语言去进行思想交流与知识传播。书面语词是第二性的，是符号的符号，只有学习、掌握了这些书面词语符号的人，才能利用这些符号。因此，在"经验之塔"中，口头语言的位置比书面词语要低一些。虽然语言符号本身是抽象的，但在使用时，它们是与"塔"中的所有其他材料一起发挥作用的。

"经验之塔"理论对多媒体课件制作的指导意义如下：

第一，有助于我们选择和组合适合于特定对象和课题的教学媒体。

第二，教育应从具体经验入手，逐步过渡到抽象，同时，不能只满足于直接经验，不能过渡到具体化，而必须升华到理论，形成概念，发展思维。

第三，在教学中要重视，有效地利用视听媒体。

3. 传播理论

传播即社会信息的传递或社会信息系统的运行。教育传播是由教育者按照一定的目的和要求，选定合适的信息内容，通过有效的媒体通道，把知识、技能、思想、观念等传给特定的教育对象的一种活动。教育传播的过程如图 1-4 所示。

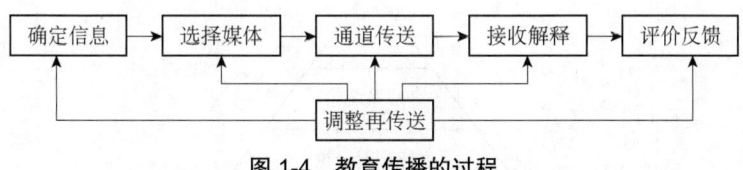

图 1-4　教育传播的过程

教育传播是一个系统，任何系统都是由若干因素所组成的，教育传播系统的构成因素是什么？对于这个问题有多种回答。

二要素说。认为教育传播系统的要素有两个：教育者和受教育者。

三要素说。认为教育传播系统的要素有三个：教育者、受教育者和教材。

四要素说。认为教育传播系统的要素有四个：教育者、受教育者、教育信息和教育媒体。

五要素说。认为教育传播系统的要素有五个：教育者、受教育者、教育信息、教育媒体和教育效果。

六要素说。认为构成教育传播系统的要素有六个：教育者、教育信息、教育媒体、受教育者、教育效果和教育环境。

1.3.4　系统科学理论

系统科学理论是研究一切系统的模式、原理和规律的科学。它是在系统论、控制论、信息论（简称旧三论）的基础上发展起来的，并逐渐出现了耗散结构论、协同论、突变论（简称新三论）。

1. 系统

从字面上的理解,"系"应该是将两个以上的个体通过丝状或者索状物相互连接起来的意思,而"统"则是汇总的意思。因此,一般人无不以为,任意地将东西堆在一起就叫系统了。比如说,一堆石头。其实不是这样的。

贝塔朗菲对系统的定义:"系统是处于相互作用中的要素的复合体。"

钱学森对系统的定义:"系统是由相互作用和相互依赖的若干组成部分结合而成的具有特定功能的有机整体,而且这系统本身又是它所属的一个更大系统的组成部分。"

这两个定义是一个意思,只不过钱学森的定义更详细,也更通俗易懂。

由此可见,不是什么东西放在一起都可以称之为系统的,必须具备这样一些特点:①它是一个具有特定功能的有机整体;②整体的组成部分是相互作用和相互依赖的;③既是整体又是局部,或者说既是系统又是子系统。

2. 系统科学

系统科学的定义很多,似乎是仁者见仁,智者见智。《系统科学大学讲稿》一书中认为,系统科学是以客观世界普遍存在的系统现象、系统问题为研究对象的学科。书中还有这样一段话:"系统科学的一个未曾言明的假设是,一切事物都是以系统方式存在和运行的,都可以用系统观点来认识,一切问题都需要用系统方法来处理。"

从这段话中可以看出,系统科学应该是一种可以帮助人们认识世界和处理一系列问题的工具或者是思维方式。系统科学的内容如图 1-5 所示。

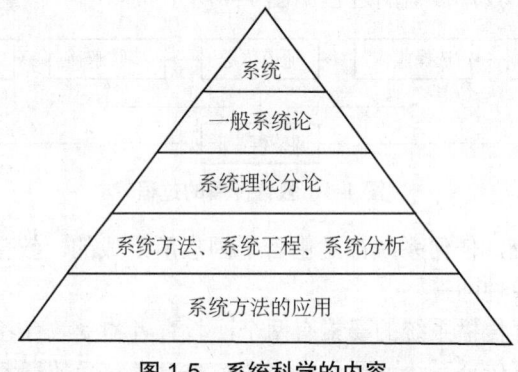

图 1-5 系统科学的内容

3. 系统论

系统论的主要创立者是美籍奥地利生物学家贝塔朗菲(L.V.Bertalanfy)。他在 1947 年发表的《一般系统论》一书中提出了"一般系统论"的观点,奠定了系统论的基础。该理论把自然界、人类社会及人类思维都看做是具有不同特点的系统。系统是由两个以上相互作用和相互联系的要素结合而成的,是具有特定的整体结构和适应环境的特定功能的有机整体。系统各部分之间的相互作用越协调,系统结构就越合理,系统在整体上就越能达到较高水平,实现整体的功能大于各部分功能之和。宇宙中的任何事物都是以系统形式存在、发展的,甚至可以说"系统无处不在,万物皆成系统"。教学技能也同样以系统的形式存在和发展着。如果应用具有普遍指导意义的系统思想和方法指导教学技能的训练和应用,必将使教学技能的获得更有效,且更易实现教学技能到教学技巧、教学技艺乃至教学艺术的转变。

4. 控制论

控制论的主要创立者是美国学者、数学家维纳（N.Wiener）。他于 1948 年发表了《控制论》一书，阐明在生物科学和物理科学中，控制和通信有着共同的规律。我国著名教育家查有梁先生在他的《系统科学与教育》一书中为控制论下了这样一个简要的定义：控制论是关于生物系统和机械系统中控制和通信的科学。系统的输出变为系统的输入就是反馈，通过反馈实现有目的的活动就是控制。一个系统既有控制部分将控制信息输入到受控部分，也有受控部分把反馈信息回送到控制部分，形成一个闭合回路，来实现系统的有效控制。由控制论产生了反馈控制法。这种方法认为：任何一个系统因内部变化、外部干扰，会产生不稳定，为保持系统稳定或按照一定路径达到预定目标，就必须进行控制。学习可以看成是一个信息加工的过程，若这一过程中的各个环节能够得到有效的控制，使得教与学之间的信息转换与反馈正常进行，就会使教学的效率和质量得到极大的提高。因此，控制论中的相关理论与方法必然会对如何有效控制教学过程、实现教学优化提供科学依据与指导。

5. 信息论

1948 年美国数学家、工程师香农（C.E.Shannon）发表的《通信的数学理论》标志着信息论的诞生。信息论是研究各种系统中信息的计量、传递、变换、储存和使用规律的科学。其原始意义主要是一门通信理论，即希望通过对各种通信系统中信息传输的普遍规律的研究，提高通信系统的有效性和可靠性。当它应用于教育系统，则可以理解为通过对教育系统中教学信息输入输出的一般规律的研究，即通过分析教学信息，分析教学系统的信息传播特点与规律，以及处理教学信息等，达到提高教育教学系统中教学有效性的目的。

6. 耗散结构论

1969 年，比利时物理学家普利高津（I.Prigogine）提出了"耗散结构"学说，它回答了开放系统如何从无序走向有序的问题。耗散结构理论认为，有序来自于非平衡态，非平衡是有序源。在一定条件下，当系统处于非平衡态时，它能够产生、维持有序性的自组织，不断和外界交换物质和能量，系统本身尽管在产生熵，但又同时向环境输出熵，输出大于产生，系统保留的熵在减少，所以走向有序。"耗散"的含义在于这种结构的产生不是由于守恒的分子力，而是由于能量的耗散，系统只有耗散能量才能保持结构稳定。耗散结构理论能够解决很多系统的有序演化问题，包括教育系统，它不仅对自组织产生的条件、环境做出了重要的判据性断言，而且对于把被组织的事物或过程转变为自组织的事物或过程具有启发的、可操作的意义。

7. 协同论

西德的学者哈肯（Hermann Haken）于 1976 年提出了"协同论"。协同论是研究各种不同的系统从混沌无序状态向稳定有序结构转化的机理和条件。哈肯指出："从混沌状态而自发形成的很有组织的结构，乃是科学家们所面临的最吸引人的现象和最富于挑战性的问题之一。"协同论最根本的思想和方法是系统自主、自发地通过子系统的相互作用而产生的系统规则。竞争与合作的方法是它的重要研究内容，协同学最基本的概念也是竞争与协作。复杂性的模式实际上是通过底层（或低层次）子系统的相互作用产生的。正如在大脑中寻找精神一样，在低层次中寻找复杂性的模式是徒劳的，但我们可以从相互作用的方式和结构，以及这种作用的运动演化过程中寻求到上一层次模式的呈现和轮廓。

8. 突变论

法国数学家托姆（R.Thom）在 20 世纪 60 年代提出了一种拓扑数学理论，该理论为现实世界的形态发生突变现象提供了可资利用的数学框架和工具。突变论在研究复杂性问题和过程时具有特殊的方法论意义。人们常把缓慢变化称为渐变，把瞬间完成明显急促的变化称为突变，但是突变与渐变的这种经验性认识既不准确也不科学。它们的本质区别不是变化率大小，而是变化率在变化点附近有无"不连续"性质出现，突变是原来变化的间断，渐变是原来变化的延续。所以突变属于间断性范畴，渐变属于连续性范畴。突变论的模型为思考人类思维过程和认识机制提供了新的思路。根据突变论的观点，我们的精神生活只不过是各个动力场吸引子之间的一系列突变，这种动力场是由我们的神经细胞的稳定活动构成的。

认识形态并不具有随意性，而是由其内部和外部条件预先决定的，托姆指出：我们思想的内在运动与作用于外部世界的运动，两者在根本上并没有什么不同。外部的模型变化可通过耦合的办法在我们的思想深处建立起来，这也正是认识的过程。

练习与思考 1

1. 什么是多媒体课件？多媒体课件的主要类型有哪些？
2. 多媒体课件制作的主要流程怎样？
3. 多媒体课件制作的主要理论基础有哪些？

第 2 章　多媒体课件素材的采集与编辑

2.1　文本素材的采集与编辑

2.1.1　文本素材

1. 文本素材含义

多媒体素材中文本素材是最基本的素材，是指带特定格式的文字，即具有字体、字号、字型、颜色等效果的文字称为文本。

多媒体课件的编辑合成工具多以 Windows 为系统平台，在制作文本素材时，应尽可能采用 Windows 操作系统下的文字处理软件，如写字板、WPS 及 Microsoft Word 等。

2. 文本文件格式

Windows 系统下的文本文件格式较多，如下所述。
① txt 格式：是纯文本格式，可用于任一种文字编辑软件。
② doc 格式：是 Word 文字处理存储格式。
③ rtf 格式：是 rich text format 的缩写，主要用于各种文字处理软件之间的文本交换。
④ wps 格式：是国内金山公司 WPS 文字处理存储格式。
⑤ wri 格式：是写字板文件存储格式。
⑥ PDF 格式：PDF 格式通常用于技术规范文件、白皮书、研究报告和电子期刊等文档资料。

选用文字素材文件格式时要考虑课件集成工具软件是否能识别这些格式，以避免准备的文字素材无法插入到课件集成工具软件中。纯文本文件格式（*.txt）可以被任何程序识别，.rtf 格式的文本也可被大多数程序识别。

2.1.2　文本素材的采集方法

获取文字素材的方法很多，根据不同的需求可采用不同的方法，常见的文字素材制作方法有以下几种。
① 利用通用文字处理软件制作。如利用文字处理软件 WPS 及 Word 等。
② 利用多媒体开发工具直接制作。一般的多媒体开发工具均有文字制作工具，利用它们

提供的工具可直接制作文本。

③ 利用图像处理软件制作。如在 Photoshop 中输入文字，存储成图像文件，然后在多媒体开发工具中用输入图片的方法调用。用此种方法制作的文字比较美观，但修改起来比较麻烦，在制作时，要预先设计好文本区的形状与大小。

④ 笔式书写识别输入等方法。利用手写板或触摸屏幕进行汉字输入，例如汉王手写板等。

⑤ 利用语音识别系统进行制作。将语音输入设备与计算机正确连接后，利用语音识别系统可以把声音信号直接转化成相应的文档，然后对文档进行编辑、处理、获取。

⑥ 从网络上下载文字素材。

⑦ 扫描识别制作。用扫描仪对文字进行扫描，存储为图像文件，然后用 ORC 汉字识别系统将图像文件转化成 Word（*.doc）文件进行编辑处理。OCR 软件的英文识别率可以高达 90%以上，中文识别率可以高达 85%以上。印刷文稿的扫描仪录入流程如图 2-1 所示。

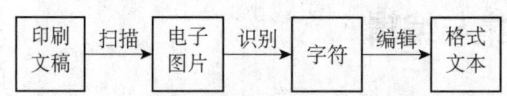

图 2-1　印刷文稿的扫描仪录入流程

2.1.3　图形、图像文字

文字素材有时也以图像的方式出现在课件中，通过格式排版后产生的特殊效果，为课件增色不少。这种图像化的文字保留了原始的风格（字体、颜色、形状等），并且可以很方便地调整尺寸。

1. 种类

图形、图像文字分为点阵（位图）图像文字和矢量图形文字，如图 2-2 所示。

图 2-2　图像文字

2. 图形、图像文字的制作

图形、图像文字制作可自行制作，常用的制作软件有 Photoshop、PhotoDraw（用于制作图像文字）；CorelDraw（用于制作图形文字）；Flash（用于制作图形、图像文字）；COOL 3D（用于制作三维艺术字）等。

3. 制作文本素材应注意的问题

在多媒体课件制作中，文本是不可缺少的媒体形式，文字设计制作的好坏，直接影响多媒体课件的教学效果和整体质量，因此，在制作文字素材时应考虑以下问题。

（1）选择适当的中文环境

现阶段使用的多媒体课件大多在 Windows 系统中运行，因此，文字制作的中文环境应与多媒体课件运行的中文环境保持一致。

（2）使用规范化的文字

多媒体 CAI 课件是给学习者进行教育和示范的，所以在制作多媒体 CAI 课件时，一定要规范使用各种文字、数字和标点符号。同时根据教学的需要合理、精练地使用文字。

（3）提高文字的总体表达效果

多媒体课件对教学内容的表达是通过各种媒体数据综合进行的。文字对教学内容的表达有其单独的效果，也有与其他媒体配合的综合效果。所以在屏幕设计时，应全面考虑文字排版和各种属性。

（4）课件字幕要有良好的艺术性

在设计制作文本字幕时，首先，要尽量选择丰满的字体，为区分层次和不同的内容，可选用不同的字体以示区别；其次，要根据字幕字数的多少，选择合适的字体字号，设定合适的字间距和行间距，且字幕周围要留出适当的空隙；最后，字幕的色彩要与背景形成对比，突出显示字幕的内容，吸引学生的注意力。

2.2 图形图像素材的采集与编辑

2.2.1 图形、图像在课件中的作用

图像是人类获得信息的重要来源，是多媒体制作中最常用的素材，是一种直观的教学媒体。有的图像可直接用于教学，如生物课中的各种动植物图像、历史课中各历史资料的图像、语文课文中相关背景资料图像等；有的可以作为课件制作的背景，如山水风光、边框图案等；有的用来点缀课件画面，如花草、动物图案等。图形、图像界面外观是反映课件个性的关键因素之一。

2.2.2 图形、图像基本类型和格式

1. 图像的基本类型

（1）模拟图像

模拟图像是人们日常接触到的各类图像，由照像机、摄像机进行摄取的各类图形图像、医学所有的 X 光底片及人眼所看到的一切景物等都是模拟图像，它们都是由连续的各种不同颜色、亮度的点组成的。这类图像无法用计算机进行直接处理，要使这些模拟图像在多媒体计算机中进行处理，就必须将模拟图像转换为用一系列数据所表示的数字格式的图像，即数字图像。

（2）数字图像

① 矢量图像。矢量图像，也称为面向对象图像或绘图图像，由被称为矢量的数学对象定义的线条和曲线组成。矢量文件中的图形元素称为对象，每个对象都是一个自成一体的实体，它具有颜色、形状、轮廓、大小和屏幕位置等属性。每个对象都可以在维持它原有清晰度和弯曲度的同时，多次移动和改变它的属性，而不会影响图例中的其他对象。矢量图形与分辨率无关，可以将它缩放到任意大小和以任意分辨率在输出设备上打印出来，都不会影响清晰度。因此，矢量图形是文字（尤其是小字）和线条图形（比如徽标）的最佳选择。

② 位图图像。位图，也称为像素图像或点阵图像，是由多个点组成的，这些点被称为像素。位图是由个别的独立点——像素结合而成，可以变化成不同的形状与色彩，以形成一个图样。当放大时，可以发现其整体图像是无数单个的方块组成。放大位图的尺寸就会加大每一个独立点的间距，使线条与造型呈现锯齿状。但从远距离观看位图，其色彩和造型看起来还是连续的。由于每一个像素都是个别着色，所以可创建出几乎乱真的照片效果；并能通过修改选取区域的色彩加以强化。由于位图图像是由一连串排列好的像素创建出来的，因此其内容无法独立控制，如移动、缩放等。位图可以模仿照片的真实效果，具有表现力强、细腻、层次多和细节多等优点。同时由于位图是由多个像素点组成的，将位图图像放大到一定倍数时可看到这些像素点，也就是说位图图像在缩放时会产生失真。

③ 矢量图形与位图图像的区别。位图以记录图像平面的每一个像素来反映图像，各个像素有特定的位置和颜色值。位图适用于具有复杂色彩、虚实丰富的图像，例如照片、绘画等。位图像素的多少决定了文件的大小和图像细节的丰富程度。而矢量图中物体的位置、形状、大小、颜色等是以数字方式记录的，而不是记录像素的属性。矢量图编辑时可以无级缩放不影响分辨率，适合于制作工艺美术设计、插图和计算机辅助设计等课件制作的需要。位图和矢量图各有优缺点，在课件制作中经常需要互相补充交错使用。矢量图与位图的比较见表2-1。

表2-1 矢量图与位图的比较

类别	特点
矢量图（Vector Graphics）	√ 容易实施移动、旋转和扭曲等变换，因此可方便地用来表示线框性的图画、工程制图、美术字等。 √ 不适合表示人物或风景照片等复杂图像
位图图像（bitmap）	√ 占用的存储空间较大，处理和显示一个高分辨率的图像需要几兆字节的存储空间。 √ 位图中各像素点的位置和颜色值缺乏内在的联系，这就导致了位图图像处理中的不灵活，不易进行变换和修改。 √ 表现力丰富且直观，并且一般图像处理软件都是直接对位图进行操作的，要使用矢量图也是先转换成位图再处理的，从而使得它的应用范围非常广泛

2. 图像的格式

（1）BMP格式

BMP位图文件是Windows操作系统中最通用的一种格式，几乎所有与图形图像有关的软件都支持这种格式。BMP文件一般是不进行压缩的，图像质量非常高。BMP支持黑白图像、16色和256色伪彩色图像及RGB真彩色图像，它的图像有丰富的色彩，是多媒体课件中使用最为广泛的静态文件格式之一，其不足之处是存储空间较大。

（2）JPEG格式

JPEG格式是网络上比较流行的一种格式，其文件扩展名为.jpg或.jpeg。JPEG文件格式是所有压缩格式中最卓越的，它使用有损压缩方案，支持灰度图像、RGB真彩色图像和CMYK真彩色图像。选择最高画质压缩时肉眼基本看不出压缩前后图像的差别。这种格式的最大特点是文件占据存储空间非常小，而且可以调整压缩比，非常有利于网络传输，但由于是有损压缩，所以将一幅图像转换为JPEG格式后图像质量会降低。

（3）GIF格式

GIF格式也是网络上比较流行的一种格式，GIF格式支持背景透明图片以及动画，主要用于在不同的图像处理平台上进行图像交流和传输。它同时支持静态和动态两种形式，使用无损压缩，文件体积比较小，支持黑白图像、16色和256色彩色图像。

（4）PSD格式

PSD（*.PSD）格式是 Adobe 公司开发的图像处理软件 Photoshop 专用的标准内定格式，也是唯一可以支持所有图像模式的格式，包括位图、灰度、索引颜色、RGB、CMYK、Lab等。可以存储图层、通道、路径等信息。但图像文件特别大，编辑完成后可以转换成其他占用磁盘空间较小、存储质量较好的格式以便多媒体创作工具调用。

3．分辨率

分辨率是指在单位尺寸内包含的像素数量。分辨率的单位是 dpi（点/英寸），即每英寸显示的像素点数，如图像的分辨率是 1 200dpi 就表示该图像每英寸长度内包含 1 200 个像素。同一单位内包含的像素越多，图像分辨率就越高，图像细节就越丰富。图像的分辨率和图像大小之间有着密切的关系，分辨率越高，所包含的像素越多，文件占用空间也就越大，所需的图像处理时间也就越多，同时图像越清晰，反之越模糊。如图 2-3 所示，高分辨率的图像要清晰得多。

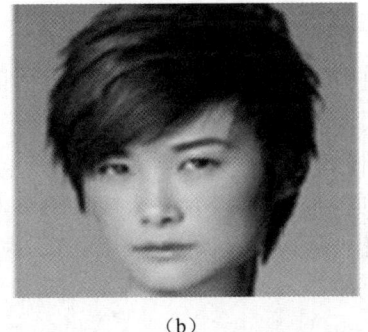

图 2-3　图像分辨率（从左向右越来越高）

因此在制作图像时，应根据图片不同的用途，合理设置分辨率，用于印刷打印的分辨率需要高一些，只用于屏幕显示的就可以低一些。

4．颜色深度

颜色深度又称颜色位数，是表示色彩或灰度细腻程度的指标。色彩位数以二进制的位（bit）为单位，用位的多少表示色彩数的多少。如颜色深度为 1 位的像素有两个可能的值：黑色和白色。

在三原色 R（红）、G（绿）、B（蓝）的颜色中，各自分为 256 级色彩梯度，组合出来的 $256×256×256=16\ 700$ 万色，也就是通常说的 24 位。常用的颜色深度有 1 位、8 位、24 位、32 位等。颜色深度越大意味着图像具有越多颜色信息可以用来显示或打印像素。

2.2.3　图形图像的采集方法

课件制作中需要的图像可以从多种渠道获得，例如，从 Internet 上下载，从计算机屏幕上直接截取，从动画、视频中捕捉，利用扫描仪或数码相机直接采集、数字化仪输入等，或用软件创作。

1. 捕捉屏幕静止图像

（1）利用键盘是 PrintScreen 键抓图

在 Windows 环境下，捕获当前屏幕上的图像，最简单的方法是：当屏幕出现需要的图像时，按键盘上的 PrintScreen 键，屏幕图像即拷贝到 Windows 的剪贴板中，然后打开图像处理软件，如"附件"中的"图画"，选择"粘贴"，即可得到屏幕图像，图像分辨率大小与屏幕区域设置相同。也可以直接粘贴到应用软件中去，例如打开 Word、PowerPoint、Flash 软件等直接"粘贴"即可。

（2）使用专门的抓图软件抓图

如果有较高的要求，比如滚屏抓取、捕捉屏幕录像、合并编辑图像等，可以利用专门的抓图软件，目前比较有影响力的主流抓图软件有 HyperSnap、SnagIt、红蜻蜓抓图精灵和超级捕快等。

2. 利用超级解霸采集单帧视频图像

用计算机看 VCD、DVD 时，如觉得某些画面要与制作的课件主题相符，可以用"超级解霸"等多媒体播放软件将画面截取下来。

3. 通过素材光盘获取图像

图像类素材光盘很多，一些插图、标志、纹理材质、风景图片都可以在课件中使用，这是最简单快捷的图像采集方法。光盘中的图片可用 ACDSee 软件的"迅速寻找"功能查看。这些图像素材一般情况是需要再加工的，可根据课件的需要，应用各种图像处理软件对图像进行加工处理。如对图像进行剪切、粘贴、合并来修改图像内容，对图像亮度、对比度、色彩、图像尺寸、分辨率、色彩模式等调整。

4. 用数码相机拍摄

数码相机使用光电耦合器，并用存储卡（如记忆棒、软盘、SM 卡、CF 卡或 CD-R）来保存拍摄的图像。将保存的图像存入计算机后，可以作为课件素材直接使用。

5. 扫描课本上的图像

课本、照片、杂志、宣传画、教学挂图是一些常见的、传统的承载图像的媒体，要想将这些图像输入计算机中，供课件制作使用，就得借助扫描仪。

6. 从 Internet 上下载图像素材

Internet 是一个资源的宝库，从中可以得到很多有用的图像，用于课件制作。既可以从专门的图像网站上下载图像，也可以到与课件制作内容相关的网站，如一些教育网站上去寻找。有些图像文件直接显示在网页上，对于这些文件，可以直接将其保存在课件制作素材库中。下面以"百度"搜索引擎搜索和下载图片为例。

（1）打开百度搜索网站，如图 2-4 所示。

（2）单击"更多产品—图片"链接。

（3）输入你想要获取的图片的关键词，例如"杭州西湖"，单击"百度一下"，进行搜索。

（4）选择符合需要的图片。在打开的页面图片上右击，在弹出的快捷菜单中选择"图片另存为"选项，保存图片。

图 2-4　百度网站首页

2.2.4　图像处理

通过前面介绍的方法获取到的图像通常不能直接用于多媒体 CAI 课件中，需要对其做适当的加工和处理。图像的处理主要包括以下内容。

1. 图像文件大小的调整

如果课件制作完毕后，发现其运行速度很慢，就需要检查一下所使用的图像文件的大小，再决定是否要先调整后再使用。改变图像大小有两种方法：一是设置图像的尺寸；二是使用压缩的图像格式（如.jpg 格式），这样可以大大减小文件所占的磁盘空间，从而加快课件的运行速度。

2. 调整图像亮度与对比度

对于因过暗或过亮，看不清图像上内容的图像，在制作课件前要对其亮度与对比度进行调整，从而满足课件制作的要求。

3. 消除图像背景阴影

扫描的图像，特别是从一些课本、杂志上扫描的图像，往往会把另一面文字透射过来的阴影也扫描下来，从而影响图像的质量，给制作的课件产生一些缺憾。因此在使用这些图像前需要消除背景阴影。

4. 修复图像

通过扫描或抓图软件获取的图像，原图上往往有一些黑色标注线条或斑点。在将这些图像引入课件前，需要修复图像，以去掉图像中的线条或斑点。

5. 旋转图像

有些图像素材由于种种原因，出现倾斜、倒置等现象。直接将这些素材引入课件，显然会影响课件效果。所以，在课件制作前，要对其进行处理，以满足课件制作的要求。

6. 合成图像

有时需要将几个图像文件合成到一起，以传达特定的含义，这就需要利用图像处理软件进行图像的合成。

2.2.5 使用 Photoshop 处理图片文件

1. Photoshop 简介

Photoshop 是在设计、绘画、图像处理等方面广泛使用的软件，主要用于像素图像的编辑，在较新的几个版本可以进行 3D、视频处理。Photoshop 软件由 Adobe 公司出品，目前最新版本为 CC。CS 后版本间差别不大，只有一些不太常用新功能加入。

2. Photoshop CS 基本界面

Photoshop CS 基本界面如图 2-5 所示。

图 2-5　Photoshop CS 基本界面

（1）菜单栏

所有的功能都涵盖在菜单栏中，分为"文件""编辑""图层"等多个子菜单。菜单栏如图 2-6 所示。

图 2-6　菜单栏

①"文件"菜单：基本的新建、保存等文件处理，如图 2-7 所示。脚本和批处理可实现

半智能化的图片处理。

常用快捷键:"Ctrl+N"新建,"Ctrl+S"保存。

新建:新建窗口中,根据需求设置宽度、高度和分辨率。

打开:打开 psd、jpg 等图片文件,直接将文件拖入 Photoshop 中可实现快速打开文件。

保存:保存有多个格式,包括 PSD(Photoshop 文件,可存储所有操作、图层)、JPEG(最常用图片文件,存储时改变品质可改变文件大小)、PNG(可存储透明信息的图片,但需要透明图片时选用)。

自动:批处理可结合动作完成大批量图片处理、photomerge 可实现全景照片合成,HDR 可实现多张照片合成 HDR 照片效果。

②"编辑"菜单:基本操作,如图 2-8 所示。

常用快捷键:"Ctrl+Alt+Z"还原、"Ctrl+X"剪切、"Ctrl+C"复制、"Ctrl+V"粘贴、"Ctrl+Shift+C"合成复制、"Ctrl+A"全选。

重要功能:单击"编辑"菜单最下方首选项——"常规",可完成以下功能设置。

- 勾选用滚轮缩放。
- 性能中将历史记录状态调高。
- 暂存盘将其他盘符选上。

图 2-7 "文件"菜单 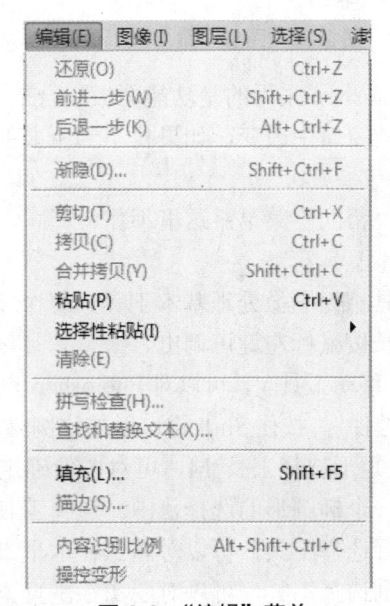　　　　图 2-8 "编辑"菜单

以上设置对后期的使用有很大的帮助和便利。

③"图像"菜单:对图像以及画布进行操作,如图 2-9 所示。

调整:对图片色调、饱和度、对比度等基本属性进行调节,基本功能收录在调整面板中。

图像大小:修改图片分别率使用,但一般采用更改画布大小,如使用移动工具缩放更方便。

裁剪:结合选择工具能快速更改图像大小。

图像旋转:可实现旋转、翻转。

④"图层"菜单:关于图层的操作,基本能在图层面板中完成。

⑤"选择"菜单:关于选择等操作,配合模板、套索等选择工具使用效果更佳,色彩范

围功能为常用选项。

⑥"滤镜"菜单：图片的各类特效设置，后期具体介绍。

⑦"视图"菜单：排版校正类的功能，建议开启"显示"中的"智能参考线"功能，有助于对其修正，参考线为常用选项。

⑧"窗口"菜单：功能面板管理，可变换布局，如图 2-10 所示。

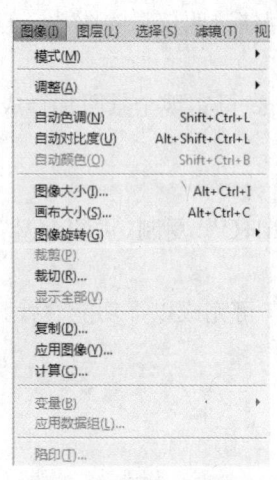

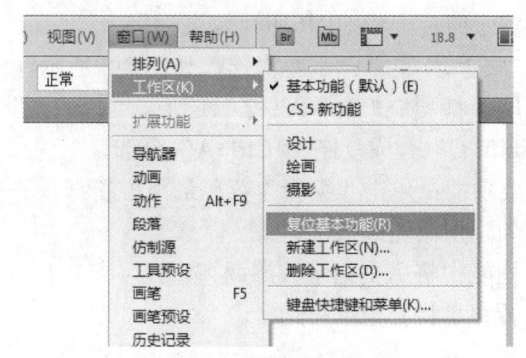

图 2-9 "图像"菜单　　　　　　　　图 2-10 "窗口"菜单

Photoshop 采用的是功能面板组合的方式，可以自由变换界面。面板的调出和改变可以在菜单栏的窗口中改变，如果找不到所要的功能模块可以选择"复位基本功能"选项如图 2-10 所示。

⑨"帮助"菜单：这里不作解释。

（2）工具箱

工具箱为图像处理基本工具，每个工具选中后可在工具选项栏中修改其属性。其右下有箭头，长按鼠标左键可调出。

① 移动工具 V，可以对 Photoshop 里的图层进行图层移动，注意勾选工具选项栏中"显示可变换控件"。按住 Shift 键可以按比例移动和缩放，按 Alt 键可中心缩放，右击可多样变换。

② 矩形选择工具 M，可对图像确定一个矩形的选择范围。椭圆选择工具 M，可以对图像确定一个椭圆形的选择范围。选择工具如图 2-11 所示。

单行选择工具，可以对图像在水平方向上选择一行像素。

单列选择工具，可以对图像在垂直方向上选择一列像素。

③ 套索工具 L，可任意按住鼠标左键不放并拖动，确定一个不规则的选择范围。套索工具如图 2-12 所示。

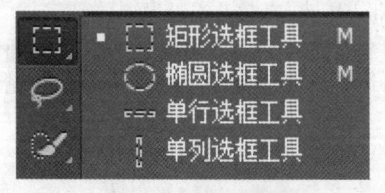

图 2-11 选择工具　　　　　　　　图 2-12 套索工具

多边形套索工具 L，可用鼠标在图像边界点框选要选择的范围，没有圆弧的图像勾边可

以用这个工具，但不能勾出弧线。

磁性套索工具 L，在工具头处会出现自动跟踪的线，这条线总是走向颜色与颜色边界处，边界越明显磁力越强，首尾连接后可完成选择，一般用于颜色差别比较大的图像范围选择。

④ 快速选择工具 W，为智能化的选择工具，会自动判断图像边缘，只要在需选择的区域点选即可，但边缘较粗糙。

魔棒工具 W，对图像中某颜色单击一下进行选择，选择的颜色范围要求是相同的颜色，其相同程度可对魔棒工具双击，在右上角工具选项栏容差值处调整容差度，数值越大，表示魔棒所选择的颜色差别大，反之，颜色差别小。快速选择和魔棒工具如图 2-13 所示。

以上②、③、④属于选择类工具，按住 Shift 键同时鼠标圈选可以增加选区，按 Alt 键可以减少选区。

⑤ 裁切工具 C，可以对图像进行剪裁，剪裁选择后一般出现 8 个节点框，利用鼠标对着节点进行缩放，对着框外可以对选择框进行旋转，对着选择框双击或按回车键即可以结束裁切。

⑥ 吸管工具 I，主要用来吸取图像中某一种颜色，并将其变为前景色，一般用于要用到相同的颜色时候，在色板上又难以达到相同效果，宜用该工具。对着该颜色单击一下即可吸取，使用画笔时可按 Alt 键取色。吸管工具组如图 2-14 所示。

图 2-13　快速选择和魔棒工具　　　　　　图 2-14　吸管工具组

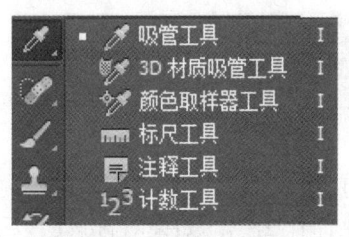

颜色取样器工具 I，该工具主要用于将图像的颜色组成进行对比，它只可以取出 4 个样点，每一个样点的颜色组成的 RGB 或 CMYK 等都在右上角的选项栏上显示出来，一般对于印刷有用。

⑦ 污点修复画笔 J，主要用于修复、处理污点、杂质等细节。可单击也可涂抹区域修复。

修复画笔工具 J，包括综合污点修复画笔和仿制图章工具，能通过选取仿制源实现更精准的修复。

修补工具 J，修改有明显裂痕或污点等缺陷图像。选择需要修复的选区，拉取需要修复的选区拖动到附近完好的区域方可实现修补。也可用来修复图像上一些大面积的皱纹之类的。

红眼工具 J，针对拍摄时出现红眼进行修复，调整至眼球大小点选眼睛即可。修复画笔工具组如图 2-15 所示。

⑧ 画笔工具 B，主要用于上色。右击选择笔刷和笔头大小，颜色可在色板面板选择。属性区可用来调整图片透明度。

铅笔工具 B，模拟平时画画所用的铅笔，选用此工具后，在图像内按住鼠标左键不放并拖动，即可以进行画线。

颜色替换工具 B。按 Alt 键选取替换色后，画笔涂抹处颜色会变换为替换色。

混合器画笔工具 B，为综合涂抹工具和画笔工具，绘画使用。画笔工具组如图 2-16 所示。

⑨ 橡皮图章工具 S，图像修复用，可以理解为局部复制，先按住 Alt 键，再用鼠标在图像中需要复制或修复取样点处单击，再在右边的画笔处选取一个适合的笔头，就可以在图

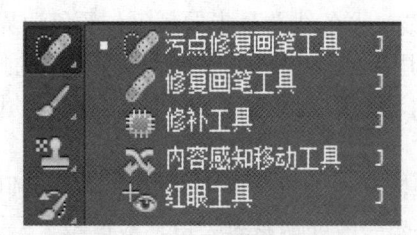

图 2-15　修复画笔工具组　　　　　　　图 2-16　画笔工具组

像中修复图像。

图案图章工具 S，它也用来复制图像的，但与橡皮图章有些不同，前提要求先用"矩形"选择范围，再在"编辑"菜单中单击"定义图案"，然后再选择合适的笔头，再在图像中进行复制图案。图章工具组如图 2-17 所示。

⑩ 历史记录画笔工具 Y，其主要作用是对图像恢复成最近保存或打开的面貌。如果对打开的图像操作后没有保存，使用此工具，可以恢复这幅图原来打开的面貌，如果对图像保存后再继续操作，则使用该工具则会恢复保存后的面貌。画笔工具组如图 2-18 所示。

图 2-17　图章工具组　　　　　　　　图 2-18　画笔工具组

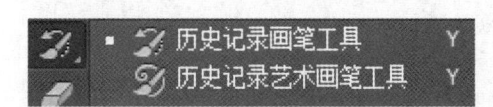

⑪ 橡皮擦工具 E，主要用来擦除多余像素，如果对背景层进行擦除，则背景色是什么色擦出来即什么色；如果对背景层以上的图层进行擦除，则会将这层颜色擦除，会显示出下一层的颜色。可右击选择一个合适的擦除笔头。

背景橡皮擦工具 E，按 Alt 键选择后，可擦除同色的区域。

魔术橡皮擦工具 E，综合魔棒和橡皮擦功能。橡皮擦工具组如图 2-19 所示。

⑫ 油漆桶工具 G，其主要用于填充颜色，其填充的颜色和魔棒工具相似，它只是将前景色填充一种颜色，其填充的程度由上方选项的"容差"值决定，其值越大，填充的范围越大。

渐变工具 G，主要是对图像进行渐变填充，上方可选择渐变类型，在图像中需要渐变的方向按住鼠标左键拖动到另一处松开。如果设置图像局部渐变，则要首先选择一个范围。油漆桶工具组如图 2-20 所示。

图 2-19　橡皮擦工具组　　　　　　　图 2-20　油漆桶工具组

⑬ 模糊工具，主要是对图像进行局部加模糊，按住鼠标左键不断拖动即可操作，一般用于颜色之间结合比较生硬的地方加以柔和，也用于颜色之间过渡比较生硬的地方。

锐化工具，与模糊工具功能相反，它是对图像进行清晰化，它是在作用的范围内全部像素清晰化，如果作用太厉害，图像中每一种组成颜色都显示出来，所以会出现鲜艳的颜色。使用了模糊工具后，再使用锐化工具，图像不能复原，因为模糊后颜色的组成已经改变。

涂抹工具，可以将颜色抹开，一般用于在颜色之间结合生硬或颜色之间衔接不好的修饰，将过渡颜色柔和化，有时也会用在修复图像的操作中。模糊、锐化、涂抹工具组如图 2-21 所示。

⑭ 减淡工具 O，也可以称为提亮工具，主要是对图像进行提亮处理以达到对图像的颜色进行减淡效果，其减淡的范围可右击选取笔头大小。

加深工具 O，主要是对图像进行变暗以达到图像的颜色加深。

海绵工具 O，它可以对图像的颜色进行加色或进行减色，可以在上方的选项中选择加色还是减色，实际上也可以是加深颜色对比度或减少颜色的对比度。其加色或减色的强烈程度可以在选项中选择压力。减淡、加深、海绵工具组如图 2-22 所示。

图 2-21　模糊、锐化、涂抹工具组

图 2-22　减淡、加深、海绵工具组

⑮ 钢笔工具 P，亦称为勾边工具，主要是画出一路径。首先单击一下定点，移动到下一落点处单击，如要勾出弧线，则落点时按住左键不放并拖动。每定一点都会出现一个节点加以控制以方便以后修改，而拖出弧线后，节点两边都会出现一控制柄，还可按住 Ctrl 键对各控制柄进行调整弧度，按住 Alt 键则可以消除节点后面的控制柄，避免影响后面的勾线。

自由钢笔工具 P，与套索工具相似，在图像中按住鼠标左键不放直接拖动即可在轨迹下勾画出一条路径。

添加锚点工具，可以在一条已勾完的路径中增加一个节点方便修改，在路径上单击一下即可。

减少锚点工具，可以在一条已勾完的路径中减少一个节点，在路径上的某一节点上单击一下即可。

转换点工具，此工具主要是将圆弧的节点转换为尖锐，即圆弧转直线。钢笔和锚点工具组如图 2-23 所示。

⑯ 文字工具 T，可在图像中输入文字，选中该工具后，在图像中单击一下便出现对话框即可输入文字。输入文字后还可双击文字图层加以编辑。上方可修改字体、字号、排列方向、颜色。文字工具组如图 2-24 所示。

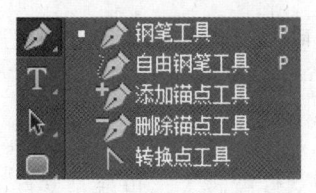

图 2-23　钢笔和锚点工具组

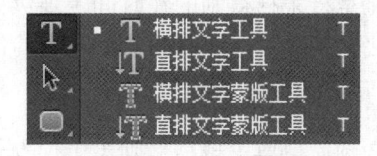

图 2-24　文字工具组

⑰ 路径选择工具 A，类似于选择工具，但选择对象为路径。

直接选择工具 A，此工具可以选择某一节点进行拖动修改，或对主路径按住鼠标不放拖动也可。路径选择和直接选择工具如图 2-25 所示。

⑱ 矩形工具 U，用于绘制一个矩形的路径，椭圆、多边形等类似。

⑲ 抓手工具 H，主要用于翻动图像，但前提条件是当图像放大后全部显示出来，一般用于勾边操作，当选为其他工具时，按住空格键不放，鼠标自动转成抓手工具。

旋转视图工具 R，相当于扭头看图像，对原图无任何影响，多用于绘画、检查。抓手工具组如图 2-26 所示。

⑳ 缩放工具，主要用来放大图像，当出现"+"号对图像单击一下，可以放大图像；或者按下鼠标左键不放拖出一个矩形框，则可以局部放大图像；按住 Alt 键不放，则鼠标会变为"-"号，单击一下可以缩小图像。用快速方法，按住 Ctrl+"+"键则为放大，Ctrl+"-"键则为缩小。首选项中勾选"用滚轮缩放"更便捷。

㉑ 前景色与背景色。其左上方的是前景色，右下方是背景色，按 D 键恢复前黑后白。如图 2-27 所示，右上按钮可快速对调前景背景颜色。

图 2-25　路径选择和直接选择工具　　　　图 2-26　抓手工具组　　　　图 2-27　前景色与背景色

㉒ 快速蒙版工具，配合画笔、橡皮进行选择操作。

必须掌握的基本工具：移动、选择（矩形、快速选择、套索、磁性套索、魔棒）、画笔、橡皮、渐变、油漆桶、污点修复、仿制图章、文字。

2.3　音频素材的采集与编辑

在多媒体课件中合理地加入一些声音，可以更好地表达教学内容，有利于调节学生的情绪，使学生大脑保持兴奋状态，使视觉思维得以维持。同时还可吸引学生的注意力，增加学习兴趣，调节课堂的紧张气氛，有利于学生思考问题。当然，声音作为一种信息载体，其更重要的作用是直接、清晰地表达语意。

2.3.1　音频格式

1. 数字音频处理

音频的数字化过程包括采样、量化两个步骤。采样就是每隔一段时间间隔读一次声音的幅度，将读取的时间和波形振幅记录下来。

量化是将采样得到的在时间上连续的信号（通常为反映某一瞬间声波幅度的电压值）加以数字化，使其变成在时间上不连续的信号序列，即通常的 A/D 变换。

2. 数字音频质量与文件大小

对音频质量要求越高，则为了保存这一段声音的相应文件就越大，也就是文件的存储空间就越大。采样频率、样本大小和声道数，这 3 个参数决定了音频质量及其文件的大小。

（1）采样频率

采样频率就是每秒钟采集多少个声音样本。它反映了多媒体计算机抽取声音样本的快慢。采样频率越高，也就是采样的时间间隔越短，在单位时间里计算机抽取的声音数据就越多，声音就表达得越精确，声音便会越真实，而需要的存储空间也就越大。

采样频率与声音本身的频率是两个不同的概念。采样频率是每秒钟度量声音信号的次数，而声音的频率是声音波形每秒钟振动的次数。在多媒体中，音频最常用的采样频率是：44.1kHz、22.05kHz、11.025kHz。

（2）样本大小

样本大小又称量化位数，反映多媒体计算机度量声音波形幅度的精度。其字节数越多，度量精度越高，声音的质量就越高，而需要的存储空间也相应增大；反过来说，字节数越少，需要的存储空间也可以越小，但声音质量越差。

（3）声道

声道是指声音在录制或播放时在不同空间位置采集或回放的相互独立的音频信号。多声道的立体声比单声道的音质要好很多，而其文件大小也为单声道的两倍。声音转换成数字信号之后，计算机很容易处理，如压缩、偏移、环绕音响效果等，因此，更多的声道和更逼真的音响效果已经在计算机中出现。比较常见的有双声道、四声道、5.1声道等。双声道声音在录制过程中被分配到两个独立的声道，从而达到了很好的声音定位效果。四声道环绕设置了4个发音点：前左、前右、后左、后右。5.1声道其实有6个声道输出，它是四声道的基础上增加了一个中置声道，一个超低音声道，因为并没有包含全音域，所以用".1"表示超低音声道。

3．数字化音频的文件格式

（1）WAV

WAV文件格式是Windows系统所使用的标准数字音频称为波形文件，文件的扩展名是".wav"，记录了对实际声音进行采样的数据，也是最早的数字音频格式。WAV格式支持多种压缩算法、音频位数、采样频率和声道，利用该格式记录的声音音质可以和原声基本一致。但需要的存储空间很大，不便于交流和传播。

（2）MP3

MP3，全称是MPEG-1 Audio Layer 3，是现在最流行和通用的声音文件格式。这种格式在压缩时，削减音乐中人耳听不到的成分，在音质损失很小的情况下，把文件高度压缩。其具有占用空间小、传输速度快的特点。

（3）MIDI

MIDI，全称是Musical Instrument Digital Interface（乐器的数字化接口）。MIDI音频是多媒体计算机产生声音（特别是音乐）的另一种方式，可以满足长时间播放音乐的需要。与波形文件相比，MIDI文件要小得多。例如，同样半小时的立体声音乐，MIDI文件只有200KB左右，而波形文件（.wav）则差不多有200MB。

（4）CD

符合MPCZ标准的CD-ROM驱动器不仅可以读取CD-ROM盘的信息，还能播放数字CD唱盘（CD-DA），这样多媒体计算机就能够利用已经非常成熟的数字音响技术来获得高质量的音频——CD音频。在多媒体计算机上输出CD音频信号一般有两种途径：一种是通过CD-ROM驱动器前端的耳机插孔输出，另一种是使用特殊连线接入声卡由扬声器输出。

2.3.2 音频素材采集方法

1．从网上下载音频素材

声音文件可以从网上下载，不过，现在网上音乐MP3文件由于版权方面的原因，有些网站已经停止下载，而只能够在线收听了。

2. 从 CD 光盘上采集音频素材

运行超级音频解霸软件，将 CD 光盘放入光驱，在工具栏上单击"循环/选择录制区域"按钮，如图 2-28 所示。

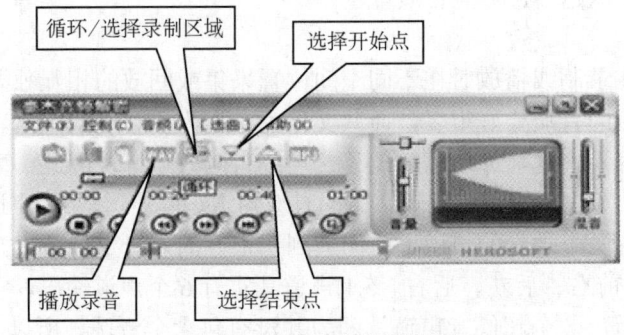

图 2-28 超级音频解霸界面

单击工具栏的"选择开始点"和"选择结束点"按钮，确定截取 CD 文件的范围。单击"停止"按钮，再单击"播放录音"按钮，在弹出的对话框中选择保存路径，并输入文件名，选择文件保存格式，单击"确定"按钮保存。

3. 从 VCD 光盘上采集伴音

运行"超级音频解霸"，在"文件"菜单，选择播放 VCD 伴音，按上述方法操作即可。

4. 从多媒体素材库光盘获取

在多媒体光盘中，往往都含有声音资料，一般以 WAV、MIDI 等格式存放。我们可以通过 Windows 系统的查找功能来寻找上述文件，这是一个十分高效的方法。

5. 用麦克风录制声音

先将麦克风接到计算机的麦克风口上，然后利用 Windows 操作系统的附件录音机、MP3 录音机、音频编辑软件等，录入解说词、旁白等声音，并保存即可。如用 Windows 操作系统的附件录音机录音，其录音操作过程如下。

（1）将麦克风插入计算机声卡中标有"MIC"的接口上。

（2）启动"录音机"软件，如图 2-29 所示。

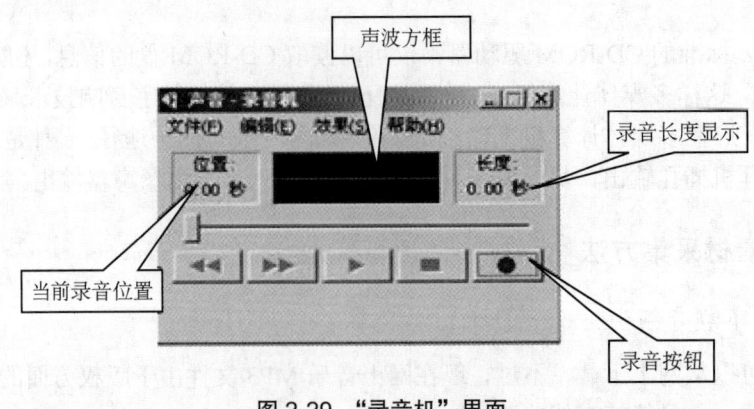

图 2-29 "录音机"界面

(3) 设置录音属性。

① 选择"文件/属性"选项，则会出现如图 2-30 所示的"声音的属性"对话框。

② 在"选自"列表框中选择改变属性后的文件类型，单击"立即转换"按钮，会出现如图 2-31 所示的"声音选定"对话框。

③ 在"名称"下拉列表框中选定转换后的声音格式后，单击"确定"按钮进行转换，转换后，单击"确定"按钮即回到"录音机"对话框。

④ 在"文件"菜单中，选择"另存为"选项后，输入文件名，将其保存下来即可。

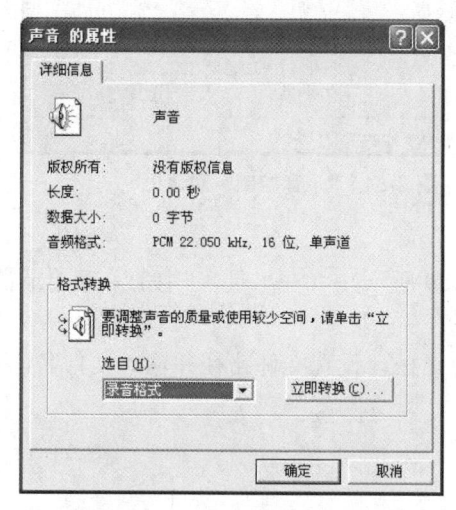

图 2-30　"声音的属性"对话框　　　　　图 2-31　"声音选定"对话框

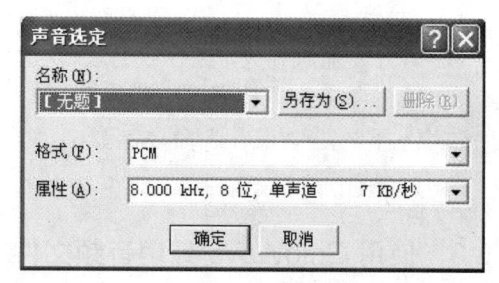

(4) 选择录音的通道。

操作系统中提供了多路声音输入通道，录音前必须正确选择通道。其方法如下。

① 双击桌面的右下角状态栏中的喇叭图标，打开"主音量"对话框，如图 2-32 所示。

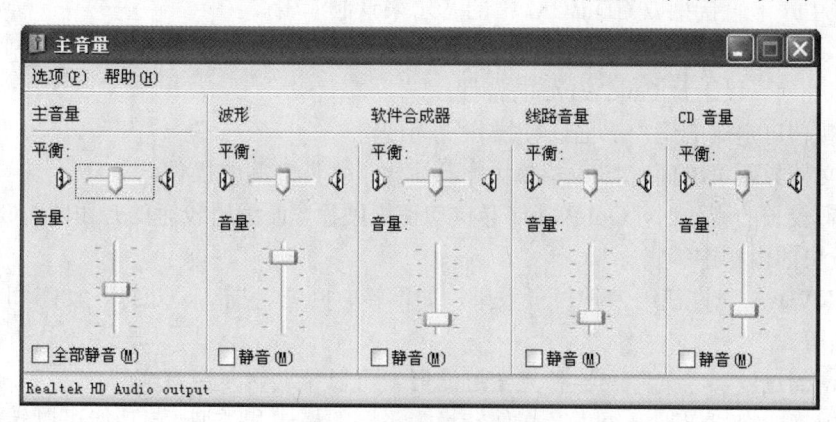

图 2-32　"主音量"对话框

② 选择"选项/属性"命令，会出现"属性"对话框，如图 2-33 所示。

③ 在"调节音量"框内选择"录音"选项，勾选要使用的录音设备——麦克风（见图 2-33），单击"确定"按钮。

④ 在弹出的"录音控制"对话框中勾选"麦克风音量"下的"选择"选项，并调整音量滑块，如图 2-34 所示。

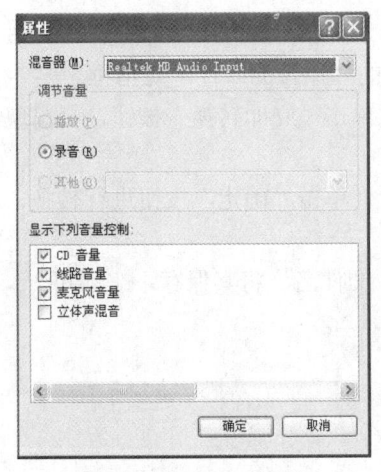

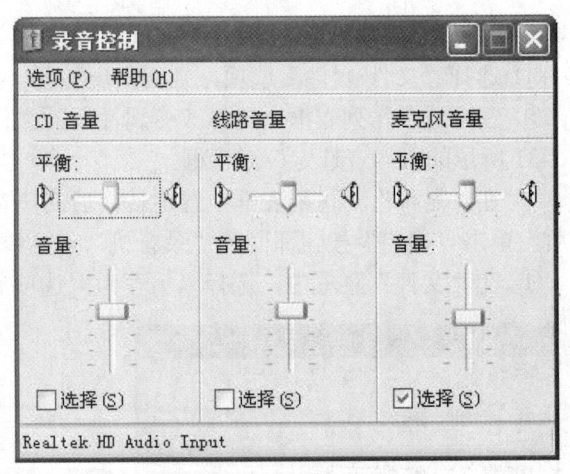

图 2-33 "属性"对话框　　　　　　图 2-34 "录音控制"对话框

（5）录音。
① 打开麦克风开关，在开启的录音机上（如图 2-29 所示），单击"录音"按钮，开始录音。
② 单击"停止"按钮，完成录音。
③ 选择"文件/保存"命令，弹出"另存为"对话框，设置文件路径并输入文件名，单击"保存"按钮。

2.3.3　使用 GoldWave 处理音频文件

1. GoldWave 的简介和特性

这是一款非常好用的数码录音及编辑软件，除了附有许多的效果处理功能外，它还能将编辑好的文件保存成 WAV、AU、SND、RAW、AFC 等格式，而且 CD ROM 是 SCSI 形式，它可以不经由声卡直接抽取 CD ROM 中的音乐来录制编辑。

GoldWave 是一个功能强大的数字音乐编辑器，它可以对音乐进行播放、录制、编辑以及转换格式等处理。以下是 GoldWave 的特性。

① 直观、可定制的用户界面，使操作更简便。
② 多文档界面可以同时打开多个文件，简化了文件之间的操作。
③ 编辑较长的音乐时，GoldWave 会自动使用硬盘，而编辑较短的音乐时，GoldWave 就会在速度较快的内存中编辑。
④ GoldWave 允许使用多种声音效果，如倒转、回音、摇动、边缘、动态和时间限制、增强、扭曲等。
⑤ 精密的过滤器（如降噪器和突变过滤器）可以帮助修复声音文件。
⑥ 批转换命令可以把一组声音文件转换为不同的格式和类型。该功能可以转换立体声为单声道，转换 8 位声音为 16 位声音，或者是文件类型支持的任意属性的组合。如果安装了 MPEG 多媒体数字信号编解码器，还可以把原有的声音文件压缩为 MP3 格式，在保持优质的声音质量的前提下，使声音文件的大小缩小为原有大小的十分之一左右。
⑦ CD 音乐提取工具可以将 CD 音乐拷贝为一个声音文件。为了缩小文件存储容量，也可以把 CD 音乐直接提取出来并存为 MP3 格式。
⑧ 表达式求值程序在理论上可以制造任意声音，包括从简单的声调到复杂的过滤器。内

置的表达式有电话拨号音的声调、波形和效果等。

2. GoldWave 的界面

GoldWave 的界面如图 2-35 所示,这是一个空白的 GoldWave 窗口。刚进入 GoldWave 时,窗口是空白的,而且 GoldWave 窗口上的大多数按钮、菜单均不能使用,需要先建立一个新的声音文件或者打开一个声音文件。GoldWave 窗口右下方的小窗口是设备控制窗口。

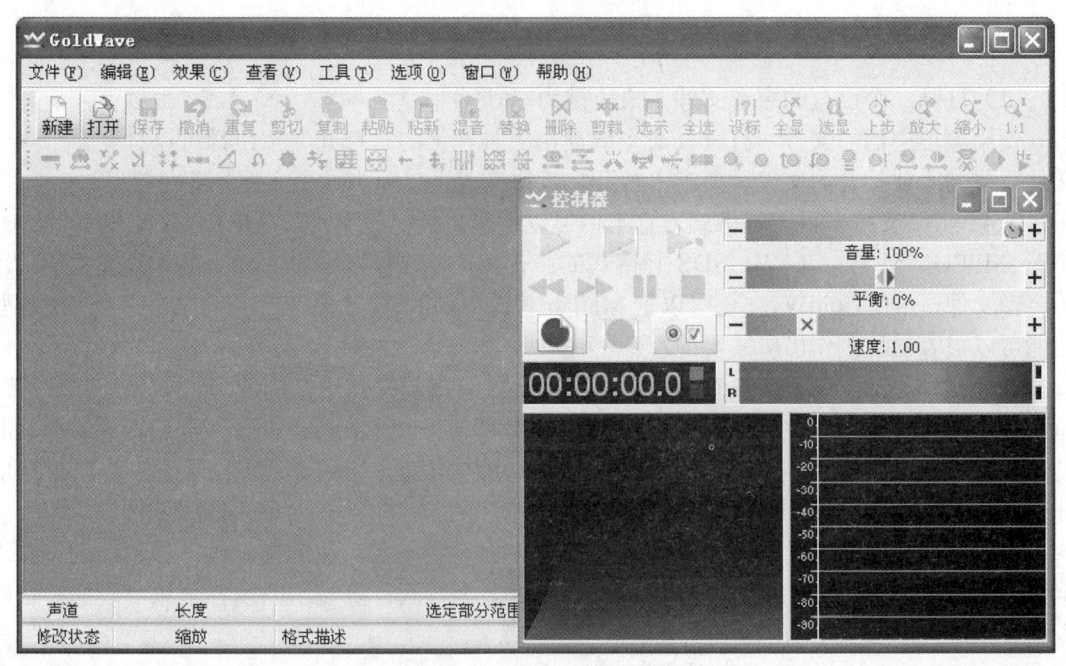

图 2-35 GoldWave 的界面

设备控制窗口的作用是播放声音以及录制声音,窗口及各部分的作用如图 2-36 所示。

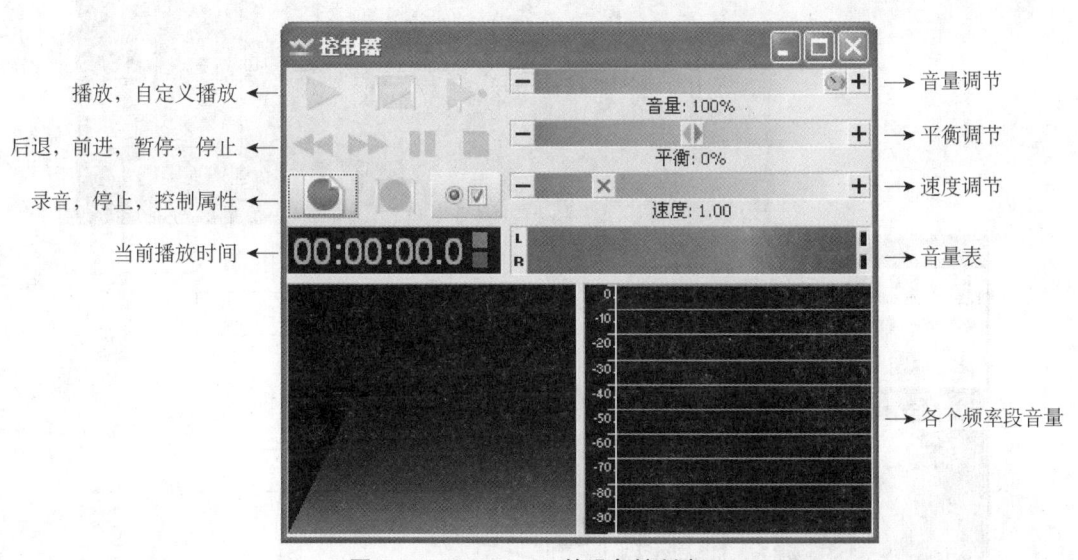

图 2-36 GoldWave 的设备控制窗口

播放按钮、自定义播放按钮和控制属性按钮的作用见表 2-2。

表 2-2　播放按钮、自定义播放按钮和控制属性按钮及作用

按钮	按钮名称	按钮作用
▶	播放按钮	播放全部声音
▶|	自定义播放按钮	播放选区部分声音
●☑	控制属性按钮	用于调整播放方式、录音方式、音量、波形图及声音设备

3. 使用 GoldWave

（1）打开一个已有的声音文件（快捷键为 Ctrl+O）

使用菜单中的"文件→打开"命令或使用工具栏上的"打开"按钮都可以打开一个声音文件，找到所要打开的文件后单击"打开"按钮（或直接双击这个文件）即可打开。

GoldWave 支持多种声音格式，它不但可以编辑扩展名是 WAV、MP3、AU、VOC、AU、AVI、MPEG、MOV、RAW、SDS 等格式的声音文件，还可以编辑 Apple 品牌计算机所使用的声音文件，并且 GoldWave 还可以把 Matlab 软件中的 MAT 文件当作声音文件来处理，这些功能可以很容易地制作出所需要的声音。

打开文件之后会看到，GoldWave 的窗口中显示出了文件声音的波形。如果是立体声，GoldWave 会分别显示两个声道的波形，绿色部分代表左声道，红色部分代表右声道。而此时设备控制面板上的按钮也变得可以使用了（即由黑白变为彩色）。单击设备控制面板上的"Play"按钮，GoldWave 就会播放这个波形文件。

播放波形文件的时候，在 GoldWave 窗口中会看到一条白色的指示线，指示线的位置表示正在播放的波形。与此同时，在设备控制面板上会看到音量显示以及各个频率段的声音的音量大小，如图 2-37 所示。

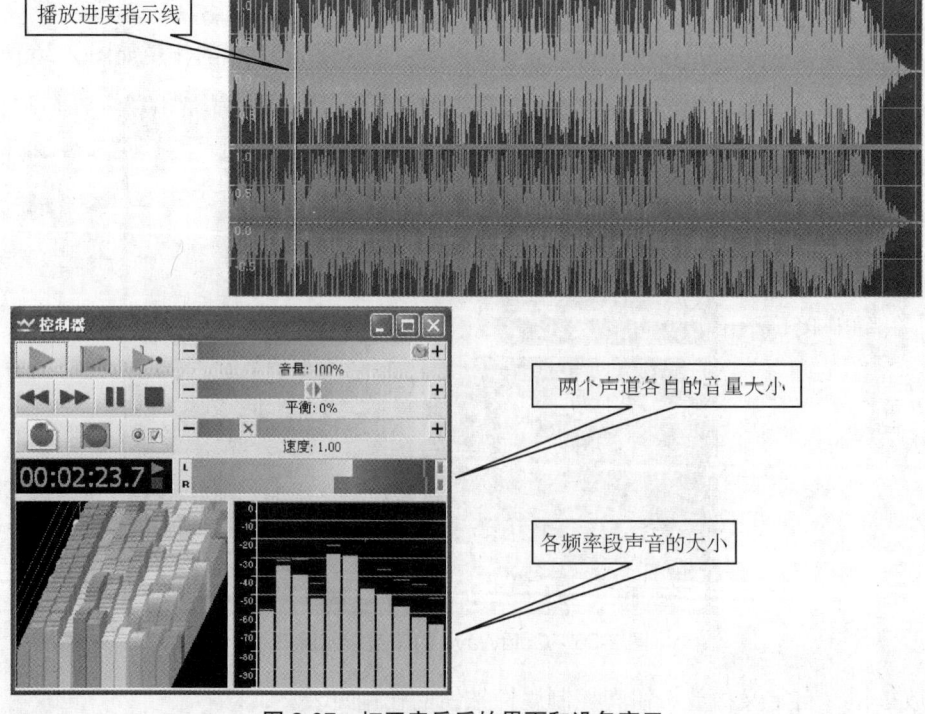

图 2-37　打开音乐后的界面和设备窗口

在播放波形文件的过程中可以随时暂停、停止、倒放、快放播放进度，使用方法与普通的录音机一样。在设备控制面板上还有一个录音按钮，你可以用它录制自己的声音，甚至可以把自己的声音录制到一个已有的声音文件中与原有的声音混合，或者把原有的声音覆盖。也可以在设备控制面板上调节音量大小、左右均衡和播放速度。

在设备控制窗口上有两个播放按钮，即"播放"和"自定义播放"按钮。使用"播放"按钮时，总是播放选中的波形（在 GoldWave 中，声音是用波形来表示的）；如果使用"自定义播放"按钮，就可以自己决定播放哪一段波形。还可以进行播放选中的波形、未选中的波形等操作。通过"属性"按钮，可以定义自定义播放按钮的功能。单击设备控制窗口上的"属性"按钮，GoldWave 就会弹出"控制属性"对话框，如图 2-38 所示。

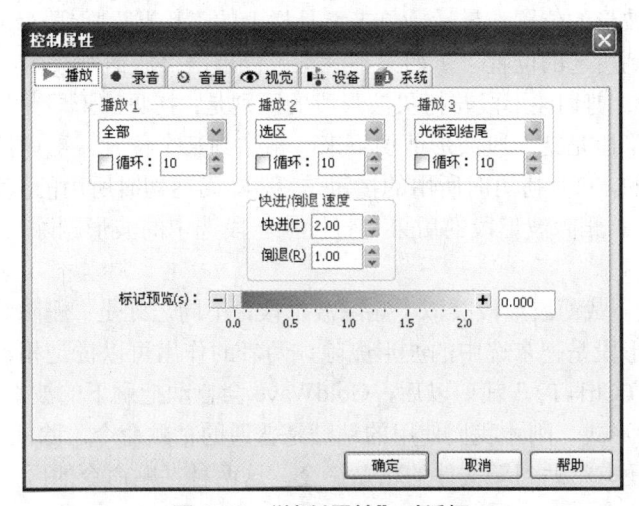

图 2-38 "控制属性"对话框

在"控制属性"对话框中可以调整播放属性、录音属性、音量、显示图的内容以及声卡设备和系统，在这里不一一叙述，只介绍一下播放属性的调整。

在图 2-38 中可以看到，一进入设备"控制属性"对话框，首先出现的是"播放"选项卡。在这里可以定义设备控制面板中的自定义播放按钮的功能，比如可以定义这个按钮播放全部、选区、非选区、光标、光标到结尾等。另外，还可以调整快放和倒放的速度以及标记预览等。

（2）保存波形文件（快捷键为 Ctrl+S）

保存文件的方法和打开文件的方法很类似，最简单的方法是使用工具栏上的"保存"按钮。如果要把声音文件保存为其他的格式，就要使用菜单中的"另存为"命令，然后在打开的"另存为"窗口中选择要保存的文件格式。为了便于交流，建议将声音文件格式保存为 WAV、MP3、RAW 格式中的某一种，其中 RAW 格式主要用于网络传播。

注意，如果要将文件保存为 MP3 格式，需要安装有较高版本的 Media Player（媒体播放机）来支持把文件直接保存为 MP3 的格式。

4. 对波形文件进行简单操作

（1）选择波形

首先，我们要介绍 GoldWave 中最重要的操作——选择波形。

因为在 GoldWave 中，我们所进行的操作都是针对选中的波形的。所以，在处理波形之前，要先选择需要处理的波形。为便于选择波形可以利用鼠标任意改变波形的显示比例。

选择波形的顺序如下所述。

① 在波形图上单击确定所选波形的开始。

② 拖动鼠标在波形图上右击确定波形的结尾后，松开鼠标左键。

这样，我们就选择了一段波形，选中的波形以较亮的颜色并配以蓝色底色显示，未选中的波形以较淡的颜色并配以黑色底色显示。现在，我们可以对这段波形进行各种各样的处理了。

（2）拷贝、剪切、删除、裁剪波形段

① 拷贝波形段。与其他 Windows 应用程序一样，拷贝分为复制和粘贴两个步骤：首先，选择波形段以后，单击工具栏上的"复制"按钮（Ctrl+C），选中的波形即被复制；然后，用鼠标选择需要粘贴波形的位置；最后，单击工具栏上的"粘贴"按钮（Ctrl+V），刚才复制的波形段就会被粘贴到所选的位置了，如果不满意可以单击"撤销"按钮（Ctrl+Z）。

② 剪切波形段。剪切波形段与拷贝波形段的区别是：拷贝波形段是把一段波形复制到某个位置，而剪切波形段是把一段波形剪切下来，粘贴到某个位置。剪切波形段与拷贝波形段的操作方法是一样的，只是拷贝时所用的按钮是复制，而剪切时所用的按钮是剪切（Ctrl+X）。

③ 删除波形段。删除波形段的后果是直接把一段选中的波形删除（Shift+Del），而不保留在剪贴板中。

④ 裁剪波形段。裁剪波形段类似于删除波形段，不同之处是：删除波形段是把选中的波形删除，而裁剪波形段是把未选中的波形删除，两者的作用可以说是相反的。裁剪波形段所使用的按钮是裁剪（Ctrl+T），裁剪以后，GoldWave 会自动把剩下的波形放大显示。

⑤ 粘贴的两种形式。刚才我们使用的粘贴是普通的粘贴命令，除此之外，在 GoldWave 工具栏的第一行中还有粘贴到新文件的粘贴命令。这两种粘贴命令的区别如表 2-3 所示。

表 2-3　粘贴的两种形式

按钮	按钮名称	按钮作用
粘贴	粘贴	把复制的波形粘贴到插入点
粘新	粘贴为新文件	把复制的波形粘贴到新文件中

（3）选择波形的左右声道

在波形图上右击"选择声道"按钮，这时会发现右声道变暗，左声道不变，此时的操作就会变为对左声道单独的操作；再次在波形图上右击"选择声道"按钮，这时左声道变暗，右声道变亮，此时的操作就是针对于右声道单独的操作；继续重复上述操作，就是对两个声道共同的操作。

5．对波形文件进行复杂的操作

前文介绍了如何利用 GoldWave 来对声音做诸如拷贝、删除等的一些简单的处理。这些功能虽然是最常用的，但如果你想对一段声音进行更精密的处理时，这些功能显然是远远不够的。在这一部分中，会介绍如何对波形进行较复杂的操作，如偏移、改变播放时间、增加回声、声音渐弱、交换声音等。进行上述操作的按钮位于 GoldWave 工具栏的第二行，这些按钮的使用方法很类似，单击按钮后，就会弹出一个对话框，只要调节各个参数就可以完成对声音的处理，就不一一详述了。但是，有些按钮却需要用图形的方式来调节参数，下面以

外形音量按钮 为例来说明。

先选中一段波形，然后单击"外形音量"按钮，GoldWave 就会弹出"外形音量"对话框。可以在该对话框中选择设置好的一些效果，也可以通过调整曲线来改变波形的形状音量，如图 2-39 所示。

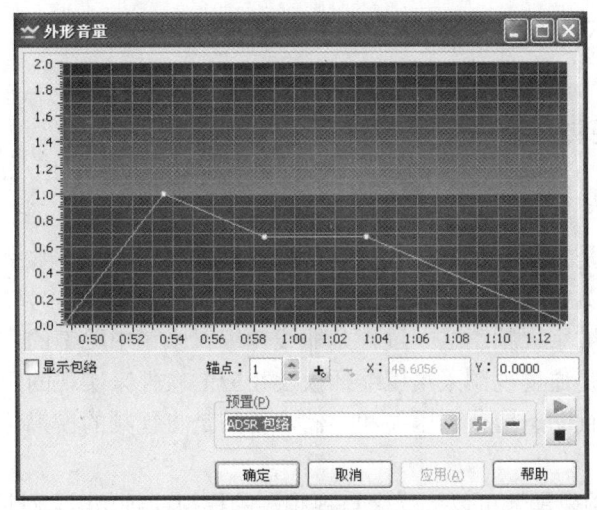

图 2-39 "外形音量"对话框

在曲线上有几个节点，只要把鼠标指针放在节点上，然后按住鼠标左键同时拖动鼠标，就可以移动节点。如果需要在曲线上没有节点的位置进行调整，必须先在该位置增加节点。在曲线上增加节点的方法是：把鼠标指针放在该位置，然后单击，该位置就会出现一个新的节点。在曲线上增加了新的节点后，就可以对新的节点进行调整了。除了曲线的开始点和结束点，其他的节点都可以通过在节点上右击删除。如果想撤销上一步的操作，可以单击工具栏上第一行的"撤销"按钮来撤销，调整完曲线以后，只要单击"确定"按钮，就可以完成操作了。

6. 使用表达式求值器

GoldWave 不但有完善的声音编辑功能，还有强大的声音生成功能，可以使用一些数学公式来生成各种各样的声音。选定插入点后，单击工具栏上的"表达式求值计算器"按钮 ，即可进入"表达式计算器"对话框进行修改，如图 2-40 所示，也可以在"表达式"文本框中直接输入表达式来产生声音。例如，可以输入类似 sin（t）*log（t）-exp（t）这样的表达式。

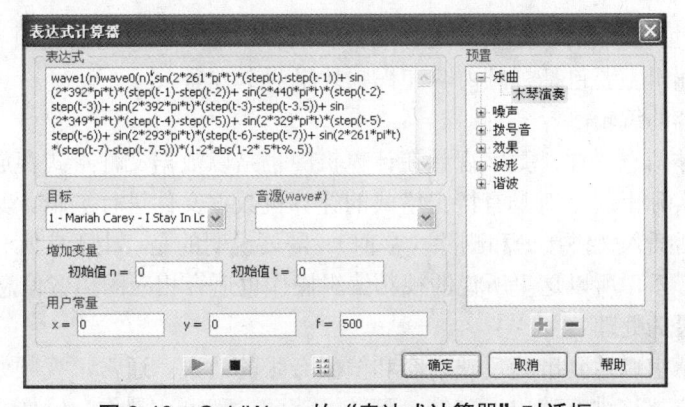

图 2-40 GoldWave 的"表达式计算器"对话框

47

本节主要介绍了 GoldWave 的基本功能，GoldWave 是一个功能很强大的软件，使用起来也很方便，只要经常使用，一定会发现更多的功能和优点。学习时使用中文版，如果没声音文件基础知识，按照上述方法将基本功能学习后，其他高级功能可尝试使用。

2.4 视频素材的采集与编辑

2.4.1 视频素材采集与编辑概述

1. 数字视频采集

视频数字化采集是指获取数字化视频，可以通过数字摄像机、数字照相机、数字摄像头等设备直接拍摄生成数字视频，也可利用视频采集卡将模拟视频信号转化为数字视频，还可以将动画文件转换为数字视频。这一过程是非线性编辑系统中关键的一环，其结果直接影响到最终产品的品质，是通过视频采集压缩插板及相应的软件来实现的。视频数字化采集主要工作是对视频信号进行动态捕获、压缩和存储，目的是将视频的模拟信号转换为计算机中的数字文件。

在 PC 上通过视频采集卡可以接受来自视频端的模拟视频信号，对该信号进行采集、量化成数字信号，然后压缩编码成数字视频顺序列。其数字化过程如图 2-41 所示。

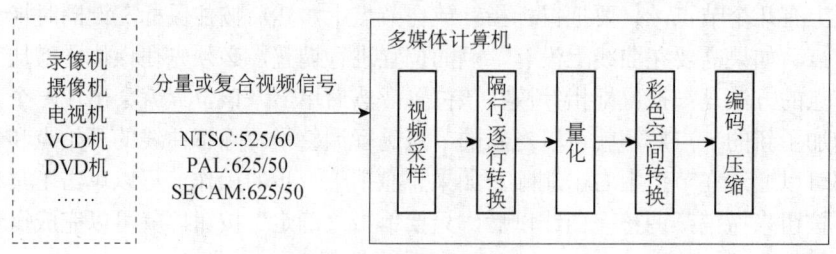

图 2-41 视频数字化过程

注意：采集卡一般都配有采集应用程序，以控制和操作采集过程，也有一些通用的采集程序，数字视频编辑软件如 Adobe Premiere 等也带有采集功能，但这些应用软件都必须与采集卡硬件配合使用，即只有采集卡硬件正常安装和驱动以后，才能使用。

2. 数字视频编辑

视频编辑是对所摄取的视频素材进行取舍和组合，最后形成完整视频节目或视频教材的过程。数字视频编辑主要包括视频内容和视频效果两个方面。

（1）视频内容的编辑

同其他的媒体信息一样，数字视频在计算机中也是以数据文件形式存放的，所以对数字视频进行编辑，实际上就是对具有特定格式的计算机数据文件进行编辑。其最大的特点是定位准确，主要包括插入（拼接）和删除（裁剪）。需要说明的是，由于实际使用视频信息时都伴有配音和背景音乐，所以这里所说的视频编辑操作也适合相应的声音信息。

（2）视频效果的处理

人们的视觉感官以达到准确反映内容和渲染夸张的效果。通常，视频处理采用的效果有放大、缩小、移位、移进、移出、冻结、翻转、滚动、翻页、裂像、镜像、油画、瓷砖、彩边、背景、叠加、轨迹、频闪、拖尾、反射、负像、单色、透视、三结旋转、曲线移动、色键跟踪、增量冻结、字幕、合成及淡入浅出等。与内容编辑相对应，视频的效果编辑也包括相应的伴音效果编辑，而且伴音效果要和视频效果相适应，互相配合与衬托，才能最终得到最佳的视觉与听觉效果。

对于数字视频来说，无论是视频内容还是视频效果，其编辑工作均在相应的视频处理软件的支持下完成。目前，市面上较流行的视频处理软件有 Adobe Premiere pro 2.0、Ulead Media Studio 7.0 等。

（3）输出视频编辑结果

编辑数字视频的目的是为了得到所需的视频效果，一旦编辑完成，就可以输出编辑结果。通常的输出形式有两种：一是直接输出压缩的视频文件，如 AVI、MPEG、MOV 等格式，再利用这些压缩的视频文件制作 VCD、DVD 光盘或网络流媒体视频；二是直接输出到数字录像带进行保存。

3. 非线性编辑系统的组成

根据编辑时所用设备不同，视频编辑分为线性编辑和非线性编辑两种。

线性编辑指的是一种需要按时间顺序从头至尾进行编辑的节目制作方式，它所依托的是以一维时间轴为基础的线性记录载体，如磁带编辑系统。正因为如此，线性编辑方式有两个弱点：第一，素材不可能做到随机存取；第二，难于进行修改、增加和删除等操作。

非线性编辑是以计算机为平台，利用计算机软件编辑加工视频节目。非线性编辑时，每段素材都作为一个视频文件存放于硬盘，可随时调用或修改。非线性编辑具有成本低、效率高、质量高、效果变化多等优势，是目前视频教材编辑的主要方式。

从硬件角度看，非线性编辑系统是一个扩展的计算机系统，由一台高性能的计算机、视音频处理卡（又称视音频卡或非线性卡）、专用卡（如特技卡、字幕卡等）、用于存储音视频素材的大容量 SCSI 硬盘阵列和音视频外围设备（如录像机、电视监视器、话筒和音箱等）等几大部分组成，如图 2-42 所示。

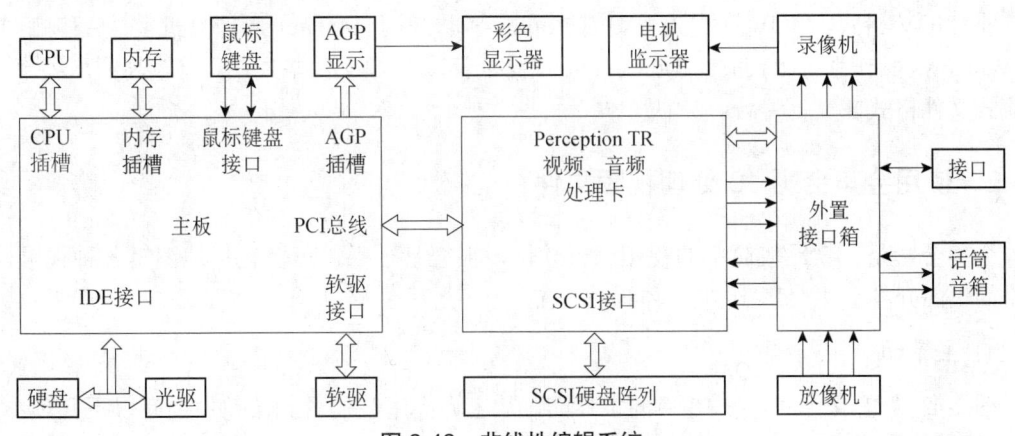

图 2-42 非线性编辑系统

非线性编辑系统的硬件平台只能完成音视频素材的采集、存储、播放，真正的编辑还要由相应的软件平台来完成。目前，在学校教育、家庭应用常见的通用型数字视频编辑软件有 iFilm Edit、RealProducer、FreeEdit DV、Media Studio 和 Video Studio（绘声绘影）。而在专业领域还是非专业领域，After Effects 和 Premiere 都应用广泛。

4. 视频的性能指标与格式

（1）视频的性能指标

视频是与图像紧密联系的，由一系列单独图像（称为帧）组成，当每秒钟连续放映若干帧图像时，在人眼视觉暂留效应以及心理作用的共同作用下，就会产生动态的画面效果。

分辨率、帧率和色彩位数，是描述数字视频质量的重要指标。

分辨率反映画面的清晰度，普通电视节目的后期制作中，要求图像分辨率为 720×480（NTSC 制）或 768×576（PAL 制），高清晰度电视要求的图像分辨率达 1920×1080。

帧率是每秒钟所呈现的画面数，通常只有帧率达到 20fps（帧/秒）以上，所呈现的画面才会产生非常流畅和连续的变化效果。PAL 制下普通电视节目的帧率为 25fps，NTSC 制电视的帧率为 30（29.97）fps。

（2）视频的文件格式

任何数字视频文件都以一定的格式存储，不同的视频格式有不同的特点。

① AVI 格式。AVI（Audio-Video Interleaved）格式是一种音/视频交错记录的数字视频文件格式，与 QuickTime 和 MPEG 并称为三大主流视频格式。AVI 格式具有通用性好的特点，几乎所有的视频编辑软件都可以直接操作非压缩的 AVI 文件。

② MPEG 格式。MPEG（Moving Pictures Experts Group）格式是由国际标准化组织制定的数字化多媒体视频信息的压缩编码标准，采用有损压缩方法减少冗余信息的视频格式。

MPEG 标准包括 MPEG 视频、MPEG 音频和 MPEG 系统（视/音频同步）三部分。MPEG 格式中的 MPEG-1、MPEG-2 和 MPEG-4 被广泛使用。MP3 音频是 MPEG 音频的典型应用，VCD、SVCD、DVD 是采用 MPEG 标准的电子产品。

③ RM 格式。RM（Real Media）格式是流式视频文件格式，可以通过 RealPlayer 或 Realone Player 软件对符合 Real Media 技术规范的网络音/视频资源进行实况转播，可以在不下载音/视频内容的情况下实现在线播放。

④ MOV 格式。MOV 格式源于美国 Apple 公司，用于 Macintosh 计算机上，后移植到 PC 的 Windows 操作系统上，成为 QuickTime 支持的活动影像文件格式，具有较高的压缩率，属于流式文件格式。

2.4.2　使用会声会影 10 处理视频文件

会声会影是一款比较简单的视频编辑软件，很容易上手，可以轻松地编辑各种视频，本节将简单的介绍会声会影 10 的基本操作功能。

1. 主界面

图 2-43 为登录会声会影 10 后的主界面，从主界面中我们看到菜单主要有以下几项："文件""编辑""素材""工具""效果""覆叠""标题""音频""分享"等。

2. 如何插入文件

如图 2-44 所示，单击"视频"旁边的倒三角形小箭头，会出现"视频""图像""音频""标题""Flash 动画"选项，可以通过这里选择需要插入的文件。

图 2-43 "会声会影 10"主界面

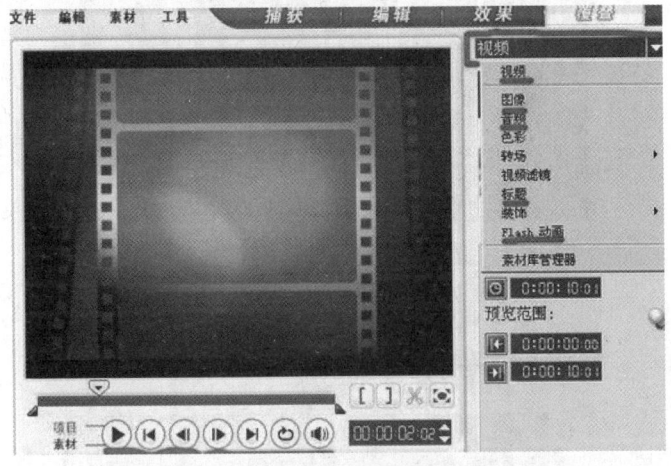

图 2-44 插入文件

如图 2-45 所示，通过单击倒三角形再选择"图像"，然后单击旁边的文件夹图标就可以寻找到需要插入的文件。

图 2-45 插入图片

3．如何插入文字

如图 2-46 所示，通过单击"标题"选项，预览屏幕就会出现"双击这里可以添加标题"，这时双击"预览屏幕"就可以添加文字了。

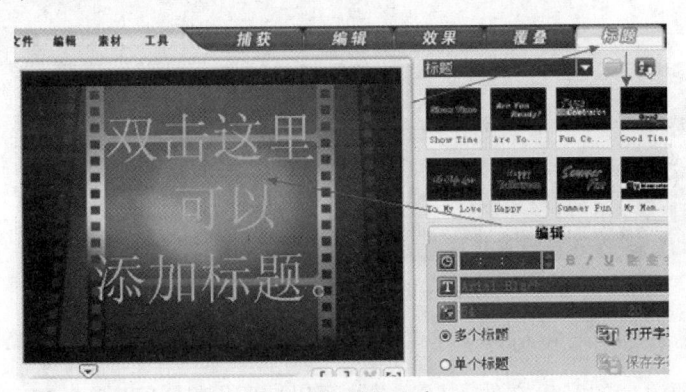

图 2-46 插入文字

4. 如何叠加画面

（1）如图 2-44 所示，首先通过单击倒三角形再选择"图像"或者"视频"，然后单击旁边的"文件夹"图标找到需要插入的"图像"或者"视频"。

（2）将需要叠加的文件拖动到如图 2-47 所示的"时间轴视图"中就可以叠加画面。

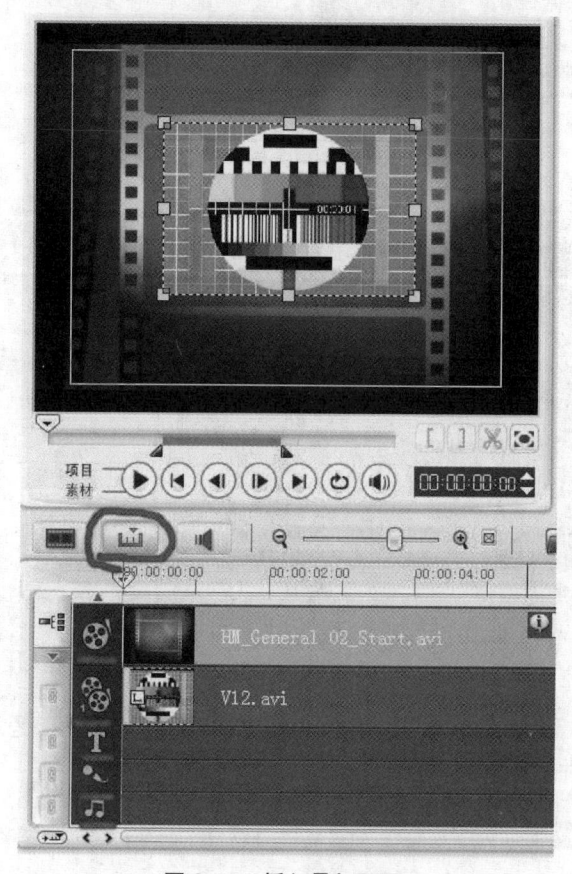

图 2-47 插入叠加画面

如图 2-48 所示，需要叠加多个画面时就单击"时间轴视图"旁边的"覆叠管理器"选择多个覆叠轨。

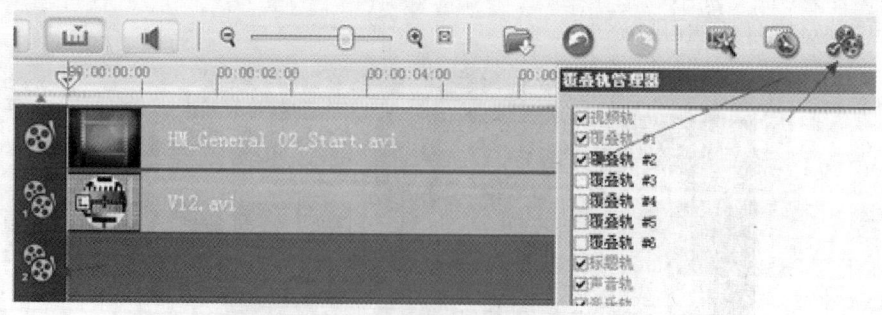

图 2-48 插入多个叠加画面

5. 如何插入背景音乐和局部声音

（1）打开需要添加的音乐文件，打开方法可以按照图 2-44 和图 2-45 所示，选择"音频"

按钮即可。

（2）打开后，将需要插入的文件拖入图 2-49 中"音乐符号"处就可以插入背景音乐，"拖入话筒"处可插入局部的声音。

图 2-49　音频轨道

6．如何保存文件

如图 2-50 所示，单击主菜单的"分享"按钮，选择"创建视频文件"选择需要转换的格式，然后保存到指定的文件夹上即可。

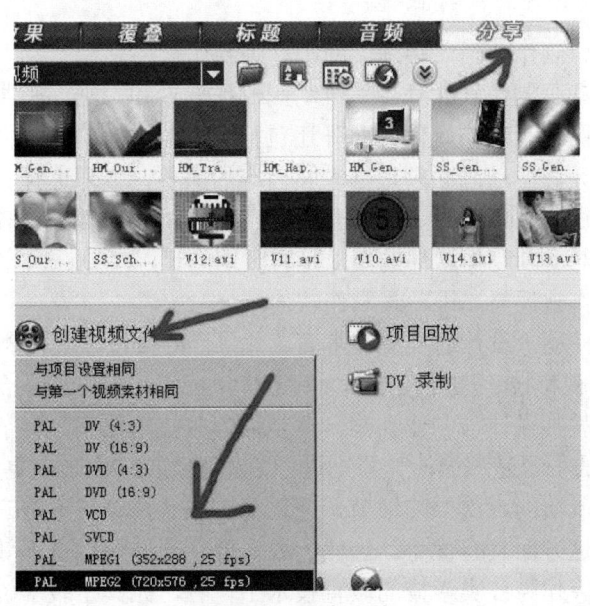

图 2-50　保存文件

7．格式说明

在图 2-50 中选择"PAL DV（4：3）"或者"PAL DV（16：9）文件"就会以 AVI 格式保存，AVI 格式的优点是清晰度很高，缺点是文件存储容量较大。而在保证清晰度还不错的情况下，"PAL DVD（4：3）"或者"PAL DVD（16：9）"和"PAL MPEG2（720x576）"这几种格式存储容量较小。

2.5　动画素材的采集与编辑

2.5.1　教学动画概述

1．计算机动画的特点

动画可以使多媒体课件更形象、更生动地表现事实。在教学中如果把一些动态过程或微观现象制作成动画，将有利于学生对相关知识的理解。因此，动画在多媒体课件中具有举足轻重的地位，制作动画是开发多媒体课件必不可少的技能。

用计算机设计、制作动画，与传统的动画设计、制作相比，具有效率高、成本低、质量高、手法多、灵活、"门槛"低等特点。

传统动画制作需要画笔、纸张、颜料、动画制作台、摄像机（或摄影机）、编辑机、编辑控制器、特技机或冲洗设备等，而用计算机制作动画，所需要的仅仅是计算机而已，而且用计算机制作动画，基本上不消耗任何材料。

用计算机设计、制作动画，一般只需要操纵计算机设计出关键帧，输入相应要求，而其余的几乎都由计算机完成，能使设计的动画效果逼真、过渡自然，使动画中的文字、图形、图像非常规范，动画中的每一个元素都能达到尽善尽美的程度。

2. 动画制作软件的种类及特点

利用计算机设计、制作动画，必须借助于动画制作软件。

从大的方面看，动画制作软件分为三维动画制作软件和二维动画制作软件，又可分为矢量动画制作软件和位图动画制作软件，此外还包括专门的文字动画软件，每一类动画制作软件又有多种形式。设计教学动画必须根据教学内容的需要，合理选择相应的动画制作软件。选择动画制作软件，还应考虑设计者的工作性质，比如，普通教师、教育技术工作者和专门的教育资源建设者，对动画制作软件的要求是有区别的。

（1）三维动画制作软件与二维动画制作软件

三维动画制作软件动画设计逼真度非常高、效果惟妙惟肖，其代表性软件有 3ds max 和 Maya。这类软件在影视特技、广告设计方面有着广泛应用，但主要适合专业人员设计与制作使用，不适合于广大教师设计与制作动画。一是因为这些软件相当复杂，二是因为教学动画往往以简单为主。人的心理是遵循简化原则进行信息加工的，动画应更多地表现事物主要的、本质的特征，避开非本质的、次要的细节，使之简单明了，这些不是三维动画软件的长项，二维动画制作软件在这方面具有优势。当然，要表现空间结构、透视效果、立体效果，非三维动画制作软件莫属。作为各类学校的教育技术工作者，尤其是教学资源建设者，应通晓一两种三维动画制作软件。

用二维动画软件制作的动画，类似于传统的卡通片，虽然不太逼真，但是可以方便地设计出演示程序、动态报表、变形和位移等效果，最大特点是制作简单。典型的二维动画制作软件为 Flash 和 GIF Animator。

（2）矢量动画制作软件与位图动画制作软件

位图动画制作软件和矢量动画制作软件的本质区别是制作成功的每一帧画面最终是以位图还是以矢量图表示。

矢量动画有着动画文件所占据存储空间特别小、放大缩小其动画画面时清晰度不变化等优点。矢量动画制作软件的典型代表为 Flash。

（3）文字动画软件

文字是教育资源中重要的媒体之一，根据教学需要使课件中的文字动起来，可更好地引起学习者兴趣、调节学习气氛、加深学习印象。各种动画设计软件都可使文字动起来，但是要制作文字动画，最好利用文字动画软件，如 COOL 3D，因为文字动画软件使文字动的效果、方式特别多。

标题和课件中的关键词句尤其适合制成文字动画，但是教学资源中成段的文字，不宜制作成文字动画。

动画制作软件为制作教学所需要的各种动画提供了很好的平台，可是能否用其制作出高质量动画，还取决于设计、制作人员的造型能力、审美能力、人文素养、专业水平以及创造能力，这要求教师在设计、制作动画方面，要更多地关注色彩、透视、构图、造型语言并研究人们的视觉心理，追求思想性、教育性、科学性、技术性和艺术性的统一。

必须注意，动画的作用是巨大的，但不是万能的，绝不要试图用它完全替代拍摄真实物体所得到的活动影像。不重视动画在教育方面的应用是不对的，同样，一味夸大动画的作用也不可取，滥用动画会使学习者产生逆反心理。

3．动画的常用文件格式

计算机中常用到的动画格式有 GIF、SWF、FLC 格式等。其中 GIF 格式是由 Compuserve 公司建立的，也是 Internet 上常见的一种动画格式，其文件扩展名为.gif；SWF 格式是由 Flash 软件生成的一种交互式矢量图形动画，其文件扩展名为.swf；FLC 格式是由 Autodesk 公司开发的动画格式，其文件扩展名为.flc。

2.5.2　动画素材的采集与编辑

本书采用 Flash CS6 版本。2005 年，Macromedia 公司被 Adobe 公司收购，两家公司的结合，给 Flash 的发展带来了革命性的进步。Adobe 公司对 Flash 进行了全面的改进和革新。经过多年发展，Flash 已经颠覆了原有动画的编辑方式，进行了全新升级，简化了动画创作的操作步骤，为艺术家提供了创意的绘图工具、骨骼工具、文字处理引擎和 3D 工具，为程序设计人员提供了优秀的面向对象的语言 Actionscript3.0，Flash 已经成为集动画创作与应用程序开发为一体的创作平台。Flash CS6 是目前最高的版本。Flash CS6 以其操作方便、功能强大、文件较小等优点而广泛应用于互联网络、教学多媒体展示及游戏软件等众多领域。

安装完成后，我们会发现桌面上已经默认生成 Flash CS6 的快捷方式。我们只需要双击该快捷方式就可以启动 Flash CS6 中文版软件，如图 2-51 所示为 Flash CS6 的启动界面。启动后，其主界面如图 2-52 所示。

标题栏：标题中所说明的是当前所编辑的动画名称。

菜单栏：菜单栏包含 Flash CS6 中所有的命令和方法，使用这些命令和方法可使创作者创作出精美的动画。

图 2-51　Flash CS6 启动

绘图工具栏：常用工具栏包含了常用的矢量图编辑工具，使用这些编辑工具可以使用户方便地编辑动画元素。

舞台工作区：舞台工作区是用户绘制和编辑对象的区域，同时也是创建动画的区域。

时间轴窗口：时间轴窗口用来组织动画中各帧的内容，并控制动画中各帧和各图层上的显示同内容，其窗口分为两大部分，分别是左侧的图层控制区和右侧的时间轴控制区。

各种面板：屏幕的右边是面板区域，这些面板包含了最常用的动画编辑中每一帧的工具及命令，用户可根据自己的爱好自由排列面板的数量和类型。

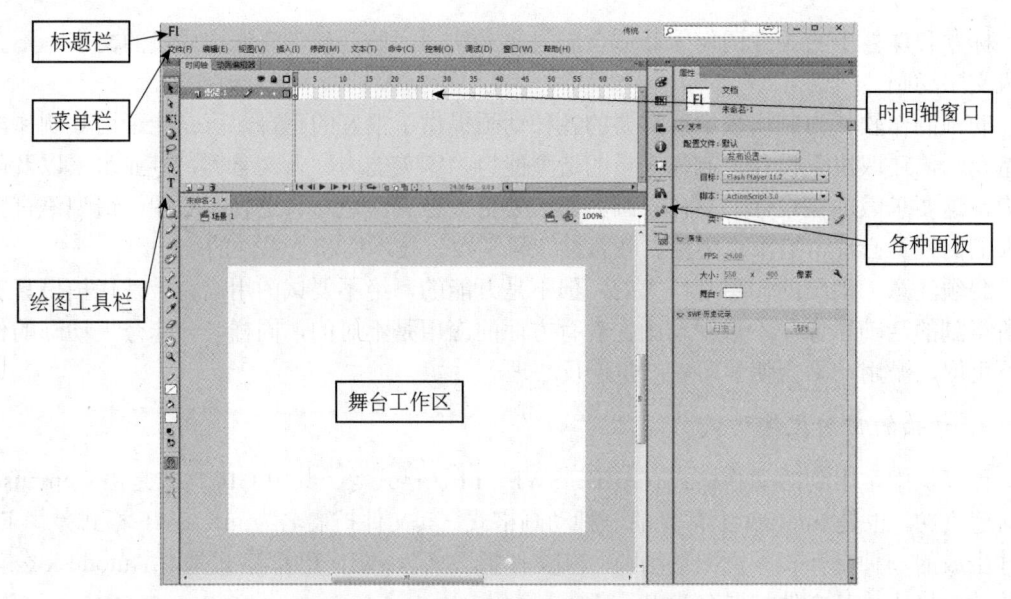

图 2-52 Flash CS6 中文版软件主界面

1. "文件"菜单

"文件"菜单主要用于完成文件及其子文件的打开、关闭、保存等工作。单击"文件"命令，可打开"文件"的下拉菜单，如图 2-53 所示。

新建：表示新建一个空白的 Flash 动画文件。

从模板创建：表示从现有的模板中创建一个新的 Flash 动画文件。

打开：表示打开一个已有的 Flash 动画文件。

在 Bridge 中浏览：表示用 Adobe 公司特制的图片浏览工具展示。

打开最近文件：用来记录最近使用编辑过的文件名。

关闭：表示关闭当前编辑的 Flash 文档。

全部关闭：单击后关闭所有已打开文件。

保存：使用此命令，可将当前编辑的 Flash 动画文件保存为 Flash CS6 中文版的.fla 格式文件。注意，.fla 格式文件，日后可进行修改，而.swf 格式的文件，日后不能修改。

另存为：表示将当前编辑的文件以不同的文件名、不同的文件位置、不同的文件格式保存。

另存为模板：使用此命令，可将当前编辑的文件保存为模板。

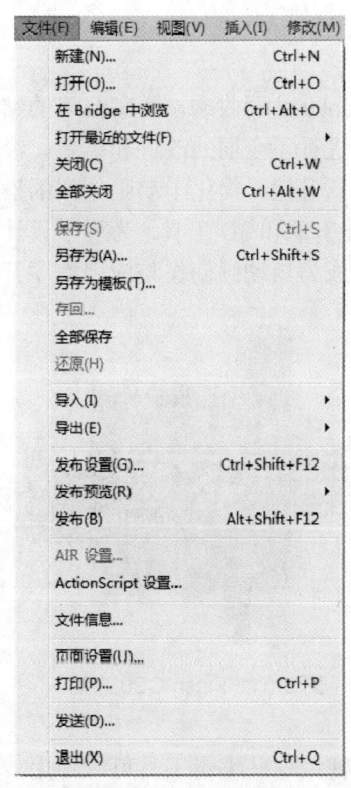

图 2-53 "文件"菜单

存回：在编辑文件后将其存回时，本地版本将变为只读，并且在"文件"面板中该文件的旁边将出现一个锁形符号，以防止更改该文件。

全部保存：表示将所有文件的最新改动都保存。

还原：表示可将当前的文档恢复到最近保存过的状态。如果保存后对此文件再没有进行编辑，这个还原命令是不可选的（灰色）。如果保存后还在进行编辑，使用了此项命令，这时系统将弹出一个要不要恢复的提示框，以决定是否恢复到最近保存过的状态。

导入：使用此命令，可将其他软件创作的图像、图形、声音或动画文件导入到 Flash CS6 中文版中，并作为素材加以编辑、修改等，其中有 4 个二级选项包括导入到舞台、导入到库、打开外部库、导入视频。

导出：使用此命令，可分别将当前编辑的文件以动画格式文件输出，比如说后缀为.swf、.avi、.mov 等的文件；以图像格式文件输出，比如说输出后缀为.jpg、.gif、.bmp 等；还可以将自己所选择的内容导出。

发布设置：使用此命令，可对动画发布前进行相关参数的设置。

发布预览：使用此命令，可对动画在发布前进行各种方式的预览。

发布：用来发布动画。

Air 设置：当进入 Air 应用程序开发时该设置生效，否则其为灰色。

ActionScript 设置：用来在编写动作语言时进行相关设置。

页面设置：表示在打印动画页面之前，进行打印相关参数的设置。

打印：用来执行打印此动画页面的命令。

退出：用来退出 Flash CS6 中文版软件。

2. "编辑"菜单

"编辑"菜单主要用来剪切、拷贝、粘贴 Flash 动画中的各种对象。单击"编辑"菜单，弹出如图 2-54 所示的下拉菜单。

撤销：使用此命令可以取消对对象的错误操作。

重做：使用此命令可以重复最近一次操作。

剪切：使用此命令可以将选定的对象剪切并放在剪切板中，选定的对象将删除。

复制：使用此命令可以将选定的对象复制到剪切板中。

粘贴到中心位置：使用此命令可以将剪切板中的对象粘贴到舞台工作区中。

粘贴到当前位置：使用此命令可以将选定的对象粘贴到当前舞台的当前位置。

选择性粘贴：使用此命令可以指定粘贴格式，然后再将对象粘贴到舞台中。

清除：使用此命令可以删除当前帧上已选择的对象。

直接复制：使用此命令可以完成复制和粘贴两项操作，复制后不进入剪贴板，不能使用 Ctrl+V 键粘贴。

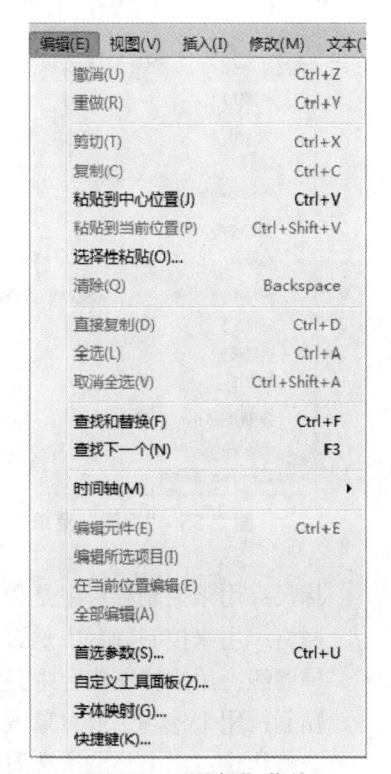

图 2-54 "编辑"菜单

全选：使用此命令可以选择所有的对象或图形。

取消全选：使用此命令可以对上一次全选的结果进行取消。

查找和替换：可对文件中的对象进行检索和替换。

查找下一个：根据选定的对象查找下一个相同对象。

时间轴：使用此命令可以控制时间轴是否显示。

编辑元件：使用此命令可以将窗口从舞台视图更改为只显示选定元件的单独视图来编辑。

正在编辑的元件名称会显示在舞台上方的信息栏内，位于当前场景名称的右侧。

编辑所选项目：使用此命令可以对所选的项目进行编辑。

在当前的位置编辑：使用此命令可以将选定的元件和其他对象一起在舞台上编辑，其他对象以灰色显示方式出现，从而将它们和正在编辑的元件区别开来，正在编辑的元件名称会显示在舞台上方的信息栏内。

全部编辑：使用此命令可以对所有的元件进行编辑。

自定义工具面板：使用此命令可以自主组合需要的工具。

首选参数：使用此命令可以用来对动画的一些基本参数进行设置。

字体映射：在进行动画编辑和播放时，可以将系统中所缺少的字体，用系统中已有的字体进行替换，即使用此命令可以设置这两者的映射关系。

快捷键：使用此命令，可以对系统的快捷键进行修改和自定义。

3．"视图"菜单

"视图"菜单的命令，主要是用来控制屏幕显示的各种命令。单击"视图"菜单，弹出如图 2-55 所示的下拉菜单。

转到：该命令菜单还带有子菜单，用来控制在舞台上显示的哪一个场景。

放大：使用此命令可以将舞台中的对象放大显示。

缩小：使用此命令可以将舞台中的对象缩小显示。

缩放比率：该菜单带有子菜单，用来选择当前场景具体的百分比显示，子菜单中的"显示帧"和"全部显示"分别表示帧的舞台内容全部显示于当前窗口和全部场景的舞台内容显示于当前窗口。

预览模式：使用此命令时，可在窗口中对舞台上的内容进行预览。

粘贴板：勾选该命令后，可对文件中复制的内容执行 Ctrl+V 键实现粘贴操作。

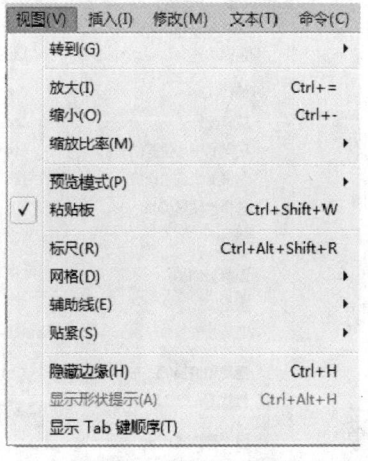

图 2-55 "视图"菜单

标尺：用来控制舞台中是否显示标尺。

网格：用来控制舞台中是否显示网格，使用网格对对象的定位非常有用。

辅助线：用来控制舞台中是否显示辅导线。

贴紧：用来控制选取对象或者调整对象位置时是否贴紧边缘。

隐藏边缘：用来隐藏所选对象的边缘，从而取消对其的突出显示。

显示形状提示：用来控制舞台中的形变提示符号是否显示。

4．"插入"菜单

"插入"菜单的命令主要是用来向图标库中添加图标，向场景中添加新的层，向时间轴中添加新的帧，向当前动画中添加新的场景等。单击"插入"菜单，弹出"插入"下拉菜单，如图 2-56 所示。

新建元件：表示建立一个新的组件。

补间动画：表示创建一个补间动画。

补间形状：表示创建一个补间形状。
传统补间：表示创建一个传统补间。
时间轴：子菜单可实现插入新的普通帧和关键帧。
场景：在当前动画中加入一个新的场景。

5．"修改"菜单

"修改"菜单主要用来修改动画的对象、场景及动画本身的特性等。单击"修改"菜单，弹出下拉菜单，如图 2-57 所示。

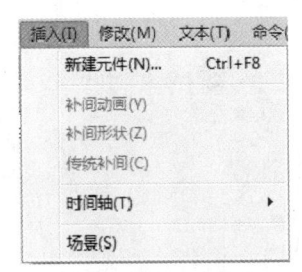

图 2-56 "插入"菜单　　　　　　图 2-57 "修改"菜单

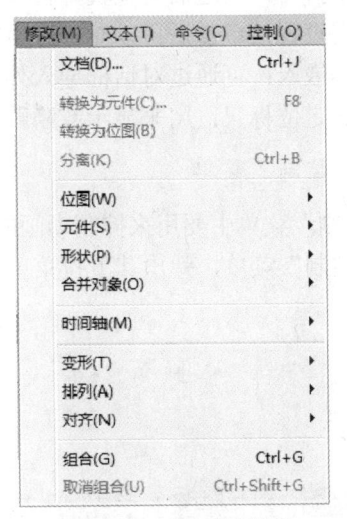

文档：打开"文档"命令，可以弹出"文档"对话框。在该对话框中可以设置动画的尺寸、网格线、背景颜色等。

转换为元件：可将选定的对象转换为元件。

转换为位图：可将元件实例和矢量图转换为位图。

分离：将选定的若干对象拆散为最小的对象单元。

位图：子菜单中可进行位图对象的相关修改。

元件：子菜单中可进行元件实例的相关修改。

形状：可对选中的对象的形状进行一定的改变。

合并对象：可将当前选中的多个对象合并为一个对象。

变形：可以用子菜单中的某一选项对舞台中选定的对象产生变形等效果。

排列：可以用子菜单中的某一选项对所选定的对象遮挡层次进行调整，以及选择是否固定对象的位置。

对齐：可以对选中的多个对象用子菜单中的选择方式进行对齐操作。

组合：可以将选定的对象组合成一组。

取消组合：可将组合的对象拆消，变为独立的对象。

6．"文本"菜单

"文本"菜单主要用来设置文字的字体、字号、样式、间距等。单击"文本"菜单，弹出下拉菜单，如图 2-58 所示。

字体：可以用其子菜单中的选项来设置所选文字的字体。
大小：可以用其子菜单中的选项来设置所选文字的大小。
样式：可以用其子菜单中的选项来设置所选文字的样式，如粗体、斜体、上标、下标等。
对齐：可以用其子菜单中的选项来设置所选文字或段落的对齐方式。
字母间距：使用子菜单的选项，可以将选定的文体对场景中的某个对象进行同步操作，也就是说当对象发生变化时，对应的文本也将发生变化。
可滚动：用来设置动态文本。
检查拼写：勾选后可检查舞台上所有的文本素材的拼写是否有错误。
拼写设置：单击后可以对检查拼写的规则进行设置。
字体嵌入：可通过对话框导入外部字体。
TLF 定位标尺：用来显示或隐藏 TLF 定位标尺。

7. "控制"菜单

"控制"菜单主要用来控制动画的播放方式，并使动画创作者可以现场控制动画的进程。单击"控制"菜单，弹出其下拉菜单，如图 2-59 所示。

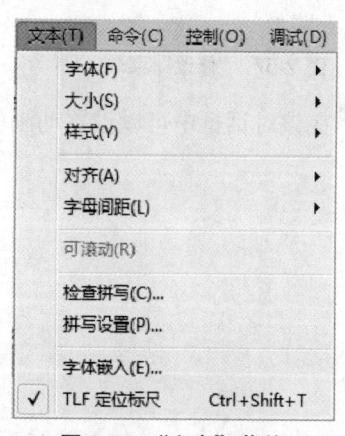

图 2-58 "文本"菜单　　　　图 2-59 "控制"菜单

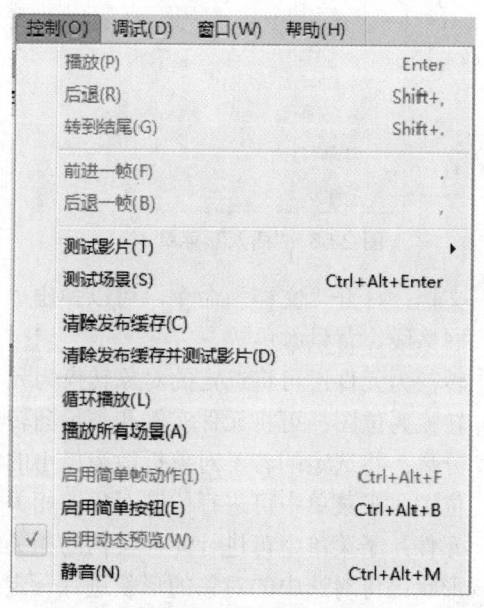

播放：可以在编辑模式下对所编辑的动画播入一次。
后退：可使当前播放的动画后退到第 1 帧。
转到结尾：使用此命令，可以使动画跳到最后 1 帧。
前进一帧：可使当前播放的动画前进 1 帧。
后退一帧：可使当前播放的动画后退 1 帧。
测试影片：用来测试整个动画的效果。
测试场景：用来测试当前场景的动画效果。
清除发布缓存：用来清除之前发布影片缓存的字体和 MP3 声音。
清除发布缓存并测试影片：用来清除之前发布影片缓存的字体和 MP3 声音并测试影片。

循环播放：用来设置动画是否循环播放。

播放所有场景：用来设置所播放的动画是播放全部场景还是只播放当前场景的动画。

启用简单帧动作：用来设置播放动画时所有的帧动作是否生效。

启用简单按钮：用来设置播放动画时所有按钮动作是否生效。

启动态预览：用来设置是否实时预览实时动画。

静音：用来设置播放动画时是否激活背景音乐。

8. "窗口"菜单

"窗口"菜单主要用来控制 Flash CS6 中文版窗口的布局，用来打开或关闭工具栏或对话框，切换当前的编辑窗口等。单击"窗口"菜单，弹出下拉菜单，如图 2-60 所示。

直接复制窗口：用来显示或隐藏直接复制窗口。

工具栏（也称主要栏）：可以用来显示/隐藏相关的工具栏目，该工具栏目有三个子选项，分别是主要栏、状态栏、控制器。其中主要栏用得较多，当选中主要栏时，其主要栏将显示在菜单栏的下面，如图 2-61 所示。

当选中控制器时，界面上将出现控制器，控制器用来观看动画的效果，如图 2-62 所示。

时间轴：用来显示或隐藏时间轴窗口。

动画编辑器：用来显示或隐藏动画编辑器窗口。

工具：用来显示或隐藏。

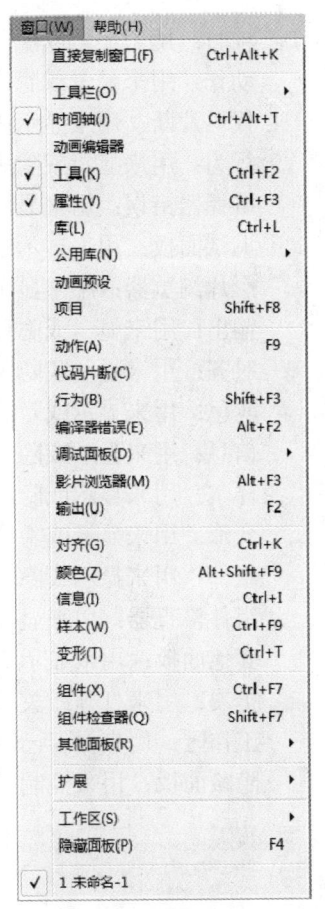

图 2-60 "窗口"菜单

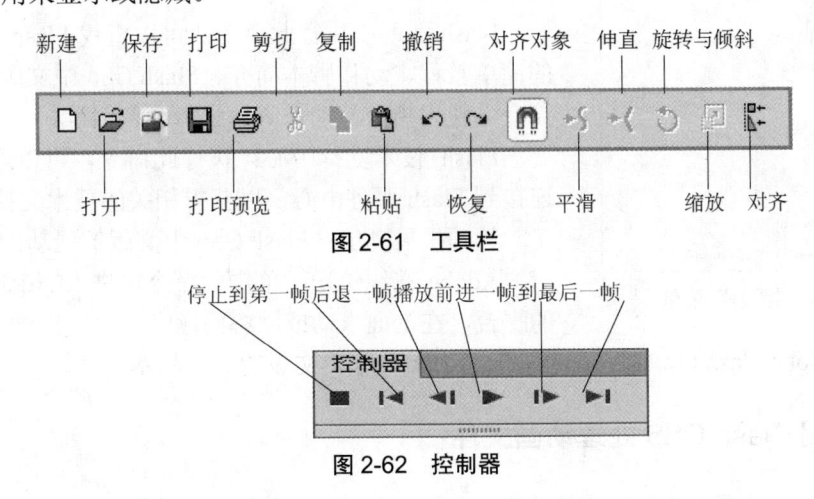

图 2-61 工具栏

图 2-62 控制器

属性：用来显示或隐藏属性面板。

库：用来显示或隐藏库面板。

公用库：用来显示或隐藏公用库面板，下有三个选项，分别是按钮、声音、学习交互库。

动画预设：用来显示或隐藏动画预设窗口。

项目：用来显示或隐藏项目窗口。
动作：用来显示或隐藏动作面板。
代码片断：用来显示或隐藏代码片断窗口。
行为：用来显示或隐藏行为窗口。
编译器错误：用来显示或隐藏窗口。
调试面板：用来显示或隐藏调试器面板。
影片浏览器：用来显示或隐藏影片浏览器面板。
输出：用来显示或隐藏输出面板。
对齐：用来显示或隐藏对齐面板。
颜色：用来显示或隐藏颜色面板。
信息：用来显示或隐藏信息面板。
样本：用来显示或隐藏样本面板。
变形：用来显示或隐藏变形面板。
组件：用来显示或隐藏组件面板。
组件检查器：用来显示或隐藏组件检查器面板。
其他面板：用来显示或隐藏解答、混色器、场景、调试器等面板。
扩展：用来打开或关闭 kuler 颜色插件。
工作区：用来保存已经设置好的浮动面板的布局。
隐藏面板：用来控制所有浮动面板在窗口中的显示状态。

9."帮助"菜单

"帮助"菜单用来说明 Flash CS6 中文版的详细使用方法、技巧等内容。单击"帮助"菜单，弹出如图 2-63 所示的下拉菜单。

Flash 帮助：执行此命令，可以查找 Flash CS6 中文版的简单教程、动作脚本简介、Flash CS6 中文版简介、组件简介、使用指南、动作脚本索引、范例等。

Flash 技术支持中心：执行此命令，可以通过 Internet 连接到 Flash 服务中心，以获得相关的技术支持。

管理扩展功能：Flash CS6 中文版扩展功能显示。

Adobe 在线论坛：单击此命令可进入 Adobe 产品交流的平台，在上面求助或回答问题。

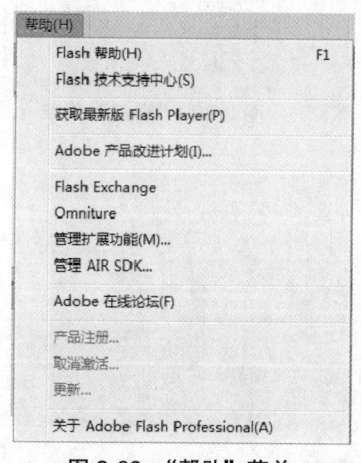

图 2-63 "帮助"菜单

关于 Adobe Flash Proffessional：显示 Flash CS6 中文版的一些版本信息。

2.5.3 使用 Flash CS6 处理动画文件

Flash CS6 中文版文件的基本操作主要包括文件的打开、创建、保存、退出、导入、打印等。

1. 打开文件

打开某一盘符下的以扩展名为.fla、.spa、.ssk、.swf 的文件（其中.swf 是已发布的文件，打开后只能观看动画效果，无法再进行编辑），基本步骤如下。

① 启动 Flash CS6 中文版软件。

② 单击"文件/打开"命令（或直接单击主要栏中的打开按钮），弹出"打开"对话框。在"打开"对话框的"查找范围"中选择某一盘符的某一个文件夹下的某一 Flash 文件，如图 2-64 所示，Flash 文件夹下的后缀为.fla 的"圆形"文件（注意后缀为.fla 的文件与后缀为.swf 的文件其标志是不一样的，后缀为.fla 的文件其标志是以红色 fl 标志，其文件可再编辑）。

图 2-64 "打开"对话框

③ 单击"打开"按钮，即可打开后缀为.fla 的"圆形"文件，然后可以对此文件进行编辑和操作。

2．打开库文件

① 单击"文件/导入/打开外部库"命令，弹出"作为库打开"对话框。选择某一盘符的某一文件夹（或库文件夹）下的某一文件（注意作为库打开方式只能打开后缀为.fla 的文件），如图 2-65 所示，是 Flash 文件夹下的"圆形"文件。

图 2-65 "作为库打开"对话框

② 单击"打开"按钮，即可打开所选的"圆形"文件。

3. 新建文件

文件新建的方法有以下两种。

方法一：启动 Flash CS6 中文版软件，系统将弹出一个如图 2-66 所示的欢迎屏幕，此时可以选择"从模板创建"目录下的模板中或者"新建"目录下的一种支持平台，单击选中的目录行可以直接创建一个新的动画文件，并编辑。

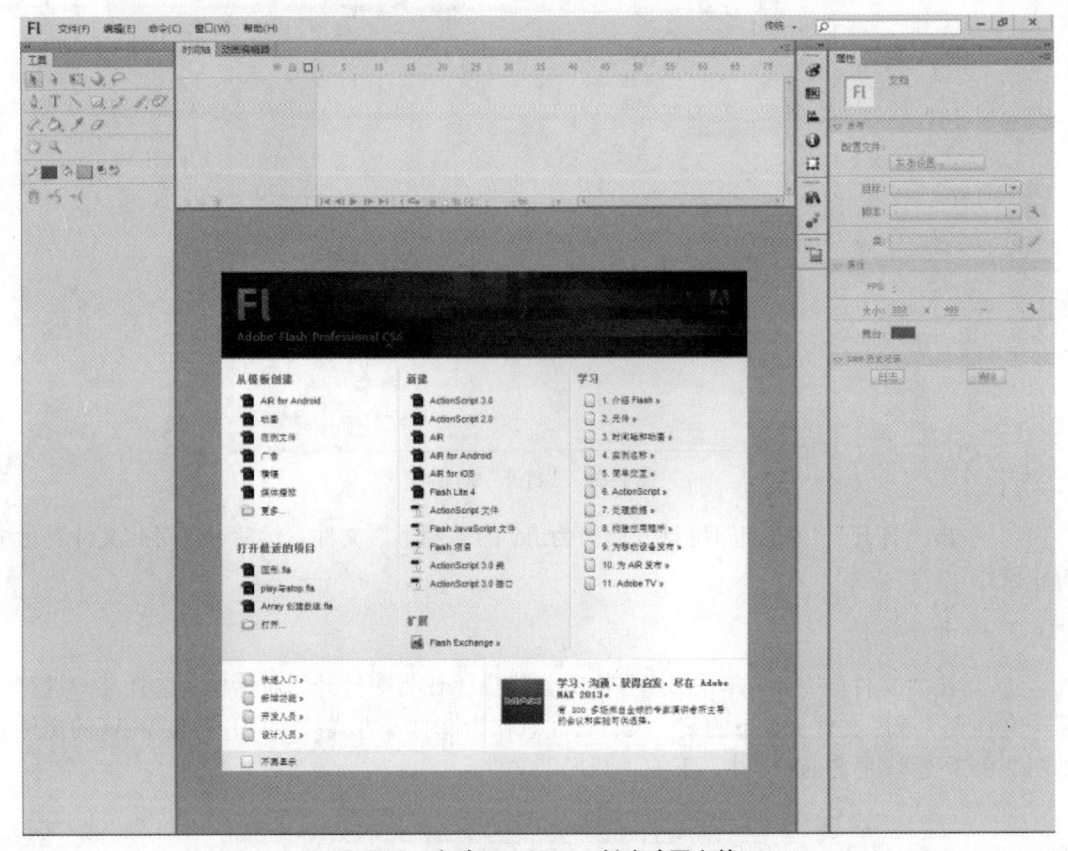

图 2-66　启动 Flash CS6 创建动画文件

方法二：单击"文件/新建"命令（或单击主要栏中的新建按钮），在弹出的"新建文档"对话框中有两个标签——"常规"和"模板"。在"常规"标签下单击"确定"按钮会新建一个支持 ActionScript3.0 的文件，其默认的尺寸大小为 550×400 像素。而在"模板"标签下可以根据"类别"选择自己需要的内容（右侧可以进行预览），如图 2-67 所示，再单击"确定"按钮即可从模板中新建一个文件。

4. 保存文件

对已编辑好的动画文件，可直接单击"文件/保存"（也可直接单击工具栏中的"保存"按钮），在弹出的"另存为"对话框"保存在"栏目中选择文件所保存的目标盘符和文件夹（也可用此栏目右侧的"新建文件夹"按钮新建一个文件夹），在"文件名"栏目中取好所编辑的文件的文件名，"保存类型"可用系统默认值，如图 2-68 所示，最后单击"保存"按钮即可。

图 2-67 "从模板中新建"对话框

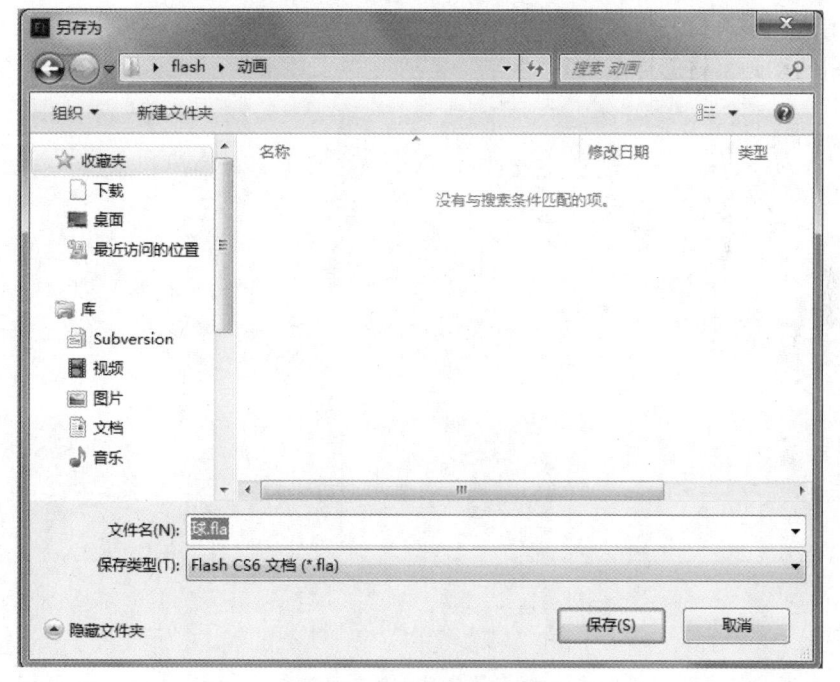

图 2-68 "另存为"对话框

当然也可单击"文件/另存为"命令对所编辑的文件进行保存，相关的设置同上述一样。

5. 退出软件

退出软件可直接单击软件主界面右上角的"×"按钮，如果所编辑的文件还未保存，当单击"×"按钮时，系统将弹出一个"是否保存对…的更改？"的提示框，如图 2-69 所示。如单击"是"按钮，将弹出"保存"对话框，则保存，然后关闭软件；如单击"否"按钮，

65

则此文件将不保存并关闭软件；如单击"取消"按钮，系统将退回到刚才编辑状态，可以再编辑。

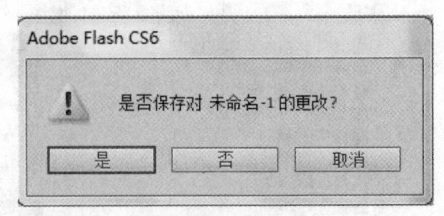

图 2-69　提示框

当然退出软件的方法还可用单击"文件/退出"命令来操作。

练习与思考 2

1. 常用的文本素材怎样采集？
2. 常用的图片素材怎样采集？
3. 常用的音频素材怎样采集？
4. 常用的视频素材怎样采集？
5. 常用的动画素材怎样采集？

第 3 章　PowerPoint 课件制作

3.1　PowerPoint 概述

PowerPoint 是 Microsoft 公司开发的办公自动化应用软件 Office 组件之一，它可以方便地组织和创建多种形象生动、主次分明的演示文稿。如授课使用的讲义文稿、介绍公司概况的演讲文稿、用于产品展示的演示文稿，等等。

利用 PowerPoint 2013 制作的演示文稿具有文字、图形、图像、动画、声音以及视频剪辑等各种丰富多彩的多媒体对象，它的应用为快速高效地开发出适合课堂教育使用的多媒体课件提供了一个很好的工具。

3.2　PowerPoint 基本操作

3.2.1　视图方式的切换

在编辑演示文稿时 PowerPoint 提供了几种不同的视图方式。每种视图都有着不同的编辑重点，用户可根据需要选择不同的视图方式来编辑演示文稿。

PowerPoint 有普通视图（分为幻灯片视图和大纲视图）、幻灯片浏览视图、阅读视图和幻灯片放映视图等几种方式。改变视图方式的方法有两种：使用"视图"选项卡中的"命令"按钮来改变，或使用工作窗口上的"视图切换"按钮来选择相应视图方式。

演示文稿窗口的左窗格的上方有两个标签，窗口状态栏中有一组视图切换按钮。单击标签或按钮可快速切换至不同的视图方式。

1．普通视图

普通视图中的幻灯片视图方式是系统默认的视图方式，分成左边的大纲窗格、右上的幻灯片编辑窗格和右下的备注窗格三个部分。在幻灯片编辑窗格中，用户可直观地对幻灯片进行输入文字、绘制图形、插入表格、添加视频图像和音频等操作，制作出各种不同特色的幻灯片。

大纲窗格中显示的是编号了的幻灯片缩略图，便于组织和编辑整个演示文稿的文本结构。在大纲窗格中可看见每张幻灯片的编号、图标及各级标题文字等主要内容。可以直接在窗格中进行文字的编辑，修改的结果会在右边编辑窗格中的幻灯片中呈现。因此，特别适合主要由文字组成的演示文稿。

在备注窗格中用户可添加一些关于该幻灯片的文字说明或其他文本信息。

2. 幻灯片浏览视图

在幻灯片浏览视图中，用户可在屏幕上同时看到演示文稿中的所有幻灯片，这些幻灯片被缩小后，按顺序排列在幻灯片编辑区中。在此状态下，不能对幻灯片中的具体内容进行编辑，但可对整张、整组幻灯片进行复制、删除、插入操作，调整幻灯片的次序以及设置或修改幻灯片的放映方式和切换方式等。这种方式特别适合整个演示文稿完工后的总体检查。

3. 阅读视图

阅读视图可以在窗口中放映幻灯片，放映时可利用状态栏上的"播放控制"按钮或右击，利用快捷菜单中的命令对放映进行控制。

4. 幻灯片放映视图

与阅读视图在窗口中播放幻灯片不同，在幻灯片放映视图方式下播放时，PowerPoint 的窗口界面消失，系统以全屏方式逐张播放演示文稿中的幻灯片。只要单击或按下 Enter 键，屏幕就接着演示下一张幻灯片。按 Esc 键或右击，在快捷菜单中选择"结束放映"命令，可以中断幻灯片放映。

3.2.2 演示文稿的创建

PowerPoint 中提供了多种创建文稿的方法。用户可根据需要来选择不同的创建方法。

1. 创建一个空白演示文稿

创建空白演示文稿，就像拿到一张空白纸，用户可创建具有自己风格特色的幻灯片。

2. 根据已有的模板或主题创建演示文稿

制作演示文稿最简捷的方法就是使用模板。模板中预先定义好了文稿的字体格式、母版格式、配色方案、动画方案等，用户只需修改或输入相应的文稿内容即可方便、快捷地建立风格统一的演示文稿。

用户还可以将自己中意的演示文稿，通过"另存为"PowerPoint 模板，即扩展名为.potx 的文件放置在"我的模板"中，作为个人模板供日后需要时使用。

主题是预先设置的一组模板、母版、配色、文字格式和图形效果。单击"创建"按钮或双击选中的"主题"，都能创建一个使用了该主题的演示文稿中的第一张幻灯片。

除了利用"主题"创建新演示文稿外，也可以在编辑演示文稿过程中应用"主题"，快速统一演示文稿的风格。

3.2.3 添加、删除和调整幻灯片顺序

用户在编辑演示文稿时，可以根据需要随时在文稿的任意位置添加、删除幻灯片及调整幻灯片的顺序。

1. 幻灯片的插入

在幻灯片"普通视图"中，单击左边窗格内幻灯片缩略图，选择添加幻灯片的位置，再单击"开始"选项卡→"幻灯片"组→"新建幻灯片"按钮下拉箭头，单击选中的版式即可插入一张新的幻灯片。

2. 幻灯片的删除

选中一张或多张幻灯片，按 Delete 键即可。

3. 幻灯片的移动和复制

幻灯片的移动和复制可使用快捷菜单中的"剪切""复制"及"粘贴"或采用鼠标拖动的方法来完成。也可在大纲视图的大纲窗格中，或在幻灯片浏览视图中选择要移动的幻灯片缩略图，用鼠标拖动至想要的位置即可。

3.3 PowerPoint 幻灯片的编辑

3.3.1 幻灯片布局

1. 网格线

在编辑幻灯片的过程中，为了精确地计算段落或行间距、文字和图形的位置及间距等，可将网格线显示出来，以保证页面具有一致性。显示网格线的方法为：在 PowerPoint 窗口中切换到"视图"选项卡，然后选中"显示"组中的"网格线"复选框即可。

2. 页边距

页边距是指幻灯片中没有放置文本、图形等元素的空白空间。在制作幻灯片的过程中，不应该使文本和图形充满幻灯片的整个页面，而应该留下适当的页边距，这样可以使幻灯片看起来更加美观，而且可以更轻松地控制幻灯片的内容。

3. 统一原则

构成演示文稿的所有幻灯片应该具有统一的网格、页边距、文本和图像的位置、颜色等。

4. 均衡原则

当幻灯片过于突出标题或图像时，会影响整体的设计均衡感，因此在设计幻灯片时要均衡地排列标题和内容、文本和图像。

5. 强调原则

需要准确地强调幻灯片内容中的核心部分或结论部分，若没有突出重点的幻灯片，很难使学习者掌握其核心内容。

6. 结合原则

幻灯片设计中使用的图形、文字等需要有机地结合在一起。

3.2.2 色彩设计

同样内容的演示文稿,色彩搭配不同,效果就不一样,这会给观众不同的感受。下面讲解颜色搭配中需要遵循的基本原则。

1. 总体协调,局部对比

演示文稿的整体色彩应当是协调的,在需要突出显示的部分,有一些小范围的对比色才能真正起到强调的作用,并且不会破坏整个画面的美感。

2. 遵循主从关系,抓住重点

在制作演示文稿之前,先确定演示文稿的主色调,然后注意运用相似色。但一个演示文稿中相对色不能太多,否则容易给人眼花缭乱的感觉,使画面缺乏整体感。

3. 根据演示文稿主题运用颜色

在制作演示文稿的过程中,根据主题选择颜色,才能达到文字与颜色的和谐。

4. 文字颜色与背景对比度要高

一般演示文稿都运用浅色底、深色字。

在色彩的实际应用中,我们可以应用以下三种方式来搭配颜色。

① 用一种色彩。这里是指先选定一种色彩,然后调整透明度或者饱和度,产生新的色彩,用于幻灯片。这样的幻灯片看起来色彩统一,有层次感。

② 用两种色彩。先选定一种色彩,然后选择它的对比色。对比色可以突出重点,产生强烈的视觉效果,通过合理使用对比色能够使 PPT 特色鲜明、重点突出。设计时一般以一种颜色为主色调,对比色作为点缀,可以起到画龙点睛的作用。

③ 用一个色系即使用邻近色,就是在色带上相邻近的颜色,例如蓝色和绿色、红色和黄色就是邻近色。采用邻近色设计 PPT 可以使 PPT 避免色彩杂乱,易于达到页面的和谐统一。

④ 黑色(灰色)和白色的使用。黑色(灰色)和白色是一种特殊的颜色,如果使用恰当、设计合理,往往产生很强烈的艺术效果,如黑色作背景与其他纯度色彩搭配使用。

3.3.3 母版的应用

PowerPoint 中的母版用于设置演示文稿中每张幻灯片的预设格式,用户对母版中的格式、背景等进行设置,即可快速运用到系列幻灯片中。PowerPoint 提供的母版有三种类型,分别是幻灯片母版、讲义母版、备注母版。

1. 幻灯片母版

PowerPoint 中最常用的母版是幻灯片母版。具体操作为:切换至"视图"选项卡,在"母版视图"组中选择"幻灯片母版"按钮,此时就出现了"幻灯片母版"选项卡,如图 3-1 所示。

此时即可对标题、内容、空白等版式进行相应的操作,如插入背景图、文字、设置动画效果等。在 PowerPoint 中母版能够控制基于它的所有幻灯片,对母版的任何修改都会体现在幻灯片中,因此每张幻灯片中的相同内容部分都可以利用母版来制作。同时在一个幻灯片母版中可以增加或删除版式,也可以增加不同的幻灯片母版。

图 3-1　幻灯片母版

2. 讲义母版

讲义母版用于设置讲义的打印格式。运用讲义母版，用户可以将多张幻灯片放置在一页中打印。具体操作为：切换至"视图"选项卡，在"母版视图"组中选择"讲义母版"按钮，此时就出现了"讲义母版"选项卡，如图 3-2 所示。

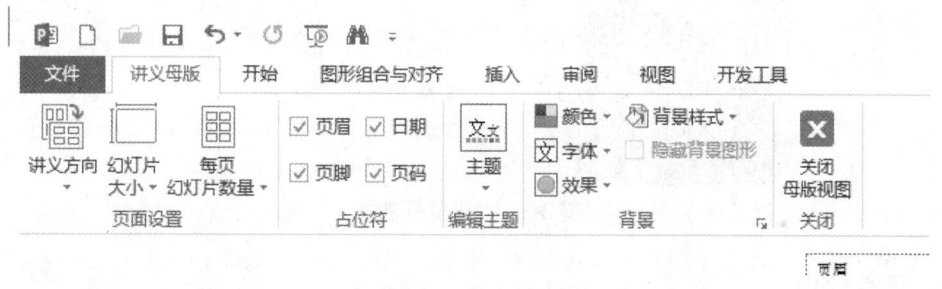

图 3-2　讲义母版

此时即可讲义方向（横向、纵向）、每页幻灯片数量等进行设置。

3. 备注母版

备注母版用于设置备注的格式，可以使备注具有统一的外观。具体操作为：切换至"视图"选项卡，在"母版视图"组中选择"备注母版"按钮，此时就出现了"备注母版"选项卡。

3.3.4　主题的设置

PowerPoint 中提供了为幻灯片设置主题效果的功能，用户可以为幻灯片添加图案、纹理、图片或背景颜色。具体操作为：切换至"设计"选项卡，在"主题"组中选择合适的主题，然后在"变体"组选择合适的变体，并可在"自定义"组中选择"设置背景格式"按钮即可对背景样式进行具体的设置，如图 3-3 所示。

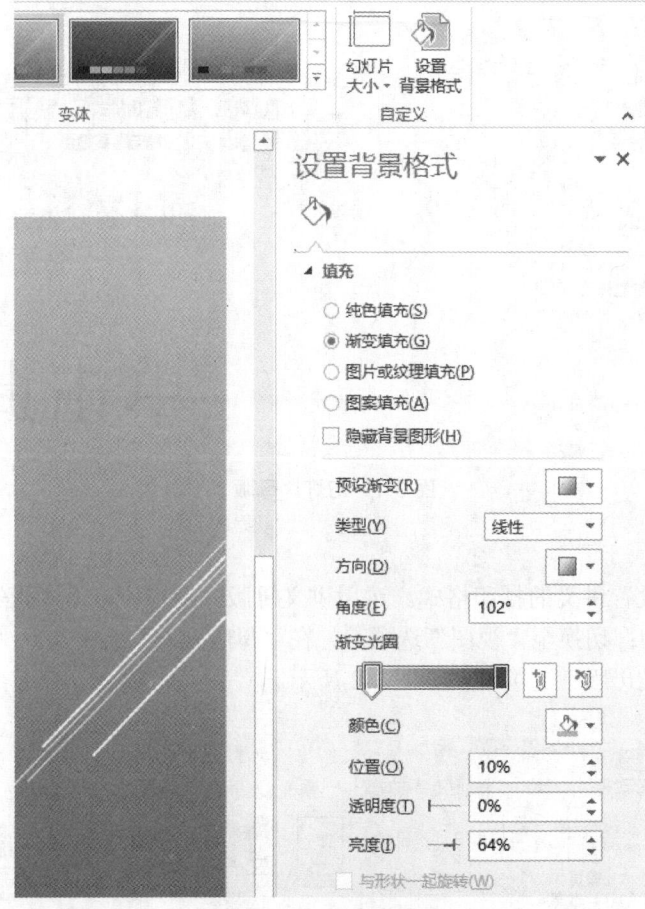

图 3-3　设置背景格式

3.3.5　文本处理

文本是演示文稿内容中最基本的元素，每一张幻灯片或多或少都会有一些文字信息，用户经常利用幻灯片中的文字来表达自己的观点和思想。在幻灯片中输入文本的方式有 4 种：版本设置区（占位符）、文本框、自选图形文本及艺术字。

1. 使用占位符输入文本

占位符是一种带有虚线的边框，在这些框内可以放置标题及正文，或者是图表、表格和图片等对象。在幻灯片中输入文本的方式之一就是在占位符中输入文本。当输入的文本占满整个占位符时将出现"自动调整"按钮。单击"自动调整"按钮即可出现下拉列表，如图 3-4 所示。该下拉列表的各个选项的含义如下。

① 根据占位符自动调节文本：PowerPoint 自动调整文本的大小。
② 停止根据此占位符调整文本：PowerPoint 不自动调整文本的大小。
③ 将文本拆分到两个幻灯片：将文本分配到两个幻灯片中。
④ 在新幻灯片上继续：创建一张新的并具有相同标题的空白幻灯片。
⑤ 将幻灯片更改为两列版式：将原始幻灯片中的单列版式改为双列版式。
⑥ 控制自动更正选项：关闭或者打开某种自动更正功能。

图 3-4 "自动调整"按钮

2. 使用文本框输入文本

添加文本框是输入文本的另一种方法。如果想在占位符以外的地方输入文本，就可以利用文本框实现。具体操作为：切换至"开始"或"插入"选项卡，选择"横排文本框"或"垂直文本框"按钮，然后在想要添加文本的位置按住鼠标左键拖动，拖出一个方框，确定文本框的宽带后放开鼠标，即可在闪烁的插入点输入内容，输入的文本会根据文本框的宽带自动换行。

3. 使用自选图形输入文本

首先切换至"开始"或"插入"选项卡，选择"各个图形"按钮在幻灯片上拖动画出图形，然后对图形右击，在弹出的快捷菜单中选择编辑文字即可添加文字。并可通过"绘图工具"的"格式"选项卡对图形的形状样式及艺术字样式进行调整。

4. 使用艺术字输入文本

首先切换至"插入"选项卡，单击"艺术字"按钮，在弹出的选框中选择合适的艺术字样式，即可在幻灯片中添加艺术字文本框，选择艺术字文本框中的文本即可进行内容的修改。并可通过"绘图工具"的"格式"选项卡对艺术字的形状样式及艺术字样式进行调整。

3.3.6 超链接处理

以下以设置首页、上一页、下一页、返回主界面、结束等链接为例来了解 PowerPoint 演示文稿中超链接的处理方法。

1. 设置超链接主题

在母版中设置背景图片（背景图通过"插入"选项卡的"图片"按钮插入，注意背景图插入的版式），并在第一张幻灯片中输入主题内容，如各季花卉。效果如图 3-5 所示。

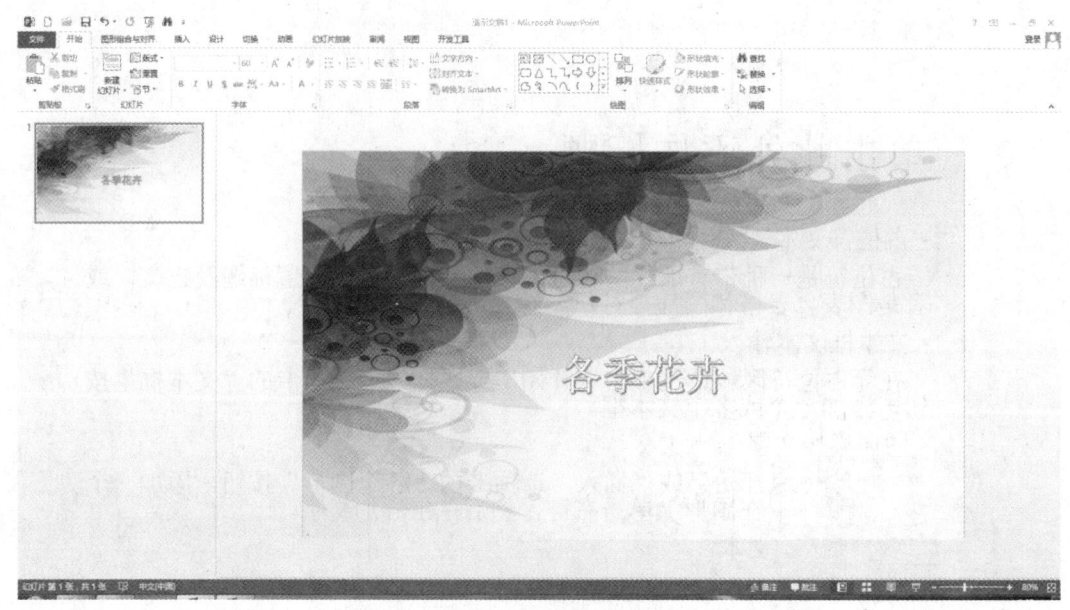

图 3-5　超链接主题

2. 设置超链接主界面

插入一张新幻灯片，并设置主界面的内容，内容步骤为：首先将原有的文本框删除，然后自己插入文本框并写上"春季花卉"，其他几个季节可以通过复制、粘贴再修改文字的方法，最后通过"开始"选项卡的"排列"按钮对其进行排列对齐，效果如图 3-6 所示。

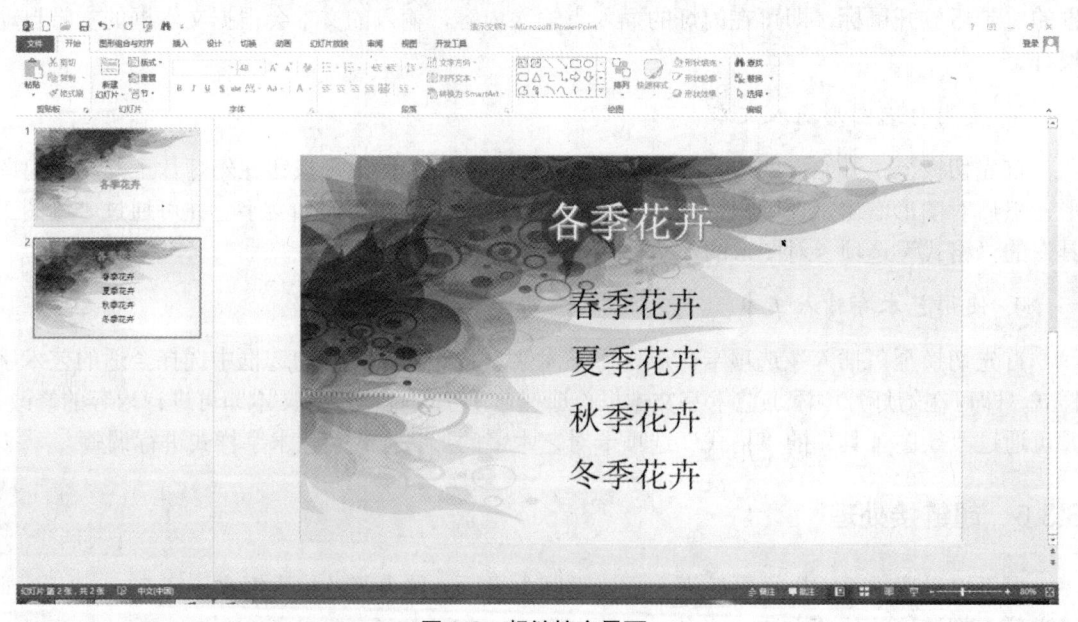

图 3-6　超链接主界面

3. 制作按钮插入超链接

在母版的空白版式中添加"首页""上一页""下一页""尾页""返回主界面""结束"等

按钮，按钮为自选图形输入文本，并使用"绘图工具"的"格式"选项卡对图形的形状样式及艺术字样式进行调整。并对除了"结束"按钮外的其他按钮添加超链接，添加步骤为：首先选中整个按钮（否则插入超链接后文本将出现下画线），然后通过"插入"选项卡的"超链接"按钮对其添加超链接，添加超链接时选择本文档的位置，并设置屏幕提示内容，首页的制作方法如图 3-7 所示。其他几个按钮制作方法基本相同。最后制作"结束"按钮，"结束"按钮通过"插入"选项卡的"动作"按钮对其添加超链接到结束放映，并关闭母版。制作过程如图 3-8 所示。

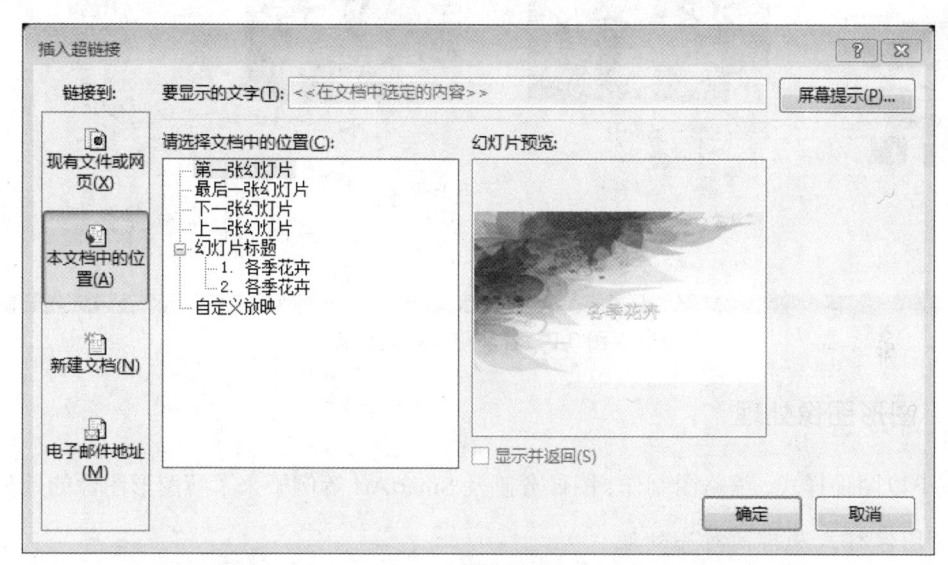

图 3-7　插入超链接

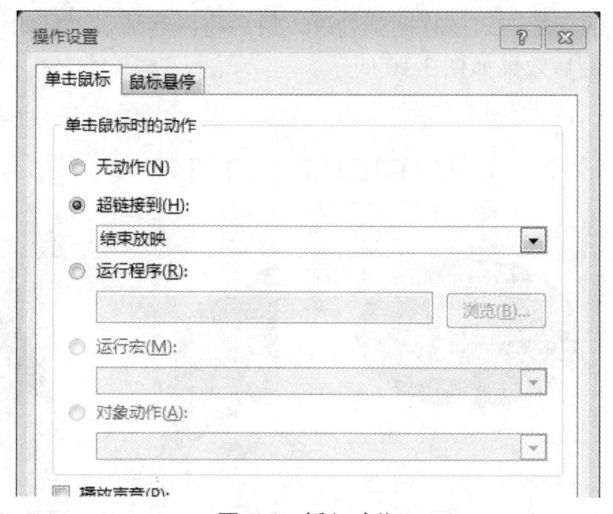

图 3-8　插入动作

4．添加主题图

通过"插入"选项卡的"新建幻灯片"按钮旁的小三角插入空白幻灯片，然后分别添加春、夏、秋、冬季的花卉，每个季节分别添加 2 张图片，如图 3-9 所示为春季的其中一张幻灯片。最后放映观看效果。

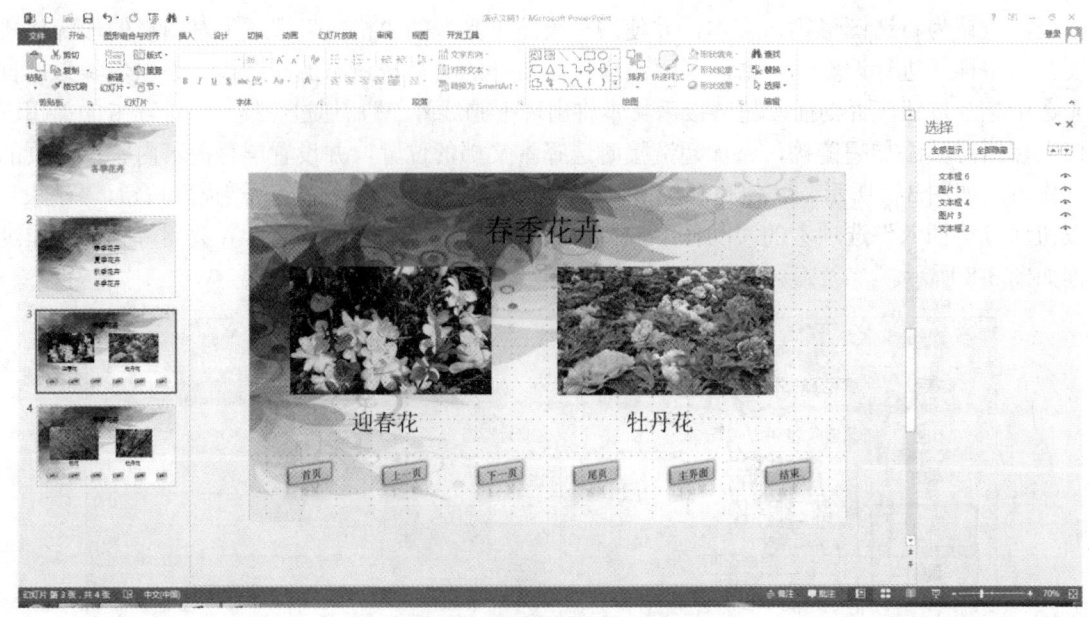

图 3-9 春季花卉展示效果

3.3.7 图形图像处理

以下以图像样式、缩略图制作、图像分割及 SmartArt 等例子来了解图形图像的处理方法。

1. 图像样式及排列对齐处理

切换至"插入"选项卡,选择"图片"按钮插入图片,并对插入的图片通过"图片工具"的"格式"选项卡中的图片样式进行调整处理,最后将内容通过"开始"选项卡中的"排列"按钮进行排列对齐,最后效果如图 3-10 所示。

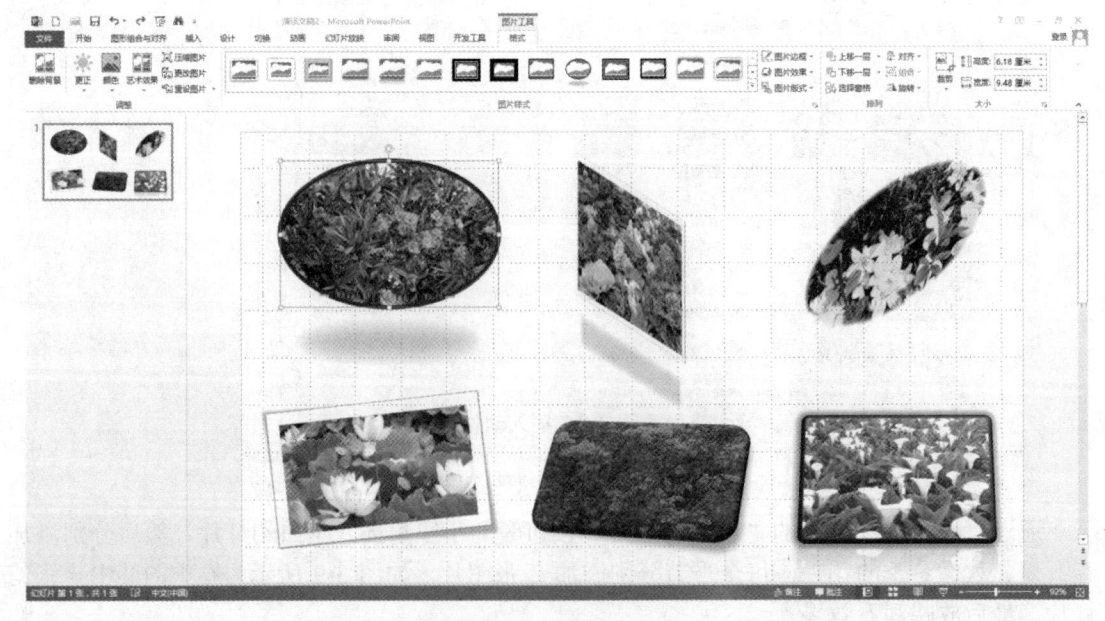

图 3-10 图片样式

2. 缩略图制作

① 首先切换至"插入"选项卡，选择"对象"按钮，然后在弹出的对话框的"对象类型"中选择"Microsoft PowerPoint 97-2003 演示文稿"，最后单击"确定"按钮，如图3-11所示。

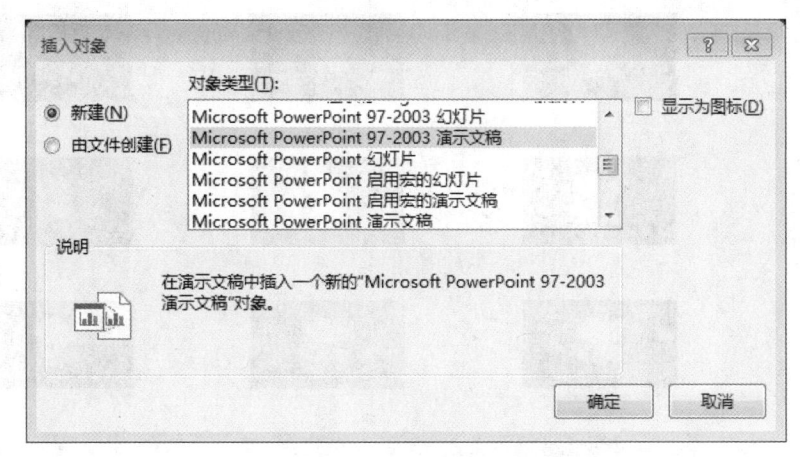

图 3-11 "插入对象"对话框

② 首先切换至"插入"选项卡，选择"图片"按钮插入图片，注意将插入的图片铺满到对象的整个窗口，否则做好的缩略图效果将不会全屏展示，如图3-12所示。

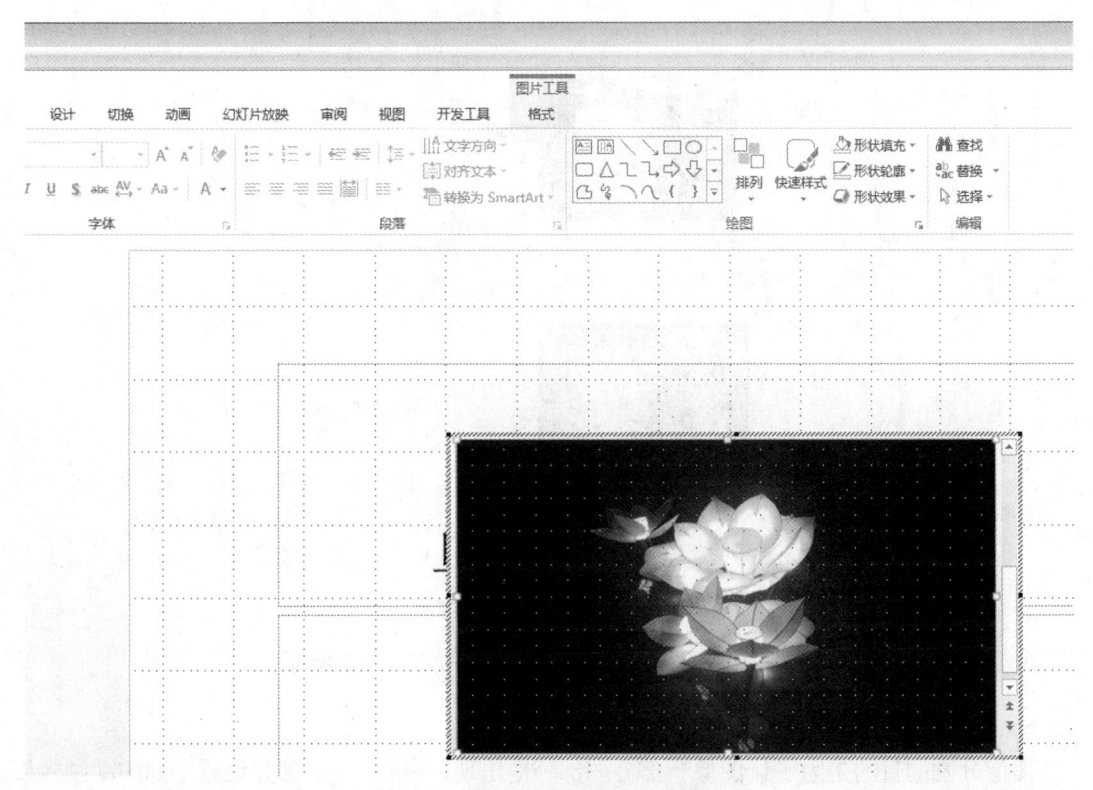

图 3-12 插入图片并铺满对象窗口

③ 在空白处单击，然后将缩略图对象放大或缩小到需要的大小。
④ 通过复制、粘贴的方法复制出需要的数量，并进行排列对齐处理，效果如图3-13所示。

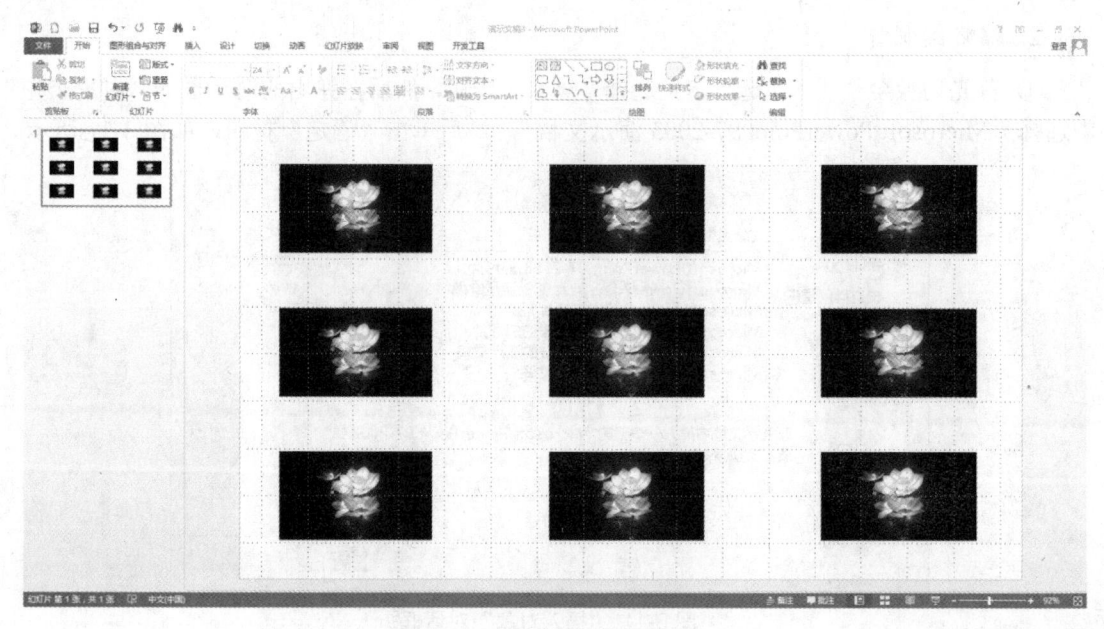

图 3-13　复制后排列对齐效果

⑤ 双击需要修改的缩略图对象，然后在图片上右击在弹出的快捷菜单中选择"更改图片"，如图 3-14 所示。

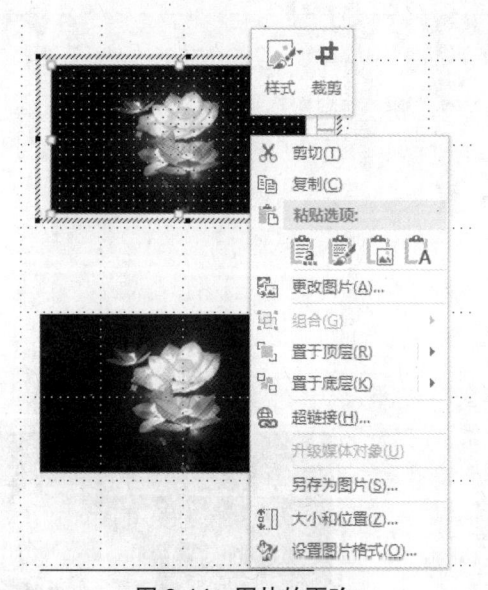

图 3-14　图片的更改

⑥ 以同样的方法将所有图片进行更改，最后效果如图 3-15 所示。

3. 图像分割

图像分割的目的是为了让图像一部分一部分地出现，并可对每一部分设置不同的动画效果。

① 切换至"插入"选项卡，选择"表格"按钮，根据需要选择行列数量。

② 对任一单元格右击，在弹出的快捷菜单中选择"设置形状格式"，就会在演示文稿的右侧出现"设置形状格式"选项，如图 3-16 所示。

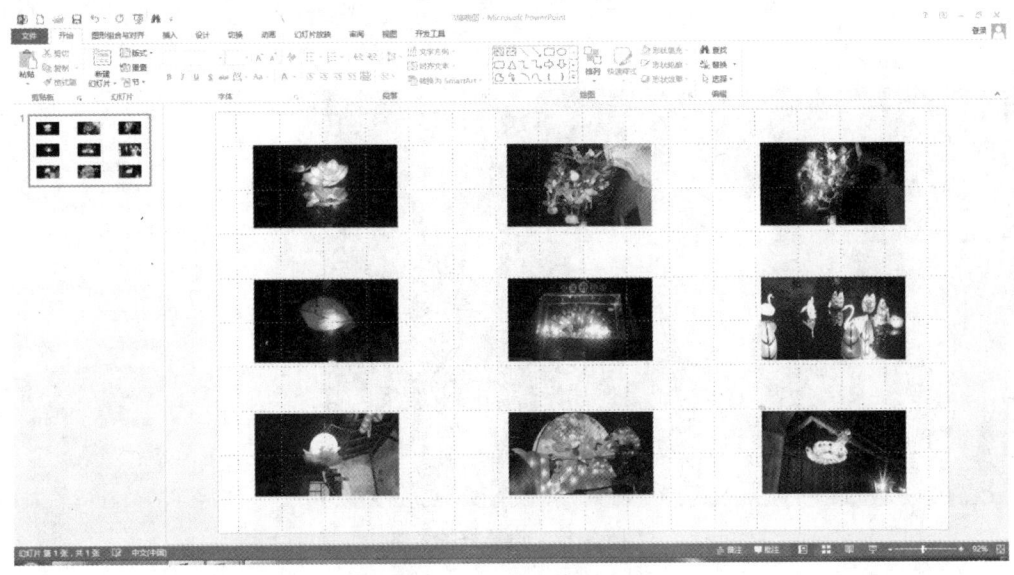

图 3-15　缩略图最终效果

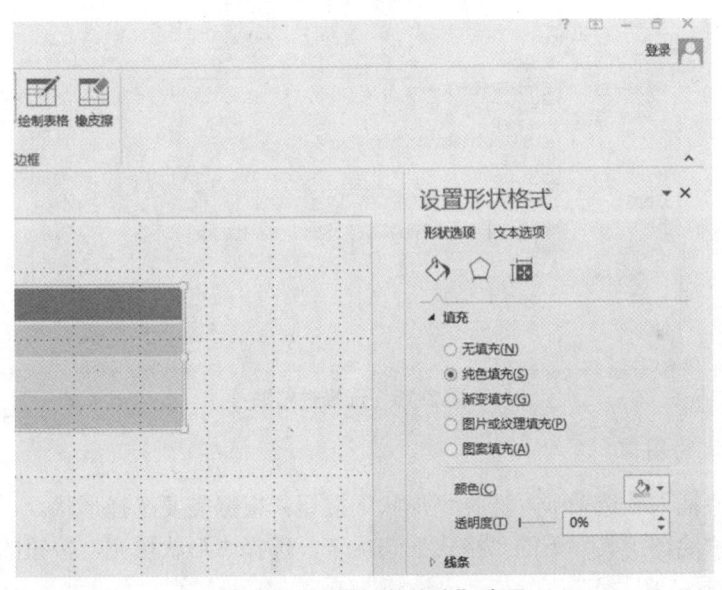

图 3-16　"设置形状格式"选项

③ 首先选中整个表格，再在"填充"选项中选择"图片或纹理填充"，然后选择"文件"，插入需要的图片，并把"将图片平铺为纹理"的复选框选中。

④ 调整好表格的整体大小，通过设置"偏移量"及"缩放比例"使整个图片需要的内容刚好铺满整个表格，并按需要设置表格的行、列宽度及单元格的合并和拆分，最后将"表格工具"的"设计"选项卡中的"边框"按钮设置成无框线，如图 3-17 所示。

⑤ 首先选中整个表格，并切换至"开始"选项卡，单击"剪切"按钮，然后选择"粘贴"按钮下的"选择性粘贴"，并将"粘贴"类型选择为"图片（Windows 元文件）"，如图 3-18 所示。

⑥ 对图片右击两次，在弹出的对话框中选择"组合"→"取消组合"命令，此时将发现图片已被分割成各个小的分块图。

图 3-17　设置好的表格

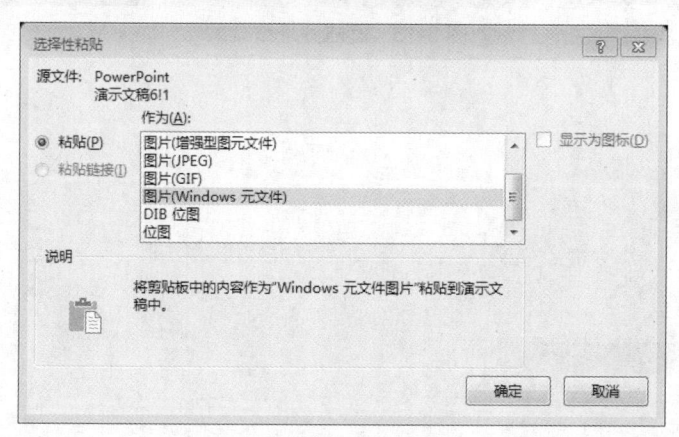

图 3-18　选择性粘贴

4. 任意形状的图像

① 切换至"插入"选项卡，选择"形状"按钮，根据需要选择形状。

② 切换至"绘图工具"下的"格式"选项卡，选择"形状填充"按钮的"图片"命令，在"形状"框中插入图片。

③ 选择"编辑形状"按钮中的"编辑顶点"命令。此时可对各个顶点进行位置移动、圆度改变、删除顶点等操作。操作后的效果如图 3-19 所示。

5. SmartArt

① 切换至"插入"选项卡，选择"SmartArt"按钮，根据需要选择合适的 SmartArt 图形。

② 切换至"SmartArt 工具"下的"设计"选项卡，可以通过"创建图形组"的添加形状、项目符号及升降级功能设计出需要的图形。

③ 通过"SmartArt 组"可以改变 SmartArt 图形的样式。

④ 选中其中的一个或多个分图形，切换至"SmartArt 工具"下的"格式"选项卡的"形状"可对形状进行修改，"形状样式组"可以改变形状样式，"艺术字样式组"可以改变 SmartArt 的文字样式。

图 3-19　任意形状图片

⑤ 如需对 SmartArt 图中的内容进行超链接处理,则其处理方法与前面超链接的处理方法相同。最后效果如图 3-20 所示。

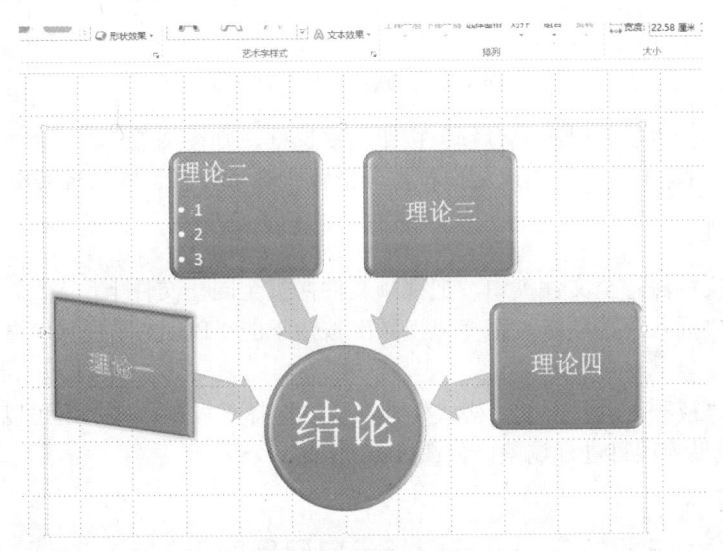

图 3-20　SmartArt 图

3.3.8　音视频动画处理

1. 音频处理

① 将演示文稿保存至文件夹中,把声音文件拷贝至同一文件下。

② 切换至"插入"选项卡,选择"音频按钮"下的"PC 上的音频"命令将声音插入到幻灯片中。

③ 切换至"音频工具"下的"播放"选项卡,选择"剪裁音频"按钮可以将音频按需截取。而"音频选项"组则可以对音频的音量、开始播放音频的方式、是否跨幻灯片播放、放映时隐藏音频图标等设置。

④ 切换至"动画"选项卡"高级动画"组的"动画窗格"按钮,将弹出"动画窗格"对话框,选择音频的"效果选项",则弹出"播放音频"对话框如图 3-21 所示。可以设置开始

播放的方式及停止播放的调节。

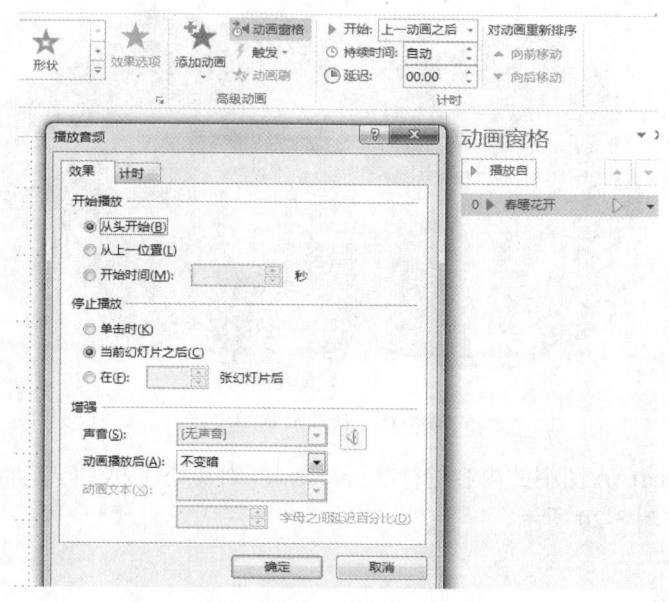

图 3-21 "播放音频"对话框

⑤ 如果不选择"放映时隐藏音频"按钮的复选框，则在播放幻灯片时将出现音频图标，当鼠标移至音频图标上时，将出现如拖拉音频位置、音量控制、暂停等音频的控制内容。

2．视频处理

① 将演示文稿保存至文件夹中，把视频文件拷贝至同一文件下。

② 切换至"插入"选项卡，选择"视频"按钮下的"PC 上的视频"命令，将视频插入到幻灯片中。

③ 切换至"视频工具"下的"格式"选项卡，选择"视频样式"组可以对视频形状、视频边框、视频效果等项目进行调整，如图 3-22 所示。

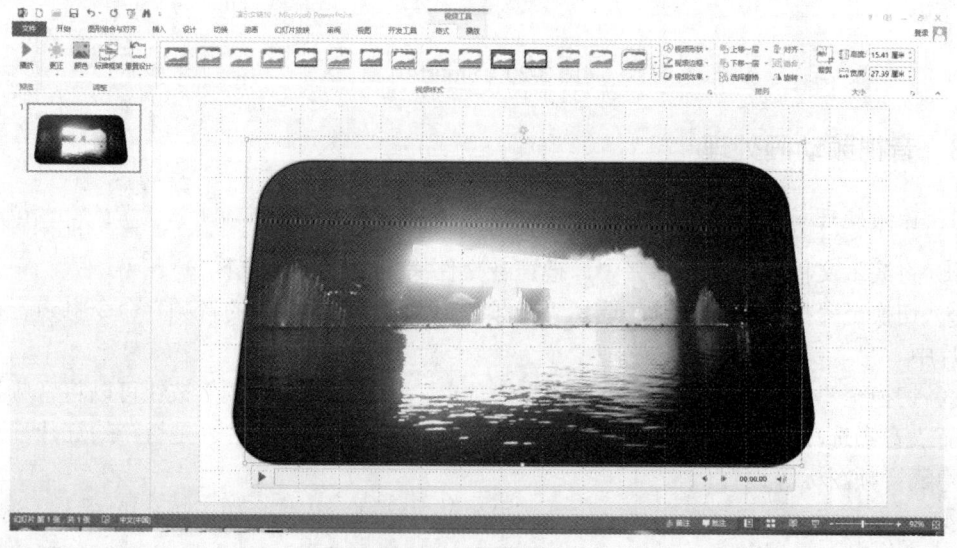

图 3-22 视频样式

④ 切换至"视频工具"下的"播放"选项卡,选择"剪裁视频"按钮可以将视频按需截取。而"视频选项"组则可以对视频中音频的音量、开始播放视频的方式、循环播放等方式设置。

3. Flash 动画处理

① 将演示文稿保存至文件夹中,把 Flash 文件拷贝至同一文件下。

② 切换至"开发工具"选项卡(如没有"开发工具"选项卡则通过以下步骤增加:切换至"文件"选项卡下的"选项"命令,在弹出的"PowerPoint 选项"对话框中选择"自定义功能区",将"开发工具"复选框选中,即可出现"开发工具"选项卡,如图 3-23 所示。)

图 3-23 "PowerPoint 选项"对话框

③ 选择"控件"组的"其他控件"按钮,在弹出的"其他控件"窗口选择"Shockwave Flash Object"选项。

④ 在幻灯片中按住鼠标左键拖动出一个长方形,即为 Flash 的窗口大小。

⑤ 选择 Flash 窗口,在"开发工具"选项卡中选择"属性"按钮。

⑥ 在弹出的"属性"对话框中"Movie"处输入 Flash 的名称,注意要连文件的后缀名一起输入。

3.3.9 动画设置

1. 幻灯片动画切换效果

① 预先制作好几张幻灯片,如插入图片。
② 切换至"切换"选项卡,选择切换效果。
③ 通过效果选项、声音、持续时间、全部应用、换片方式等设置对幻灯片间的动画切换效果进行设置。

2. 对象进入与退出效果

① 同时插入多张图片(图片的像素尽量相同),并将所有图片进行排列对齐处理。

② 切换至"开始"选项卡，选择"编辑"组的"选择"→"选择窗格"命令。

③ 通过"选择窗格"窗口，即可调整图片的前后顺序及图片的显示与隐藏。

④ 选择一图片，切换至"动画"选项卡，在"动画"组选择一动画效果，并对同一图片添加相同的退出效果。

⑤ 单击"动画窗格"按钮，弹出"动画窗格"对话框，将退出效果设置为"从上一项之后开始"。选择另一图片设置相同的动画效果，并设置为"从上一项开始"。同样添加退出效果，也将退出效果设置为"从上一项之后开始"。

⑥ 以同样的方法处理其他的图片，最后设置好的动画效果如图3-24所示。

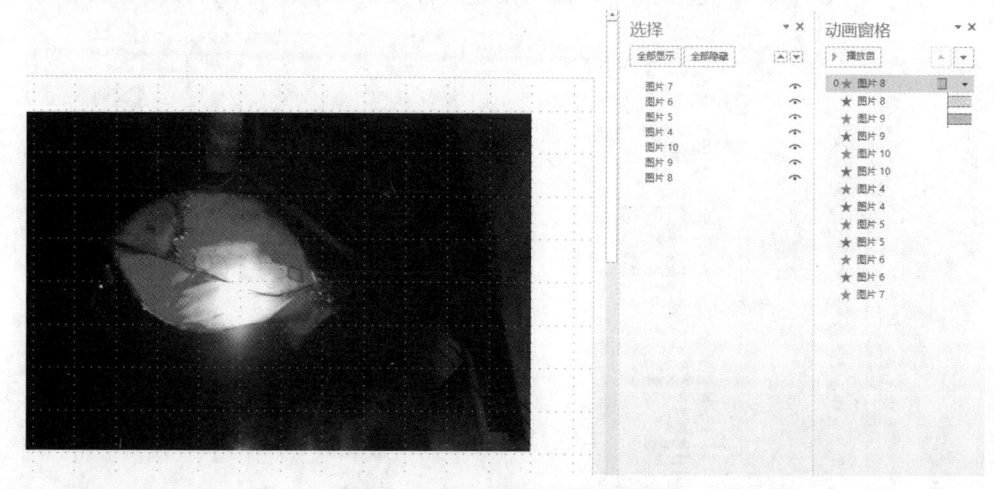

图3-24　图片切换动画效果设置

3. 触发器的使用

下面以制作选择题的形式来讲解触发器的使用方法。

① 在幻灯片中输入选择题的题目与选项，注意每个选项必须为单独的文本框或按钮，并输入选择错误和正确后的各项信息，同样注意不同的错误和正确信息也必须为单独的文本框或图像。为了美观，错误和正确的位置应该相同。做好后的效果如图3-25所示。

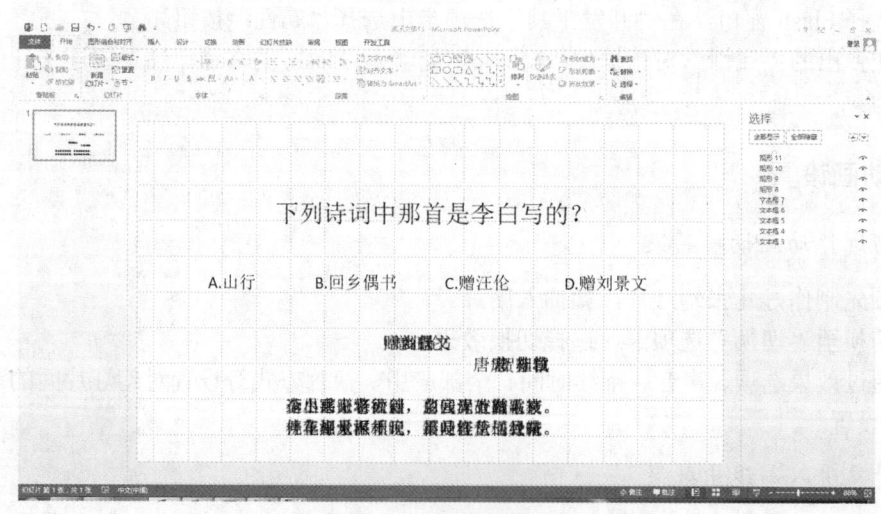

图3-25　触发器的题目

② 对错误和正确信息分别添加相应的进入和退出动画效果。

③ 切换至"动画"选项卡，选择"动画窗格"按钮，打开"动画窗格"对话框，选择一动画的"计时"选项，设置"触发器"为"单击下列对象时启动效果"，以及用同样的方法设置同一对象的退出效果，并设置动画为"从上一项之后开始"，以及突出的延迟时间。

④ 以同样的方法设置其他选项的信息。最终效果如图 3-26 所示。

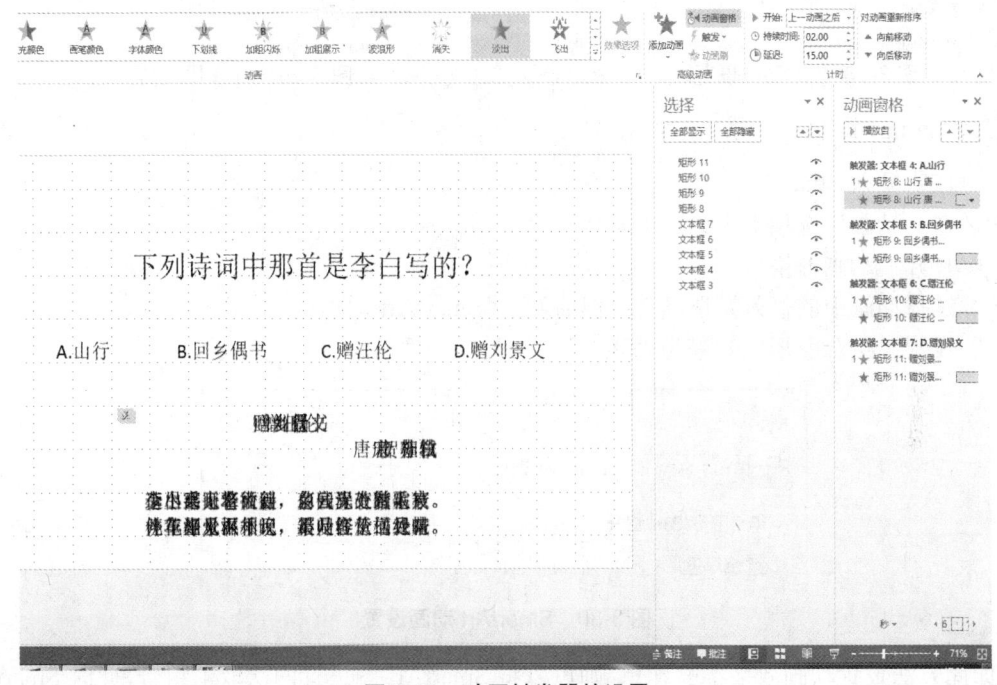

图 3-26　动画触发器的设置

4. 动作路径效果

下面以制作多张并排的图片左、右移动来讲解动作路径的使用方法。

① 插入多张图片，按照一张图片右边接另一张图片的方法放置图片，放置完毕和对所有的图片进行组合处理。

② 选中组合的图片，切换至"开始"选项卡，选择"排列"→"对齐"，将"对齐到幻灯片"复选框选中，然后选择"左对齐"，设置效果如图 3-27 所示。

图 3-27　组合图片放置效果

③ 选中组合图片，切换至"动画"选项卡，选择"添加动画"→"其他动作路径"→"向左"。

④ 显示"动画窗格"窗口，选择"向左"动画的"效果选项"，在弹出的"效果"对话框中选中"自动翻转"复选框，如图 3-28 所示。

⑤ 切换至"计时"选项卡，设置"期间"为 20 秒，"重复"为直到幻灯片末尾，如图 3-29 所示。

图 3-28 "效果"设置　　　　　　　　图 3-29 "计时"设置

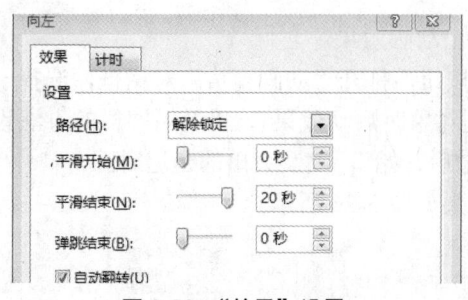

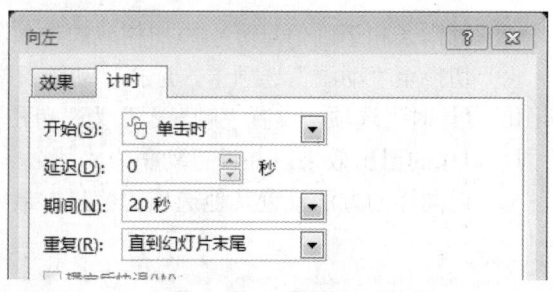

5. Smartart 图动画效果

① 按需插入 SmartArt。
② 在"动画"选项卡中添加动画。
③ 打开"动画窗格"。
④ 选择动画中的"效果选项",并切换至"SmartArt 动画"。
⑤ 设置"组合图形"效果为"逐个",如图 3-30 所示。

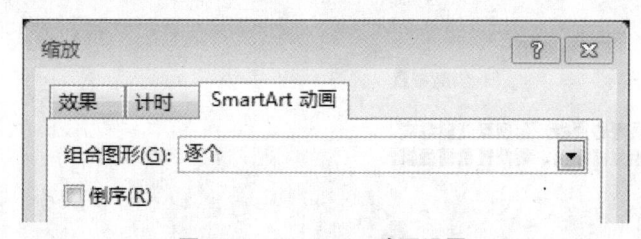

图 3-30　SmartArt 动画设置

如此方法设置动画效果不够理想,则可以将 SmartArt 图进行两次取消组合,此时 SmartArt 图将变为普通的形状即可对形状进行需要的设置。

6. 综合动画

下面以图片缩小并向一定方向移动,然后出现文字来综合动画的使用方法。

① 切换至"插入"选项卡,利用"形状"中的椭圆工具画一圆形,并按幻灯片上下、左右居中对齐。

② 切换至"绘图工具"中的"格式"选项卡,选择"形状样式"中的"形状填充"→"图片"插入图片。

③ 切换至"动画"选项卡添加"出现"效果及添加直线路径动画,并添加、放大缩小强调动画效果,通过"动画窗格"对话框中的"效果选项",设置"尺寸"为缩小后需要的尺寸大小。

④ 插入文本框输入文本,并将文本的位置移动到合适的位置。

⑤ 对文本添加"形状"动画效果,并设置"从上一项之后开始"。

⑥ 通过复制、粘贴的方法增加其他项目。当复制时动画的效果也会复制,并移动到合适的位置,在移动位置时可以通过"开始"选项卡中的"选择"→"选择窗格"将幻灯片中所有的对象显示出来,并可设置隐藏和显示与否,如图 3-31 所示。

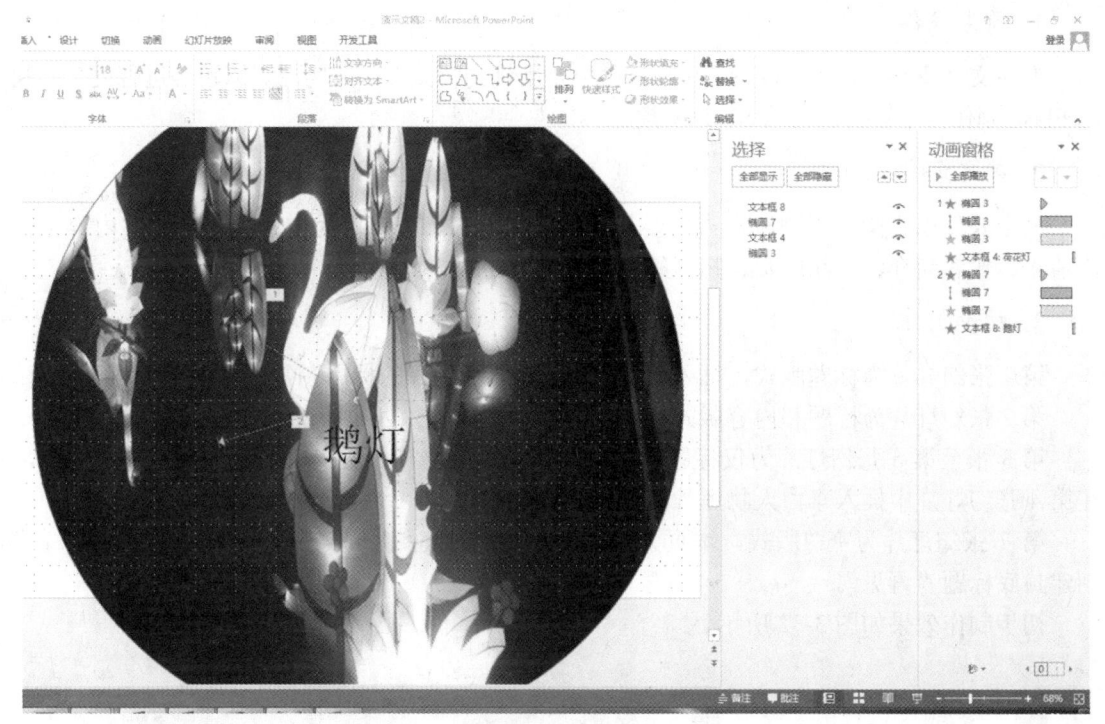

图 3-31　综合动画

3.4　PowerPoint 放映与发布

切换至"幻灯片放映"选项卡即可进行幻灯片放映设置，例如"隐藏幻灯片"则此幻灯片在放映时将不会显示。如需将幻灯片设置为自动播放的文件，则只需在保存时将"保存类型"改为"PowerPoint 放映（*.PPsx）"即可，此后，只要双击刚才保存的放映文件便可直接进入播放状态。

3.5　一个简单 PPT 课件的制作

要制作一个演示文稿，一般需要经过下面几个过程。
- 准备素材：主要准备演示文稿中所需要的一些图片、文字、声音、动画等材料。
- 确定方案：对演示文稿的整个构架做一个总体设计。
- 初步制作：将准备好的文本、图片、表格、文字等对象输入或插入到相应的幻灯片中。
- 装饰处理：设置幻灯片中相关对象的要素（如字体、大小、动画等），对每张幻灯片的内容进行修饰、美化处理。
- 预演播放：设置播放过程中的一些参数，然后播放并查看播放效果，直至满意后输出播放。

本节将以李白的一首《早发白帝城》为例，简述一个简单 PPT 课件的制作过程。

1. 前期准备

准备文字资料，利用 Photoshop 对课件中要用到的背景图、人物图、标题等进行处理，利用 Flash 制作一小段古诗情景 SWF 视频。

2. 确定方案

整个课件以中国水墨画风格为主要基调，以黑、灰、黄棕色为主要色彩；课件内容由古诗情景、作者简介、作品欣赏、拓展练习四个部分组成。

3. 初步制作

第 1 张幻灯片为标题版式，插入已用 Photoshop 处理好的标题图片"早发白帝城"。

第 2 张幻灯片为标题和内容版式，本页为目录页，输入四个小标题文字内容。

第 3 张至第 6 张幻灯片为仅标题版式，分别利用占位符、文本框输入 4 小节文字内容，在第 4 张幻灯片中插入李白人物图片。

第 7 张幻灯片为空白版式，本页为结束页，插入封底图片，选择一个合适的艺术字样式创建封底标题"再见"。

初步制作效果如图 3-32 所示。

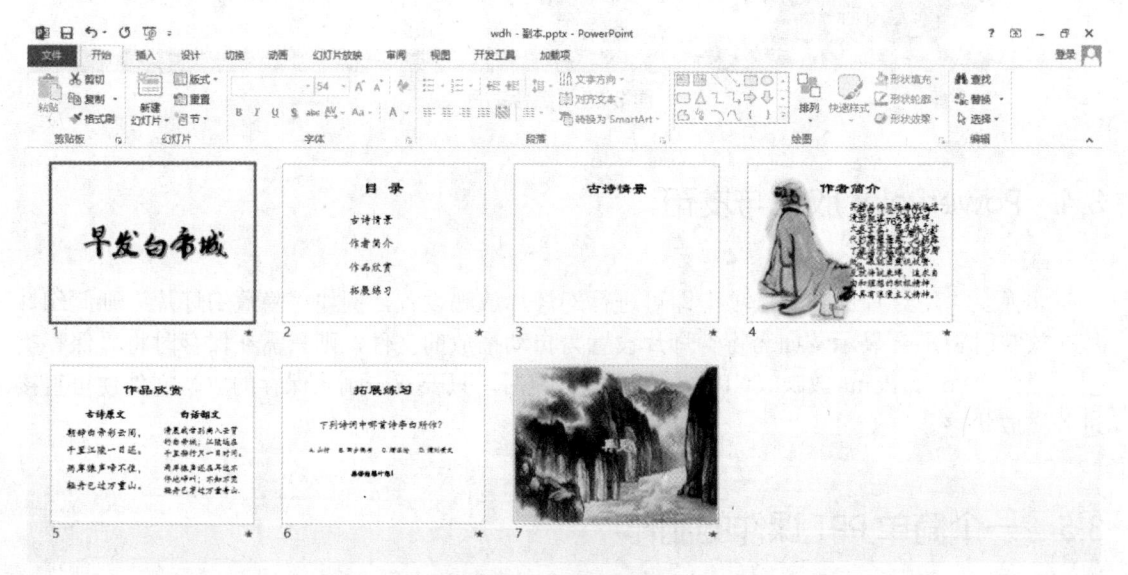

图 3-32　初步制作

4. 装饰处理

（1）利用主题和母版进行统一风格和元素的设置

进入幻灯片母版视图，在左窗格中选择第 1 张主题幻灯片母版，插入所有幻灯片共用的背景图片；分别选择标题和内容版式母版及仅标题版式母版，修改标题占位符的字体大小，并插入一幅"笔刷"图作为标题内容的小背景。效果如图 3-33 所示。

在"设计"的"变体"组中选择课件的主题颜色为黄棕色组，字体为隶书华文楷体组。

（2）输入 SWF 视频内容

为第 3 张幻灯片添加一段已制作完成的 SWF 文件，须保证 SWF 文件和演示文稿文件在同一文件夹下。

图 3-33　母版设置

① 切换至"开发工具",选择"控件"组的"其他控件"按钮,在弹出的"其他控件"窗口中选择"Shockwave Flash Object"选项。

② 在幻灯片中按住鼠标左键拖动出一个长方形即为 Flash 窗口的大小。

③ 设置"属性"窗口中的"Movie"值为 SWF 文件名(后缀名一起输入)。

(3) 动作和超链接

进入目录页,分别选中"古诗情景""作者简介""作品欣赏""拓展练习",设置它们的超链接至相应的幻灯片。

进入幻灯片母版视图,选择仅标题版式母版,在其右下角插入一张外部图片"小船",并设置图片的动作为链接到目录页。

5. 动画设置

分别为每张幻灯片设置相应的动画效果和切换效果,接下来以第一张封面幻灯片和"拓展练习"页为例讲解动画的设置,其他幻灯片的动画设置请参考第 3.3.9 节内容。

(1) 为第 1 张幻灯片再插入一条直线、一幅"印章"图片、一幅同母版的背景图;裁剪背景图只留下约三分之一的底部图片内容,接下来为各对象设置动画效果。

① 设置直线的进入动画为"擦除",自左侧,慢速,从上一项之后开始。

② 设置课件标题图片的动画效果为:动作路径——直线,向上,从上一项之后开始。

③ 设置"印章"图片的进入动画效果为"出现",从上一项之后开始;再为其添加强调

动画效果——"缩小"50%，从上一项之后开始。

预览动画效果，如有需要再调整各动画参数，最后将课件标题图片"早发白帝城"置于底层，这样就会形成从标题从背景图底部穿梭升起的效果。

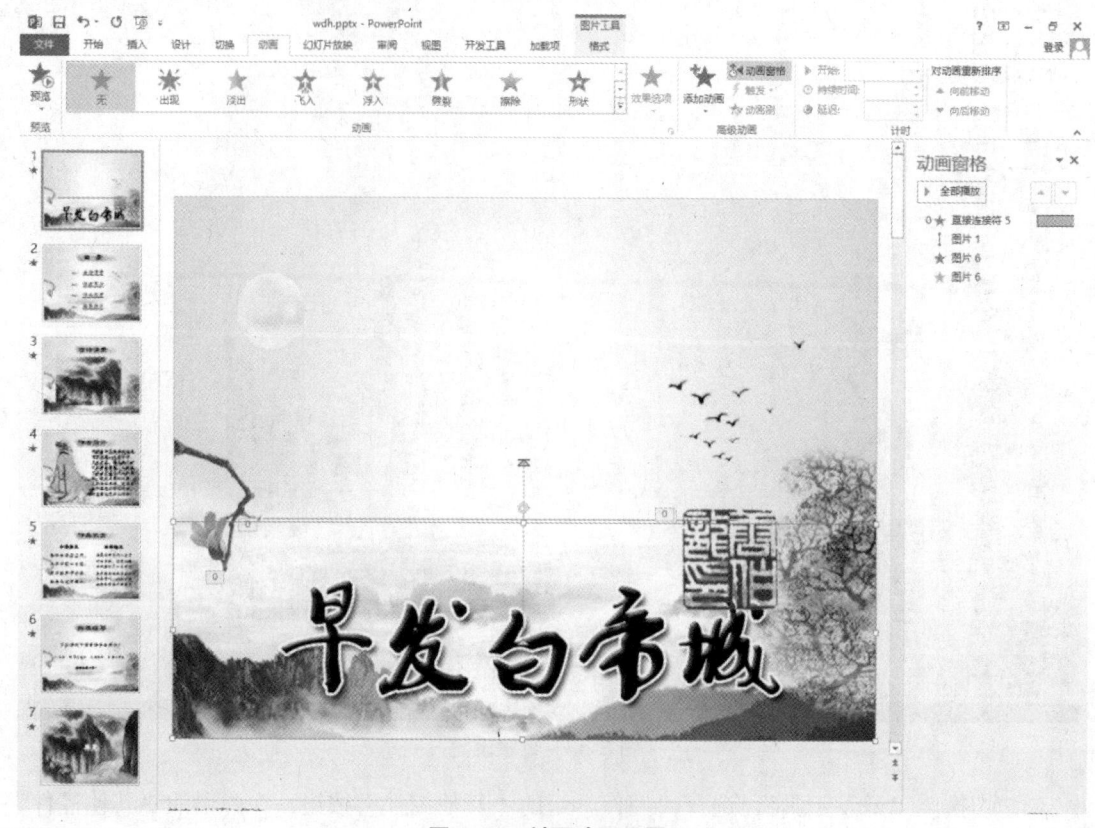

图 3-34　封面动画设置

（2）利用触发器为"拓展练习"幻灯片制作选择题效果。

① 每个选项都为一个单独的文本框，并为每个选项添加一个选择错误或正确后的信息文本框。为了美观，错误内容和正确内容的文本框位置应该相同。

② 对错误和正确信息内容文本框分别添加相应的进入和退出动画效果。

③ 切换至"动画"选项卡，选择"动画窗格"按钮，打开"动画窗格"对话框，选择一动画的"计时"选项，设置"触发器"为"单击下列对象时启动效果"，同样的方法设置同一对象的退出效果，并设置动画为"从上一项之后开始"，并设置退出的延迟时间。

④ 以同样的方法设置其他选项的信息。最终效果如图 3-35 所示。

（3）切换效果

选择一种切换效果，并"全部应用"到所有的幻灯片。

6. 放映发布

切换至"幻灯片放映"视图，浏览整个课件的播放效果，如有需要可随时终止放映，进行相应的修改，直至满意为止。如需将幻灯片设置为自动播放的文件，则只需将课件另存为 PowerPoint 放映（*.PPsx）文件类型，此后，只要双击放映文件便可直接进入播放状态。

至此一个简单的课件就制作完毕，效果如图 3-36 所示。

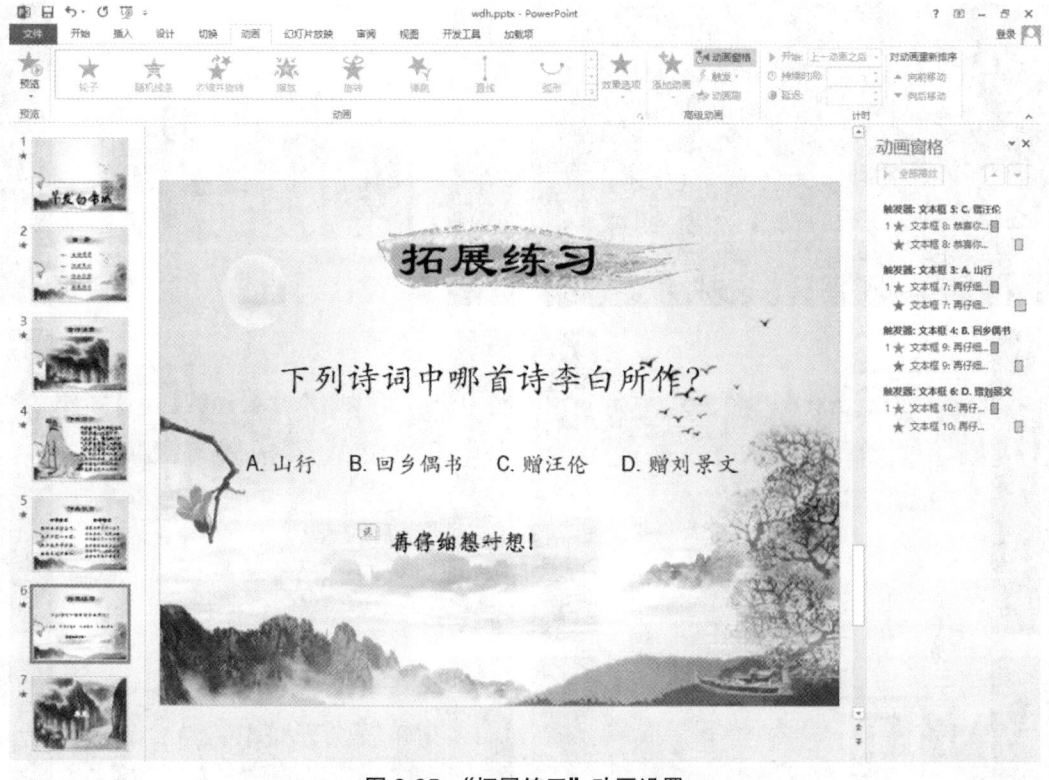

图 3-35 "拓展练习"动画设置

图 3-36 课件成品效果

练习与思考 3

根据书中实例制作一个"世界古典音乐家"简介的演示文稿（参考效果如图 3-37 所示）。演示文稿中的幻灯片要求有统一的主题，有统一的切换效果，还要有合理的切换按钮，幻灯片中的对象要求布局合理，幻灯片标题有一致的动态效果；目录页和各内容页之间要有相应的链接；为封底设置相应的动画效果，使得关于音乐的三句话和"谢谢欣赏"依次出现。

图 3-37 "世界古典音乐家"演示文稿参考效果图

第 4 章　网页课件制作

4.1　网页课件基础

随着网络技术的不断发展，网页开发平台也越来越丰富，人们常常用这些开发平台来制作课件，应用范围也越来越广，因为网页有着较为大家接受的 HTTP 协议，具有跨平台性强，交互功能完善等特别，因此现在不管是 Client/Server、Browser/Server 模式开发应用程序，都会使用网页来制作程序，但其核心数据交互部分都采用网页来完成。

网页技术的发展依赖网络技术的发展，近几年，互联网技术的飞速发展，给网页制作带来了新的生机。

4.1.1　网络（network）

1. 定义

网络由节点和连线构成，表示诸多对象及其相互联系。在数学上，网络是一种图，一般认为专指加权图。网络除了数学定义外，还有具体的物理含义，即网络是从某种相同类型的实际问题中抽象出来的模型。在计算机领域中，网络是信息传输、接收、共享的虚拟平台，通过它把各个点、面、体的信息联系到一起，从而实现这些资源的共享。网络是人类发展史来最重要的发明，提高了科技和人类社会的发展。

2. 网络在中国的发展

我国的网络发展以 1987 年通过中国学术网 CANET 向世界发出第一封 E-mail 为标志。经过几十年的发展，形成了四大主流网络体系，即中科院的科学技术网 CSTNET；国家教育部的教育和科研网 CERNET；原邮电部的 CHINANET 和原电子部的金桥网 CHINAGBN。

Internet 在中国的发展历程可以大略地划分为以下三个阶段。

第一阶段为 1987～1993 年，是研究试验阶段。在此期间中国一些科研部门和高等院校开始研究 Internet 技术，并开展了科研课题和科技合作工作，但这个阶段的网络应用仅限于小范围内的电子邮件服务。

第二阶段为 1994～1996 年，是起步阶段。1994 年 4 月，中关村地区教育与科研示范网络工程进入 Internet，从此中国被国际上正式承认为有 Internet 的国家。之后，Chinanet、

CERnet、CSTnet、Chinagbnet 等多个 Internet 络项目在全国范围相继启动。Internet 开始进入公众生活，并在中国得到了迅速的发展。至 1996 年年底，中国 Internet 用户数已达 20 万，利用 Internet 开展的业务与应用逐步增多。

第三阶段为 1997 年至今，是 Internet 在我国发展最为快速的阶段。国内 Internet 用户数 1997 年以后基本保持每半年翻一番的增长速度。据中国 Internet 信息中心（CNNIC）公布的统计报告显示，截至 2016 年 11 月 22 日，我国上网用户总人数为 6.88 亿人。互联网普及率达到 50.3%。截至 2015 年 12 月我国手机网民规模达 6.20 亿。

中国有 5 家具有独立国际出、入口线路的商用性 Internet 骨干单位，还有面向教育、科技、经贸等领域的非营利性 Internet 骨干单位。有 600 多家网络接入服务提供商（ISP），其中跨省经营的有 140 家。

随着网络基础的改善、用户接入方面新技术的采用、接入方式的多样化和运营商服务能力的提高，接入网速率慢形成的瓶颈问题将会得到进一步改善，上网速度将会更快，从而促进更多的应用在网上实现。

3. 网络传播

中国现代媒体委员会常务副主任诗兰认为，网络传播有三个基本的特点：全球性、交互性、超文本链接方式。因此，网络传播的定义是：以全球海量信息为背景、以海量参与者为对象，参与者同时又是信息接收与发布者并随时可以对信息作出反馈，它的文本形成与阅读是在各种文本之间随意链接，并以文化程度不同而形成各种意义的超文本中完成的（《国际新闻界》2000 年第 6 期第 49 页）。

还有人认为，"网络传播"是广泛出现于传播学中的一个新名词。它是相对三大传播媒体即报纸、广播、电视而言的。网络传播是指以多媒体、网络化、数字化技术为核心的国际互联网络，也被称为网络传播，是现代信息革命的产物（《国际新闻界》2000 年第 6 期第 49 页）。

网络传播学的相关学科主要有：传播学、政治学、社会学、心理学、新闻学、经济学、计算机科学等。

4. 网络教育

网络教育指的是在网络环境下，以现代教育思想和学习理念为指导，充分发挥网络的各种教育功能和网络教育资源优势，向教育者和学习者提供的一种在网络环境下教和学结合的服务，这种服务体现于用数字化技术传递内容，开展以学习者为中心的非面授教育活动。

网络的简单构架如图 4-1 所示。

4.1.2 HTTP 协议

超文本传输协议（HyperText Transfer Protocol，HTTP）是互联网上应用最为广泛的一种网络协议。所有的 WWW 文件都必须遵守这个标准。设计 HTTP 最初的目的是为了提供一种发布和接收 HTML 页面的方法。1960 年美国人 Ted Nelson 构思了一种通过计算机处理文本信息的方法，并称之为超文本（hypertext），这成为了 HTTP 超文本传输协议标准架构的发展根基。Ted Nelson 组织协调万维网协会（World Wide Web Consortium）和互联网工程工作小组（Internet Engineering Task Force）共同合作研究，最终发布了一系列的 RFC，其中著名的 RFC 2616 定义了 HTTP 1.1。

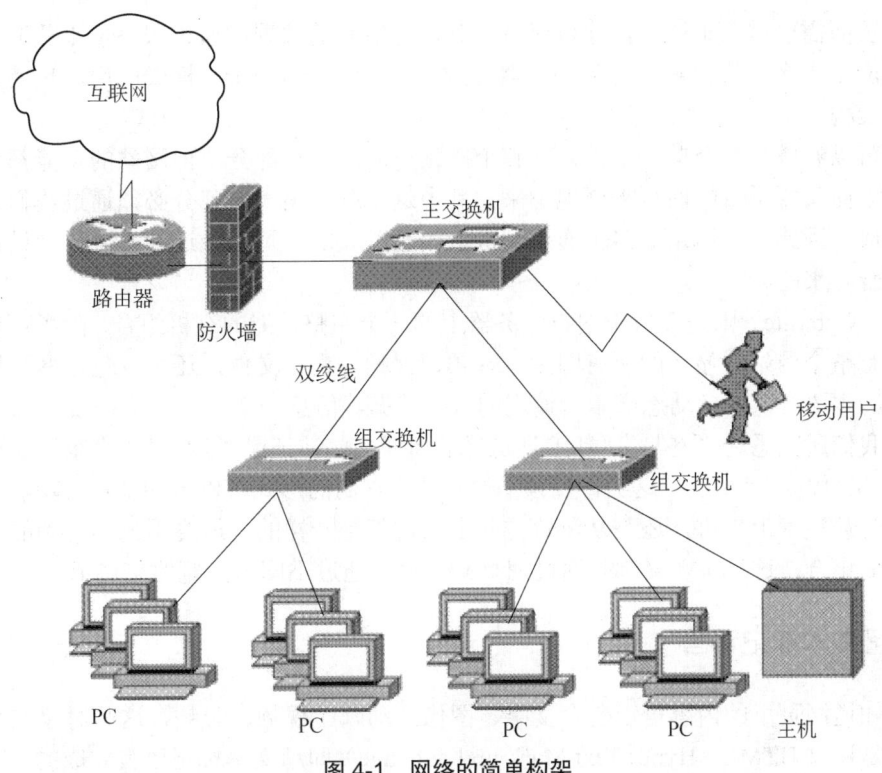

图 4-1　网络的简单构架

HTTP 是一个属于应用层的面向对象的协议，由于其简捷、快速的方式，适用于分布式超媒体信息系统。它于 1990 年提出，经过几年的使用与发展，得到不断的完善和扩展。目前在 WWW 中使用的是 HTTP/1.0 的第 6 版，HTTP/1.1 的规范化工作正在进行之中，而且 HTTP-NG（Next Generation of HTTP）的建议已经提出。

HTTP 协议的主要特点可概括如下。

① 支持客户/服务器模式。

② 简单快速：客户向服务器请求服务时，只需传送请求方法和路径。请求方法常用的有 GET、HEAD、POST。每种方法规定了客户与服务器联系的类型不同。由于 HTTP 协议简单，使得 HTTP 服务器的程序规模小，因而通信速度很快。

③ 灵活：HTTP 允许传输任意类型的数据对象。正在传输的类型由 Content-Type 加以标记。

④ 无连接：无连接的含义是限制每次连接只处理一个请求。服务器处理完客户的请求，并收到客户的应答后，即断开连接。采用这种方式可以节省传输时间。

⑤ 无状态：HTTP 协议是无状态协议。无状态是指协议对于事务处理没有记忆能力。缺少状态意味着如果后续处理需要前面的信息，则它必须重传，这样可能导致每次连接传送的数据量增大。另外，在服务器不需要先前信息时应答较快。

4.1.3　网页与网站

网页（Web Page）是一个文件，静态网页的后缀名一般为".htm"或".html"，动态网页则根据技术选择的不同有不同的后缀名。但不管是动态还是静态网页，其核心都是一样的，最终在用户端显示出来的都是一个包含文字、图像、动画、音频及视频等信息构成的一个页面。这个页面需要借助于浏览器才可以看得到，而所有的数据则通过服务器来获取，所以网页开发的应用程序一般也被称之为浏览器/服务器（browse/server）模式应用，也就是我们俗称的 B/S 架构。

网页可以看成是一个单一个体，是整个网站里面的一小部分，但网站的功能都必须通过一个个独立而又联系着的网页来展现出来，其中这个联系很大一部分必须通过我们熟悉的超链接来完成。因此，网站是由多个通过超链接相互关联的网页，经过网站制作者设计与规划有机的组合起来的。

网站（Web Site）则是存放于网络服务器上的一个完整功能的有机组合，除了可以包含网页外，还有整个网站内显示的所有图片、音频、视频等素材文件，还可以包括网页技术所用到的前台脚本语言，以及动态脚本所调用的数据数据等信息。

平时我们所熟悉的"网易""新浪"这样的新闻网站，还是"淘宝""京东"这样的购物网站，还是"优酷""土豆"这类，视频播放网站，它们的形式可以多种多样，功能也各不相同，但不管从技术上来讲，还是从浏览方式上来讲都是一样的，最终用户所看到的也是各种媒体信息的集合，这种集合又都是通过网页来表达，通过不同的浏览器来展示。

4.1.4 超文本标记语言

我们知道网页里的内容可以包含文字、图像、动画、视频、音频，这些对象在网页内的有机组合是通过 HTML（Hyper Text Mark-up Language）即超文本标记语言完成的。网页基本 HTML 格式如图 4-2 所示。

```
1   <html>
2   <head>
3   <meta http-equiv="Content-Type" content="text/html; charset=utf-8" />
4   <title>用户测试网页</title>
5   </head>
6   
7   <body>
8       <p>以下超链接可以打开百度首页：</p>
9       <a href="http://www.baidu.com">百度</a>
10      <p>以下是一个图像：</p>
11      <img src="14159250061033833.jpg" width="1366" height="691">
12  </body>
13  </html>
14  
```

图 4-2 网页基本 HTML 格式

4.1.5 网络型课件使用环境的构建

1. 本地服务器的构建

（1）安装 Internet Information Server（IIS）

Windows 系列用户可以通过安装 IIS 来架设自己的网站服务器，可以通过两种方式查看计算机是否安装了 IIS。第一，可以去查看是否有 C：\Inetpub 文件夹，如非人为特意建立此文件夹，如果该文件夹不存在，则系统上可能没有安装 IIS；第二可以去控制面板里"管理工具"下去查看是否有"Internet 信息服务（IIS）管理器"。

要在 Windows 上安装 IIS，请执行以下操作。

① 选择"开始"→"设置"→"控制面板"→"添加或删除程序"，或者选择"开始"→

"控制面板"→"添加或删除程序"。

② 选择"添加/删除 Windows 组件"。

③ 选择"Internet 信息服务（IIS）"，然后单击"下一步"按钮。

④ 按照安装说明进行操作。

（2）测试 IIS

安装了 Web 服务器后，可以对其进行测试，系统默认的端口号是 80，因此本机可以通过在浏览器中输入"http：//localhost：80/""http：//127.0.0.1：80"，因为 80 是浏览器的默认端口，因此，也可以将端口号省去。

当然刚才也说了可以通过查看控制面板里的"管理工具"查看是否有"Internet 信息服务（IIS）管理器"，现在也可以打开这个 IIS 管理器来进行查看并测试。

可以在 IIS 管理器内根据不同的网页特性以及操作需求对网站进行设置，常见的需要设置的地方有物理路径、默认文档等。

（3）其他 Web 服务器

IIS 服务器可以让我们架设一个本地网站，默认可以访问静态网页，通过安装应用程序插件后还可以打开 ASP、ASP.NET 等动态技术开发的网站。

除此之外根据开发者的习惯不同，还可以使用 PHP、JSP 等其他的动态网站，按一般习惯来讲，通常我们使用 WAMP 服务器来架设 PHP 网站，通过 tomcat 或者 weblogice 来搭建 JSP 服务器。

2. 远程站点的构建

用户除了可以在自己的计算机或者服务器上搭建网站平台，还可以在远程站点上构建网站平台。

这些平台的搭建可以通过将制作完成的网站数据通过远程站点 FTP 地址、用户名、密码上传到远程服务器上，开发平台也有集成功能，如 Dreamweaver 可以看到远程站点文件，可以把远程站点文件下载到本地站点，也可以把本地文件上传。

3. 互联网空间的申请和域名的注册

（1）申请空间

空间是用来存放网站的网页文件。网站空间通常可分两种：专用空间和租赁空间。

① 专用空间是自己提供服务器，所有的网站资料均存放在该服务器上。该类空间的特点是空间容量容易得到保证，便于设计较大的网站。

② 租赁空间是使用租赁的方式向 ICP 服务商购买的存储空间。该类空间的特点是服务性能稳定，前期投入较少，但空间容量有限，不适合大量信息流吞吐。

（2）注册域名

域名是网站在互联网上的名称。要注册一个域名可以在一些域名服务商的网站，如在中国万网（www.net.cn）、时代互联（www.now.cn）中进行注册。

（3）网站上传

方法一：使用 Dreamweaver 的站点管理功能上传本地文件，使用该方法能够有效同步本地站点和远程站点，但其对远程站点的管理功能较弱。设置远端主机信息如下：

① 选择"站点"→"管理站点"，出现"管理站点"对话框。

② 选择"编辑"按钮→"高级"选项卡→"远程信息"，设置访问方式为 FTP。

③ 设置 FTP 的主机地址、主机目录、登入用户名、登入密码。

④ 测试远程主机。

方法二：使用 FTP 软件连接到服务器空间，然后进行上传发布文件。该方法具有较大的自主性，但其不利于对整体站点进行有序管理。

在通过 FTP 将网站数据上传时不建议直接使用文件管理器打开，尽量使用 FTP 软件，这里推荐大家使用 CuteFTP 这款上传工具。CuteFTP 是一款非常受欢迎的网站上传工具，界面简洁，并具有支持上、下载断点续传、操作简单方便等特征，使其在众多的 FTP 软件中脱颖而出。无论是下载软件还是更新主页，CuteFTP 都是一款不可多得的好工具，关键是 FTP 工具支持断点续传，而网站文件又非常多且结构相对比较复杂，如使用文件管理器打开则容易丢文件，有了断点续传后，可以将网页文件分多次上传。

4.2 网页制作

4.2.1 初识网页

1. 静态网页

静态网页并不是网页中元素都是静止不动的，而是指网页制作完成后，在浏览时，Web 服务器中不再发生应用程序的执行。

静态网页是标准的 HTML 文件，其文件扩展名是.htm 或.html。它可以包含 HTML 标记、文本、Java 小程序、客户端脚本以及客户端 ActiveX 控件，但这种网页不包含任何服务器端脚本，该页中的每一行 HTML 代码都是在放置到 Web 服务器前由网页设计人员编写的，在放置到 Web 服务器后便不再发生任何更改，所以称之为静态网页。静态网页的执行过程如图 4-3 所示。

2. 动态网页

动态网页是相对静态网页而言的，除了普通页面中的元素外，还包括一些应用程序，这些应用程序使得浏览器与 Web 服务器之间发生交互。动态网页的执行过程如图 4-4 所示。

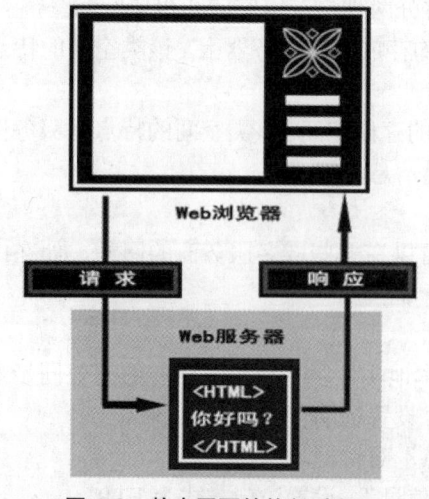

图 4-3 静态网页的执行过程　　　　　　　图 4-4 动态网页的执行过程

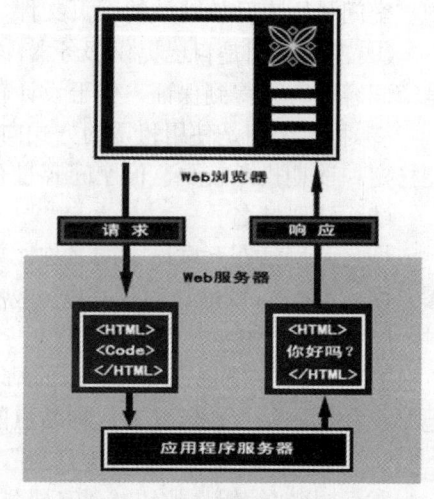

3. 动态网页与静态网页之间的区别

动态网页中的某些脚本只能在 Web 服务器上运行，而静态网页中的任何脚本都不能在 Web 服务器上运行。当 Web 服务器接收到对静态网页的请求时，服务器将该页请求发送到浏览器，而不做进一步的处理。当 Web 服务器接收到对动态网页的请求时，它将做出不同的反应：它将该页传递给一个称为应用程序服务器的特殊软件扩展，然后由这个软件负责完成页面生成。应用服务软件与 Web 服务器软件一并安装、运行在同一台计算机上。静态网页和动态网页结合，构成网站，其开发流程如图 4-5 所示。

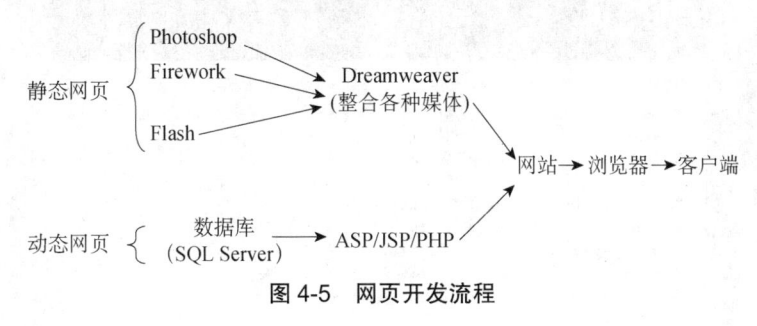

图 4-5 网页开发流程

4.2.2 Dreamweaver CS6 的工作环境

Dreamweaver CS6 是一款专业的 HTML 编辑器，用于对 Web 站点、Web 页面和 Web 应用程序进行设计、编码和开发。无论使用 HTML 代码在可视化编辑环境中工作，Dreamweaver 都会提供帮助良多的工具，丰富 Web 创作体验。

利用 Dreamweaver 中的可视化编辑功能，可以快速地创建页面而无须编写任何代码，并可以查看所有站点元素或资源并将它们从易于使用的面板直接拖到文档中。Dreamweaver CS6 可以实现在 Macromedia Fireworks 或其他图形应用程序中创建和编辑图像，然后将它们直接导入 Dreamweaver，或者添加 Macromedia Flash 对象，从而优化开发工作流程。

Dreamweaver 还提供了功能全面的编码环境，其中包括代码编辑工具（例如代码颜色和标签完成），以及有关层叠样式表（CSS）、JavaScript 和 ColdFusion 标记语言（CFML）等的语言参考资料。Macromedia 可由导入、导出 HTML 技术导入 HTML 文档编码文件，并不会重新设置代码的格式，之后用首选的格式设置样式来重新设置代码的格式。

Dreamweaver 还可以使用服务器技术（如 CFML、ASP.NET、ASP、JSP 和 PHP）生成由动态数据库支持的 Web 应用程序。

Dreamweaver 可以完全自定义。实现创建自己的对象和命令，修改快捷键，甚至编写 JavaScript 代码，用新的行为、属性检查器和站点报告来扩展 Dreamweaver 的功能。

Dreamweaver 最先由 Macromedia 公司的研发，后来被 Adobe 公司收购出现了 CS 系列，也就是我们现在所使用的版本。

Dreamweaver 与 Flash、Fireworks 并称"网页三剑客"，Flash 用来生成矢量动画，Fireworks 完成 Web 图像制作，当然根据使用者的习惯不同可以选择不同的开发工具。

Dreamweaver 集网页设计、网站开发和站点管理功能于一身，具有可视化、支持多平台和跨浏览器的特性，是目前网站设计、开发、制作的首选工具。

1. 起始页

Dreamweaver CS6 起始页如图 4-6 所示。

图 4-6　Dreamweaver CS6 起始页

（1）起始页的使用

起始页的使用包括：打开最近项目、创建新项目、从范例创建。

（2）起始页的关闭与重启

① 关闭。选择起始页底端的"不再显示"复选项，即可关闭起始页。

② 重启。选择"编辑"菜单→"首选参数（P）…"选项，如图 4-7 所示。

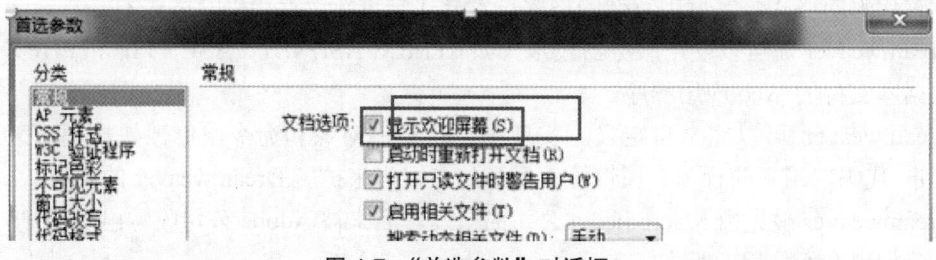

图 4-7　"首选参数"对话框

2. 界面布局与切换

Dreamweaver CS6 提供了一个将全部元素置于一个窗口中的集成布局。在集成的工作区中，全部窗口和面板都被集成到一个更大的应用程序窗口中。它的界面布局如图 4-8 所示，按 F4 键可隐藏/显示常用面板。

图 4-8　Dreamweaver CS6 界面布局

3．"文档"窗口

"文档"窗口显示当前文档，可以选择下列任一视图。

①"设计"视图是一个用于可视化页面布局、可视化编辑和快速应用程序开发的设计环境。在该视图中，Dreamweaver 显示文档的完全可编辑的可视化表示形式，类似于在浏览器中查看页面时看到的内容。

②"代码"视图是一个用于编写和编辑 HTML、JavaScript、服务器语言代码（如 PHP 或 ColdFusion 标记语言（CFML））以及任何其他类型代码的手工编码环境。

③"代码和设计"视图可以在单个窗口中同时看到同一文档的"代码"视图和"设计"视图。

4．工作界面的部分组成

（1）"文档"工具栏

"文档"工具栏中包含的按钮可以在文档的不同视图间快速切换："代码"视图、"设计"视图、同时显示"代码"和"设计"视图的拆分视图，如图 4-9 所示。

工具栏中还包含一些与查看文档、在本地和远程站点间传输文档有关的常用命令和选项。

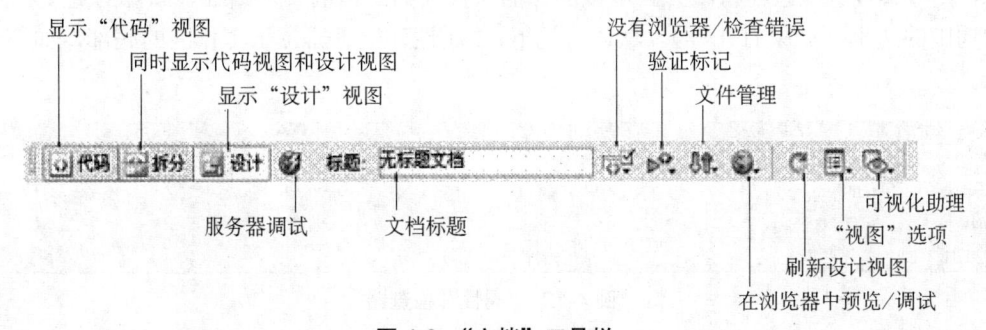

图 4-9　"文档"工具栏

(2）状态栏

"文档"窗口底部的状态栏可以提供正创建的文档有关的其他信息，如图 4-10 所示。

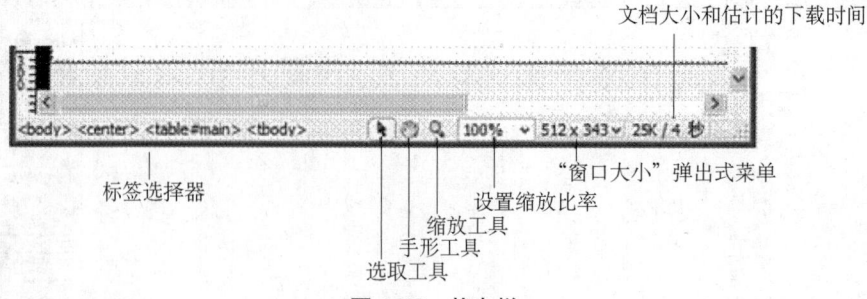

图 4-10　状态栏

(3）"插入"栏

"插入"栏包含用于创建和插入对象（如表格、层和图像）的按钮。当鼠标指针滚动到一个按钮上时，会出现一个工具提示，其中含有该按钮的名称。单击"插入"栏最左侧的类别名称旁边的箭头，然后从弹出菜单中选择另一个类别。

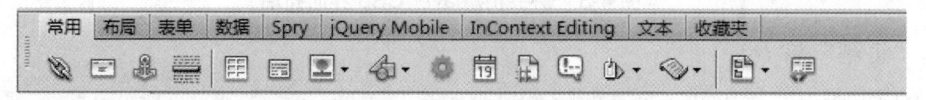

图 4-11　"插入"栏与弹出的各个类别

"常用"类别：可以创建和插入最常用的对象，例如图像和表格。
"布局"类别：可以插入表格、DIV 标签、层和框架。
"表单"类别：包含用于创建表单和插入表单元素的按钮。
"文本"类别：可以插入各种文本格式设置标签和列表格式设置标签。
"HTML"类别：可以插入用于水平线、文件头内容、表格、框架和脚本的 HTML 标签。
"应用程序"类别：可以插入动态元素，例如记录集、重复区域以及记录插入和更新表单。
"Flash 元素"类别：可以插入 Macromedia Flash 元素。
"收藏夹"类别：可以将"插入"栏中最常用的按钮分组和组织到某一公共位置。

(4）"属性"检查器

利用"属性"检查器可以检查和编辑当前选定页面元素（如文本和插入的对象）的最常用属性。"属性"检查器中的内容根据选定的元素会有所不同。例如，如果选择页面上的一个图像，则"属性"检查器将改为显示该图像的属性（如图像的文件路径、图像的宽度和高度、图像周围的边框（如果有）等）。默认情况下，"属性"检查器位于工作区的底部，如图 4-12 所示。

图 4-12　"属性"检查器

（5）"文件"窗口

"文件"窗口用于查看和管理 Dreamweaver 站点中的文件，如图 4-13 所示。

（6）"CSS 样式"窗口（Cascading style sheets 层叠样式表单）

使用"CSS 样式"窗口可以跟踪影响当前所选页面元素的 CSS 规则和属性（"当前"模式），或影响整个文档的规则和属性（"所有"模式）。使用"CSS 样式"窗口顶部的"切换"按钮可以在两种模式之间切换。使用"CSS 样式"窗口还可以在"所有"和"当前"模式下修改 CSS 属性。

5. 部分菜单介绍

菜单（Menu）是一组相关命令的集合，Dreamweaver 的菜单栏位于 Dreamweaver 窗口最上方，它包含 10 个主菜单，依次为文件、编辑、查看、插入、修改、格式、命令、站点、窗口和帮助，单击相应的菜单可以进行相关命令的选择，如图 4-14 所示。

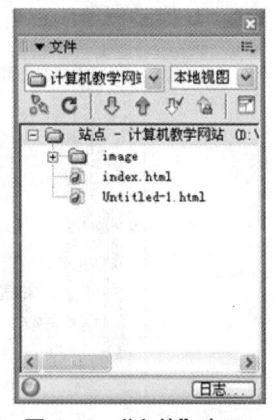

图 4-13 "文件"窗口

图 4-14 菜单栏

（1）"文件"菜单

"文件"菜单包含用于文件操作的标准菜单项，例如"新建""打开""保存"等命令，用于查看当前文件或对当前文件执行操作。其中，"文件"→"在浏览器中预览…"（F12）命令项，用于在相应浏览器中预览当前文档的可视化编辑效果。

（2）"编辑"菜单

在"编辑"菜单的各个命令项中，"首选参数…"命令项功能十分重要。

Dreamweaver 具有用来控制 Dreamweaver 用户界面的常规外观和行为的首选参数设置以及与特定功能（如层、样式表、显示 HTML 和 JavaScript 代码、外部编辑器和在浏览器中预览等）相关的选项，常用操作如下。

① 选择"编辑"菜单→"首选参数…"命令项，出现"首选参数"对话框，如图 4-15 所示，其中默认显示了"常规"首选项类别。

② 设置相应分类中的首选参数选项。

③ 单击"确定"按钮。

（3）"站点"菜单

Web 站点是一组具有共享属性（如相关主题、类似的设计或共同目的）的链接文档和资源。Macromedia Dreamweaver 8 是一个站点创建和管理工具，因此使用它不仅可以创建单独的文档，还可以创建完整的 Web 站点。

① "新建站点（N）…"命令项。该命令项可以用来创建新的站点。在新建网页之前，要规划好网站的结构。对于一个网站制作者来说，一个网站的站点结构可以理解为"网站文件结构"和"网页层次结构"两个方面的内容。

② "管理站点（G）…"命令项。该命令项可以用来对已创建的站点进行管理。对已有的站点要进行编辑或其他管理，可以在"站点管理"对话框中实现。

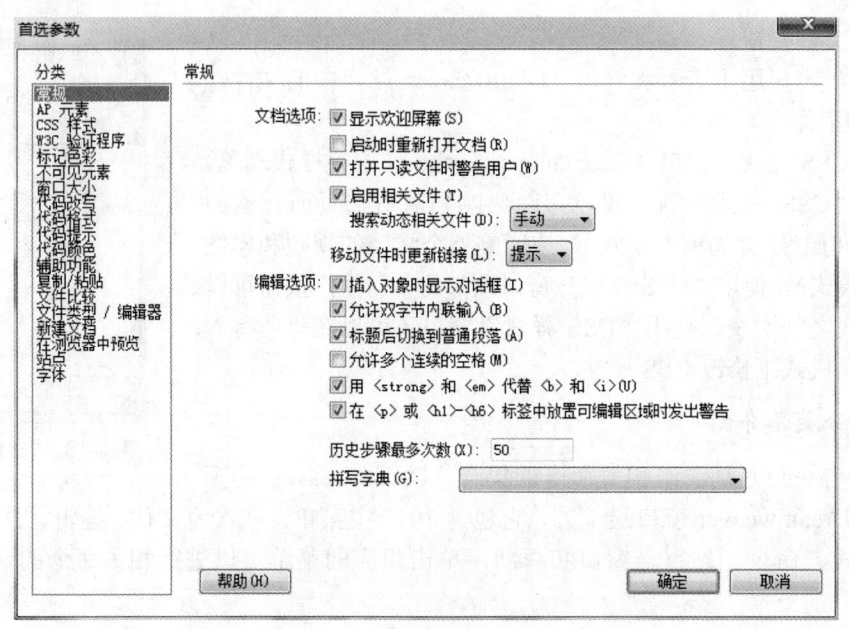

图 4-15 "首选参数"对话框

4.2.3 创建和管理站点

1. 站点的概念

在 Dreamweaver 中,"站点"既表示 Web 站点,又表示属于 Web 站点的文档的本地存储位置。

网站内对文件的分类管理没有明确的要求,用户可以自己根据实际的需要定义自己的网站文件分类,如果不考虑查找效率,可以将所有的文件都放入同一个文件夹内,但为了方便和使用需要用户常见的文件都有默认的分类。

首先,网站应该有一个自己的文件夹,本地数据必须用到的文件均放入到这个文件夹内,同时用户在网站对应用的文件内新建"images"文件夹用来存放图像文件,还可以新建"style"文件夹用来放置样式文件,"js"文件夹用来存放 JavaScript 文件。对于文件的名称没有特殊的要求,只要对开发者有一定的识别度即可,真正目的是将不同的文件归类到不同的目录中去。站点基本文件分类目录如图 4-16 所示。

图 4-16 站点基本文件分类目录

简单地说,站点就是关于网站中所有存放文件的一个集合,可以看做一系列文档的组合,而这些站点中的文件,它们之间通过各种链接关联起来。浏览者可以利用浏览器浏览各种链接的网页文件,从而实现对整个网站的浏览。

2. 本地站点与远程站点

① 本地站点即直接建立在本地计算机上的站点,通常是用户计算机的工作目录,是存放网页、素材的本地文件夹。能在本地计算机的磁盘上构建出整个网站的框架,编辑相应的文档,然后再将之放置到 Internet 服务器上。

② 发布到 Web 服务器上的站点(文件夹)则称为远程站点。我们在 Internet 上浏览各种

网站，其实就是用浏览器打开存储于 Internet 服务器（包括 WWW、FTP 和 E_MAIL）上的 HTML 文档与其他相关资源。基于 Internet 服务器的不可知特性，我们通常将存储于 Internet 服务器上的站点和相关文档称做远程站点。

3．站点的组成

站点由三部分（或文件夹）组成，具体取决于开发环境和所开发的 Web 站点类型。

（1）本地文件夹

本地文件夹是工作目录。Dreamweaver 将该文件夹称为"本地站点"。此文件夹可以位于本地计算机上，也可以位于网络服务器上。这就是为 Dreamweaver 站点所处理的文件的存储位置。

只需建立本地文件夹即可定义 Dreamweaver 站点。若要向 Web 服务器传输文件或开发 Web 应用程序，还须添加远端站点和测试服务器信息。

（2）远程文件夹

远程文件夹是存储文件的位置，这些文件用于测试、生产、协作等，具体取决于开发环境。Dreamweaver 在"文件"面板中将该文件夹称为"远端站点"。一般来说，远端文件夹位于运行 Web 服务器的计算机上。

本地文件夹和远端文件夹能够在本地磁盘和 Web 服务器之间传输文件，可以轻松管理 Dreamweaver 站点中的文件。

（3）测试服务器文件夹

测试服务器文件夹（动态页文件夹）是 Dreamweaver 用于处理动态页的文件夹。

4．创建本地站点

① 选择"站点"菜单→"管理站点"选项，出现"管理站点"对话框，如图 4-17 所示。

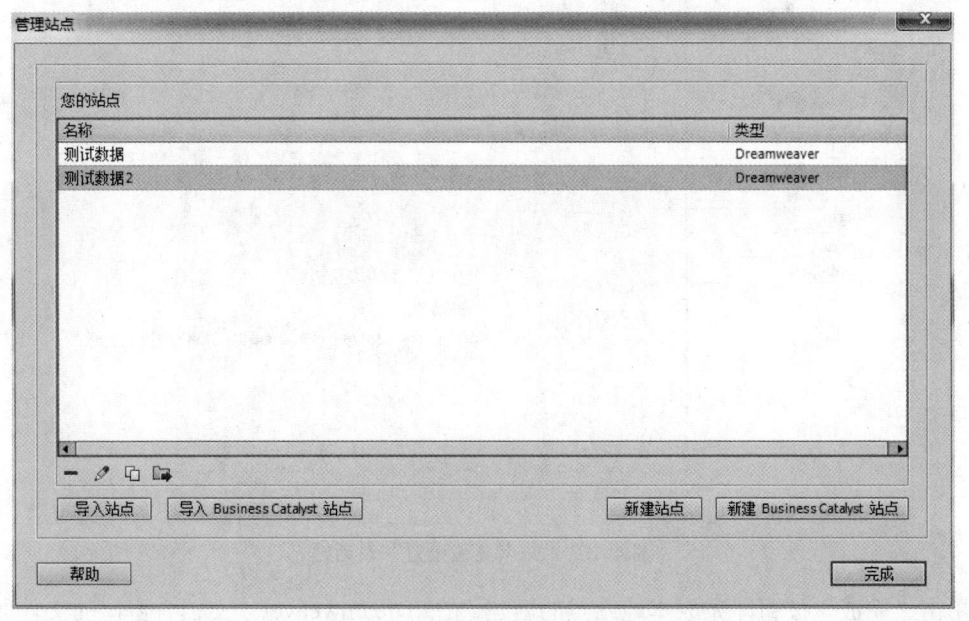

图 4-17 "管理站点"对话框

注意：如果没有定义任何 Dreamweaver 站点，则会出现"站点定义"对话框，可以跳过下一步。

② 单击"新建站点"按钮，出现"站点设置对象"对话框，如图 4-18 所示。

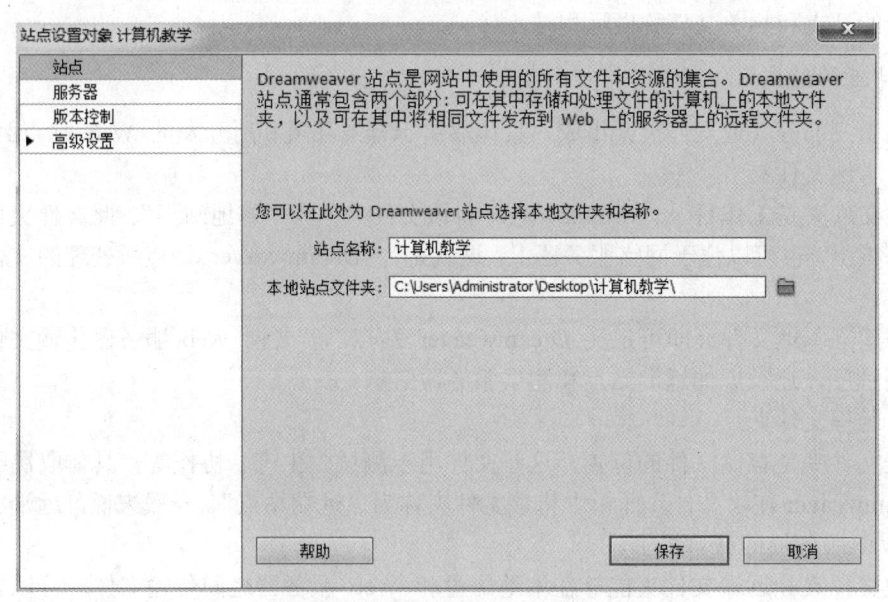

图 4-18 "站点设置对象"对话框

③ 最基本的开发者应用只需要设置"站点名称"、连接到自己的"本地站点文件夹"，其他均可选择使用系统默认。同时，用户可以逐步对站点、服务器、版本控制、高级设置项进行设置，如图 4-19 所示。

图 4-19 "站点高级设置"对话框

单击"完成"按钮即完成本地站点的新建。在 Dreamweaver"文档"窗口的文件面板中出现如图 4-20 所示的窗口。图 4-20 中的"index.html"网页文件是在新建好本地站点后新建的第一个网页文件。

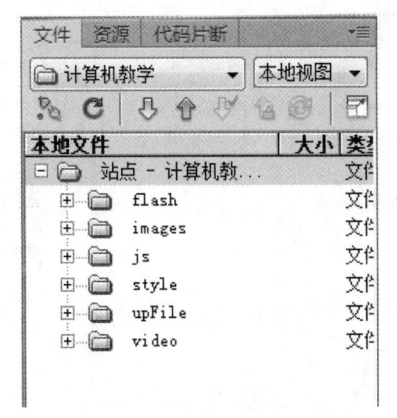

图 4-20 本地站点的"文件面板"

4.2.4 网页文件的新建

常见的网页文件以.htm 或者.html 为后缀名,可能通过 Dreamweaver 工具去创建网页文件,单击"文件"→"新建"即可打开"新建文档"窗口,如图 4-21 所示。

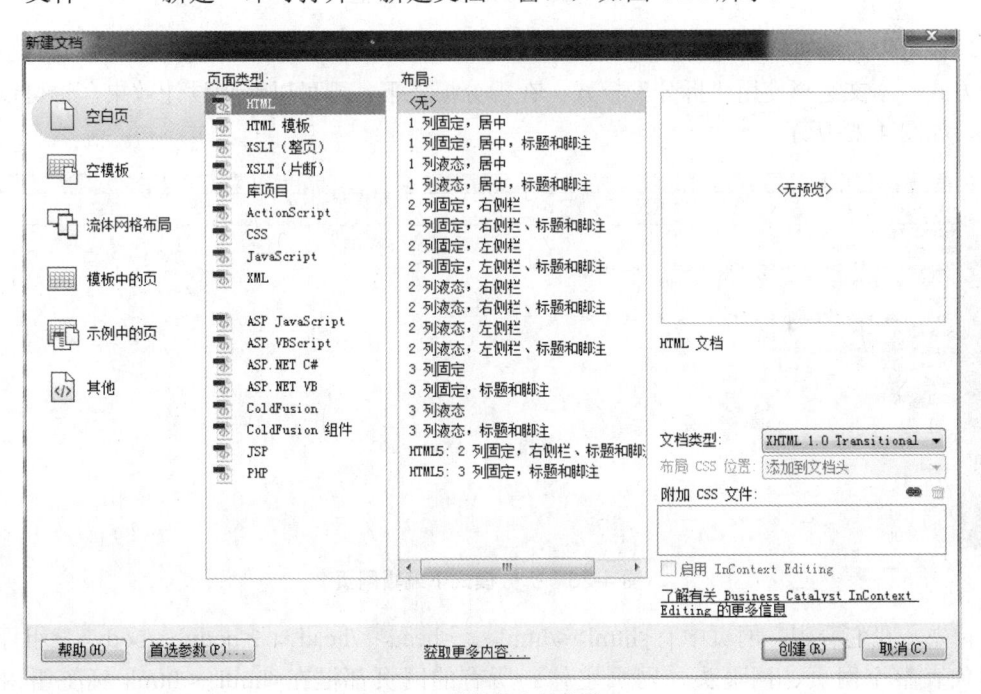

图 4-21 "新建文档"窗口

选择空白页,然后在"页面类型"中选择"HTML",在"布局"中选择"无",然后单击"创建"按钮,这样一个空白的网页文件就创建好了。用户可以选择保存,在弹出对话框中输入自己的网页名称。如果是首页文件,一般选择使用"index.html""default.html"等名称,在 IIS 的默认设置中,这些名称也是默认文档中的名称,可以让我们打开网页时轻松地找到首页文件。

如果保存文件时,不在我们自己的网站文件下,可以单击图 4-22 中的"站点根目录"按钮,使我们文档窗口的当前文件夹回到站点根目录。

图 4-22 "另存为"对话框

现在可以对网页文件进行编辑,在"代码""拆分""设计"三种编辑模式中选择自己熟悉的方式,本文选择使用"拆分"模式。在拆分模式下,既可以看到设计效果,也可以看到代码,如图 4-23 所示。

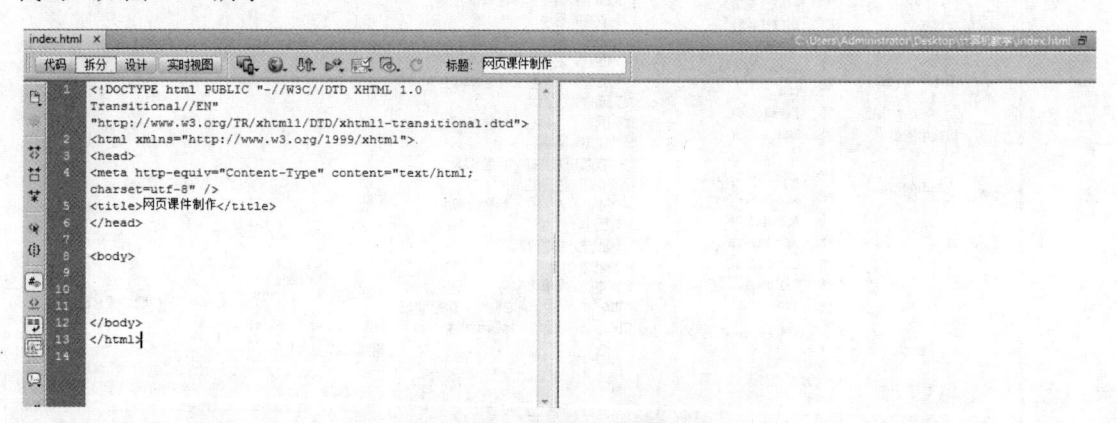

图 4-23 拆分模式下编辑网页

首先,我们看到,网页中有<html></html>、<head></head>、<body></body>三组标签,分别代表整个网页、网页头、网页主体。所有的网页都框在<html></html>标签组内,而<head></head>内则是对网页的声明部分,如字体库等设置,还可以将外部文件在这里引入,<body></body>则是网页的主体部分,所以在页面内显示的内容都在这里。

当然,对于一个网页而言,因为是一个文本文件,我们在创建时也可以直接在桌面上新建一个记事本,然后在其中输入任何内容,最后将其后缀改成.htm 或者.html,那就是一个网页,这里我们利用 Dreamweaver 来做一个简单的网页。网页效果参照图 4-24。

在这个网页中我们首先应该可以看到它并不是很美观,但它里面有文本、有超链接,也有项目符号等,它可以是某个网页的一部分,也可以独立成一个网页,在这个网页中首先可以确定,除了超链接,没有多余的多媒体信息,所以它不需要外部文件。

108

三星Note7国行第六炸 逼得保安用灭火器灭火
近期国行版已经发生多次爆炸事故。据微博用户在网上爆料,三星Note7发生"第六炸",这次是在广西。
来源:北京晨报网
马斯克公布火星移民计划:单人成本=美国1套房

- 火星殖民计划到底怎么玩
- 80天去火星票价20万
- 首批乘客要做好牺牲准备
- 还想探索更遥远的太空

图 4-24　新闻网页案例效果图

① 打开网页文件,将其切换到"拆分"模式。

② 在菜单中选择"插入 DIV 标签",打开"插入 DIV 标签"对话框,在 ID 中输入一个标签名称,单击"确定"按钮,此时可以看到页面中出现了一个线框,并且在代码中也可以看到一个 DIV 行,删除里面的文字内容,如图 4-25 所示。

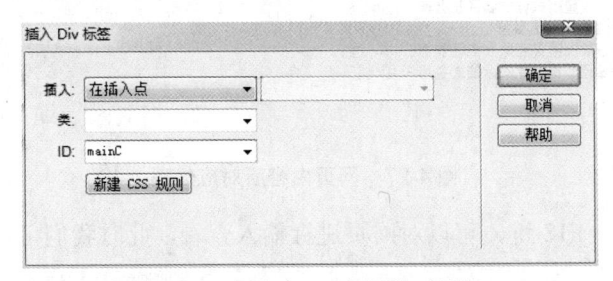

图 4-25　"插入 DIV 标签"对话框

③ 将光标定位在上一个 DIV 标签组中间,继续插入 DIV,在弹出框的类中输入"newsTitle",然后单击"确定"按钮,将标题文字"三星 Note7 国行第 6 炸逼得保安用灭火器灭火"输入文本框。

④ 选中上一步中的标题文字,插入超链接,打开"超级链接"对话框,因我们不知道超链接地址,所以这里在"链接"文本框中输入"#",表示有链接,但不作跳转,如果在使用过程中具有链接地址的要求则需要输入实际地址,如图 4-26 所示。

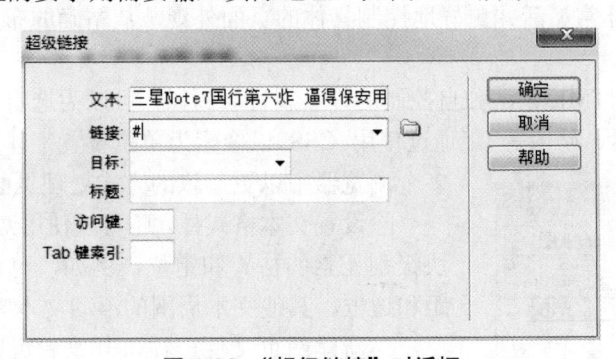

图 4-26　"超级链接"对话框

这里再解释一下超链接中几个文本框的作用。

目标:一共有几个选项,"_blank"表示跳转时打开新的页面,原超链接页继续打开;"_self"表示将原超链接页替换为现在打开的新页,此项为默认值;"_parent"表示如果是子窗体,那就在父窗体中打开新页;"_top"是指打开新的网页忽略所有框架,常用的只有"_blank"或者默认不写。

标题:在网页浏览时,将鼠标放在超链接上时提示的文字内容。

访问键：在网页浏览时，可以快速访问该超链接的快捷方式。

Tab 键索引：在网页浏览时，按 Tab 键时的访问顺序，此索引要多个组合才有意义。

⑤ 继续插入 DIV，将新闻正文输入，插入 DIV，输入新闻来源。

⑥ 复制步骤③创建的 DIV（带超链接），将其内容改为下一个标题的内容。

⑦ 插入 UL 列表项及内容，最后得到的网页代码如图 4-27 所示，开发者也可以直接在代码模式下进行代码输入，Dreamweaver 可以很友好地提供提示性输入。

```
<body>
<div id="mainC">
    <div class="newsTitle"><a href="#">三星Note7国行第六炸 逼得保安用灭火器灭火</a></div>
    <div class="newsFile">近期国行版已经发生多次爆炸事故。据微博用户在网上爆料,三星Note7发生"第六炸",这次是在广西。</div>
    <div class="newsLy">来源：北京晨报网</div>
    <div class="newsTitle"><a href="#">马斯克公布火星移民计划:单人成本=美国1套房</a></div>
    <ul class="newsList">
        <li><a href="#">火星殖民计划到底怎么玩</a></li>
        <li><a href="#">80天去火星票价20万</a></li>
        <li><a href="#">首批乘客要做好牺牲准备</a></li>
        <li><a href="#">还想探索更遥远的太空</a></li>
    </ul>
</div>
</body>
```

图 4-27 网页内容所对应代码

⑧ 保存网页后按 F12 键，可以对网页进行输入查看，此时我们可以看到与图 4-24 一样的效果。

4.2.5 网页中的层叠样式表文件

CSS 是 Casading Style Sheet（层叠样式表单）的简称。层叠样式表（CSS）是一系列格式设置规则，它们控制 Web 页面内容的外观。使用 CSS 设置页面格式时，请将内容与表现形式分开。页面内容（即 HTML 代码）驻留在 HTML 文件自身中，而用于定义代码表现形式的 CSS 规则驻留在另一个文件（外部样式表）或 HTML 文档的另一部分（通常为文件头部分）中。使用 CSS 可以非常灵活并更好地控制具体的页面外观，从精确的布局定位到特定的字体和样式。

CSS 允许控制 HTML 无法独自控制的许多属性。例如，可以为选定的文本指定不同的字体大小和单位（像素、磅值等）。通过使用 CSS 以像素为单位设置字体大小，还可以确保在多个浏览器中以更一致的方式处理页面布局和外观。

除设置文本格式外，还可以使用 CSS 控制 Web 页面中块级别元素的格式和定位。例如，可以设置块级元素的边距和边框、其他文本周围的浮动文本等。

与新建网页文件一样，开发者可以用同样的方法新建 CSS（样式表）文件、JavaScript 文件，用同样的方式保存好文档，将它们放到相对应的文件夹中去。

将网页文件切换到"代码"模式，在如图 4-28 所示，选择 CSS、JS 文件，将它们选中并按鼠标左键不动将它们拖到代码的<head></head>部分中，此时我们可以看到系统自动为我们添加了 HTML 代码，添加部分如图 4-29 中红框所示位置。

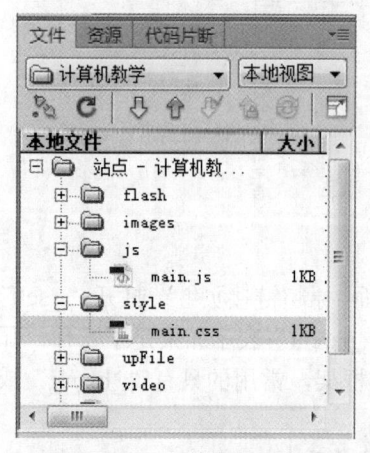

图 4-28 文件资源列表

```
<head>
<meta http-equiv="Content-Type" content="text/html; charset=utf-8" />
<title>网页课件制作</title>
<script type="text/javascript" src="js/main.js"></script>
<link rel="stylesheet" type="text/css" href="style/main.css"/>
</head>
```

图 4-29　关联 JS、CSS 文件后的代码

在网页制作中 CSS 文件和 JavaScript 均有好几种存在形式，上面已经创建了这两类文件，并将这些文件与网页文件进行关联，这样在网页中可以调用这两个文件。此时，由于我们前面已经创建了站点，也将 CSS 和 Javasrcipt 文件存入站点中，因此 scr 和 href 下显示的都是这两个文件与网页文件的相对路径。

在实际开发中，用户除了可以将外部文件调用到网页文件中来，通过如上所示的引用方式引入到网页中来，可以分为以下几种。

CSS 文件在网页制作中可以分为三种形式，分别是独立文件、文件头、标记中。独立文件即我们刚才创建的 CSS 文件，它可以通过文件调用的方式作用于网页文件，同时也可以直接将 CSS 样式写在网页的头文件中，如图 4-30 所示，同时还可以将 CSS 样式写到标记语言的标记中，如图 4-31 所示。

```
3  <head>
4  <meta http-equiv="Content-Type" content="text/html; charset=utf-8" />
5  <title>网页课件制作</title>
6  <script type="text/javascript" src="js/main.js"></script>
7  <style type="text/css">
8  body {
9      background-color: #000;
10 }
11 </style>
12 </head>
```

图 4-30　CSS 样式在网页头部的格式示意图

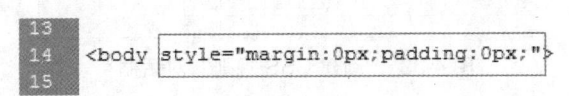

```
13
14  <body style="margin:0px;padding:0px;">
15
```

图 4-31　CSS 样式在标记中的格式示意图

CSS 样式的三种存在形式没有本质的区别，为了使网页代码具有更好的可读性，建议将 CSS 样式以单独的文件的样式存放。三种存在形式唯一的区别就是它们的优先级有高低之分，优先级的高低以离标记的距离来做排序，即优先级为：标记中>文件头中>独立文件，即如果都给某一对象加上同一个 CSS 样式，此时我们可以看到起作用的是在标记中的样式，如我们给 body 标签用三种方式加上不同的背景色，最终用户看到的是加在标记中的背景色。

下面我们来看一下，如果在网页中使用 CSS，在第 4.2.4 节中，我们可以看到图 4-24 的网页效果，现在来看一下，加完 CSS 以后的网页效果，看看有何变化，如图 4-32 所示。在网页中添加 CSS 操作如下所示。

① 将光标定位在标签<body>上，然后单击右侧的 CSS 样式窗口，再单击"+"号添加新样式，在弹出的"新建 CSS 规则"对话框中设置如图 4-33 所示，单击"确定"按钮，打开"body 的 CSS 规则定义"对话框，设置如图 4-34 所示。回到网页代码部分，此时看到 main.css 文件内已自动添加代码，代码如图 4-35 所示。按 Ctrl+S 键保存，然后可以按 F12 键查看网页信息，看看是不是发生了部分变化。

三星Note7国行第六炸 逼得保安用灭火器灭火

近期国行版已经发生多次爆炸事故。据微博用户在网上爆料,三星Note7发生"第六炸",这次是在广西。

来源：北京晨报网

马斯克公布火星移民计划:单人成本=美国1套房

- 火星殖民计划到底怎么玩
- 80天去火星票价20万
- 首批乘客要做好牺牲准备
- 还想探索更遥远的太空

图 4-32　新闻网页案例添加 CSS 后效果

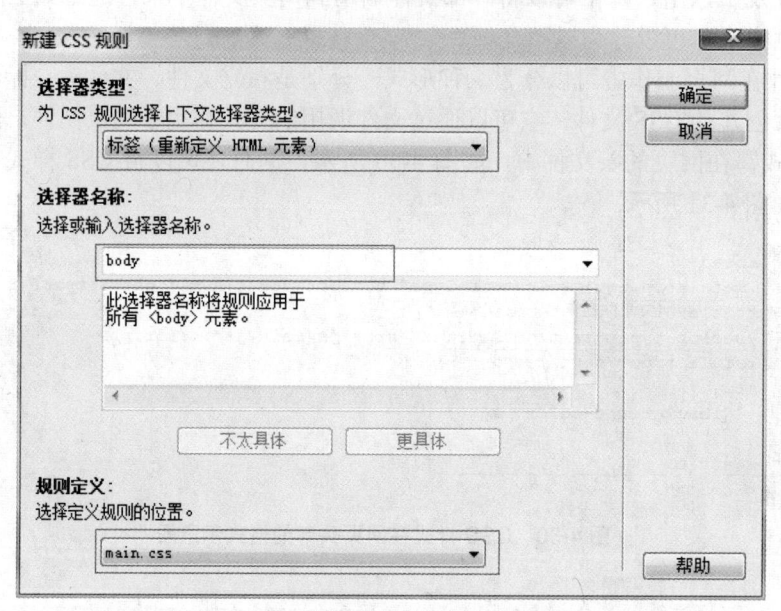

图 4-33　"新建 CSS 规则"对话框

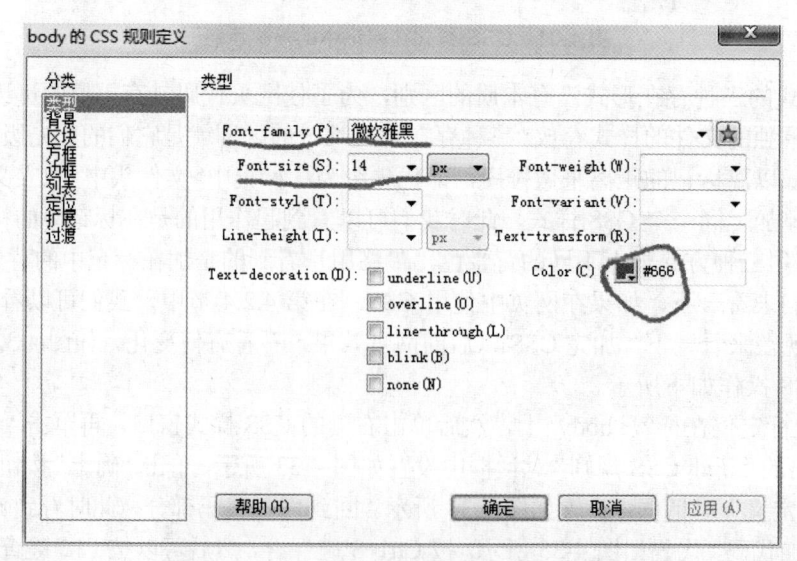

图 4-34　"body 的 CSS 规则定义"对话框

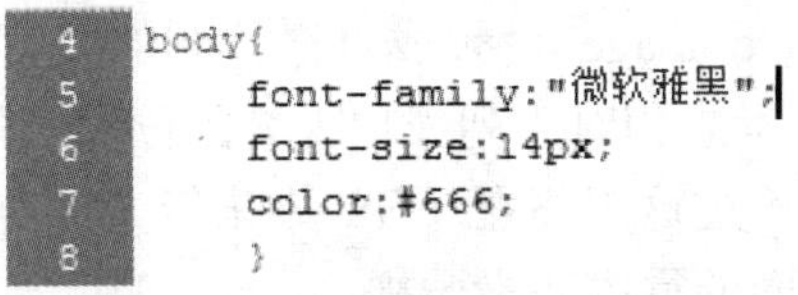

```
4    body{
5        font-family:"微软雅黑";
6        font-size:14px;
7        color:#666;
8    }
```

图 4-35   body 标签设置完成后自动生成 CSS 脚本

注：在打开"新建 CSS 规则"对话框前，光标如不放在 body 标签处，则选择"标签"后不会自动输入 body，开发者可以直接手动输入。如开发者对 CSS 有一定的了解，可以不打开对话框，直接在 Dreamweaver 的提示信息的帮助下输入代码，完成 CSS 的添加，效果是一样的。

② 回到 index.htm 文档，将光标定位在<div id=" mainC ">处，此时设置 div 的 CSS，用同样的方式打开对话框，在"方框"分类中找到"width"将其设置为 450px，也可以直接在 CSS 文档中输入：

#mainC {
　　Width：450px；
}

注：DIV 在命名时有两种模式，一种是 ID，另一种是 CLASS，当这个对象在整个网页中是唯一 CSS 的时候可以用 ID，而 CLASS 则是表示一组具有同样 CSS 规则的对象，当然这个一组最小可以是一个。在样式表文件中，CLASS 和 ID 也有自己的表示方式，并且与标签三者作区别。在写标签的 CSS 样式时，只输入标签名，如上面的 body 的 CSS 可以看到，而 ID 则是"#"+名称，CLASS 则是"."+名称。

③ 接下去是两个带超链接的标题，字号较大，并且当鼠标悬停时还会变成红色，因为超链接没有单独命名，为了能快速找到这个超链接，我们在 CSS 选择器类型处使用"复合类型"，然后定位到前一个有 CLASS 或者 ID 名称的 DIV 处，设置后代码如下：

.newsTitle a{
　　font-size：20px；
　　line-height：50px；
　　color：#000；
　　font-weight：bold；
　　text-decoration：none；
　　color：black；
}
.newsTitle a：hover{
　　　color：#F30；
}

其中，a 表示超链接，a：hover 表示当鼠标在超链接上时的状态，因为这里只改变了超链接的颜色，因此在 a：hover 中只有一条 CSS 样式，其他都继续使用普通超链接的样式。

④ 新闻内容页和新闻来源处只是简单地设置了一下行高及颜色。

⑤ 接下去要设置的是 4 条相同的新闻标题，此处选择使用了 UL 列表，因此设置也有一定的特殊性，归纳后可以分为以下三点。

第一，前方是否有图标，开发者可以通过下拉框选择基本图案；其次，如果没有合适的图案，开发者可以通过 list-style-image 设置成自己绘制的图案；第三，不常用的 list-style-position，该属性用于声明列表标志相对于列表项内容的位置。外部（outside）标志会放在离列表项边框边界一定距离处，不过这距离在 CSS 中未定义。内部（inside）标志处理为好像它们是插入在列表项内容最前面的行内元素一样。

在完成列表整体设置后，接下去是对列表中对象的具体内容进行设置，比如说如果同一行要放置多个对象时，需在 ul li 中设置 float 属性，超链接对象需在 ul li a 中设置超链接属性，用户在操作时只需在 ul 对象中 ul 对象命名即可，此处代码如图 4-36 所示。

```
27  .newsList{
28      padding: 10px;
29      margin: 0;
30      list-style-position: inside;
31      list-style-type: square;
32  }
33  .newsList li{
34      width:200px;
35      float:left;
36      line-height:200%;}
37  .newsList li a {
38      width: 200px;
39      color:#666;
40      text-decoration:none;
41      overflow:hidden;
42  }
```

图 4-36　新闻列表处 CSS 设置代码

完成这些 CSS 设置后，选择"文件"→"全部保存"，按 F12 键即可以查看到 CSS 加载完成后的网页效果了。

接下来介绍几种常用的 CSS 及其使用规则。

① Width/height：宽度/高度。用于定义对象的尺寸最直接的两个 CSS 属性，它们的值可以分为以下三种：默认值为 auto；根据浏览器的大小自动计算对象的大小；如果是具体尺寸时，它们的单位可以是 px（像素）、cm（厘米）等，也可以是百分比，其取决于其父节点的尺寸。

② Margin/Border/Padding。影响显示尺寸的较间接的 3 个 CSS，这 3 个 CSS 我们可以通过一个图来表达。图中可以看到有两个 DIV，分别是"outsideDiv""insideDiv"，后者嵌套在前中内部，这里的 Margin、Border、Padding 三个参数都是写在"insedeDiv"对象的 CSS 中。

这里影响两个 DIV 位置、尺寸的分别是 Margin/Border/Padding CSS 属性，Margin 指的是外边距，即与自身以外的父对象而言，Border 是自己的连框宽度，Padding 则是自己在内部空的距离。

这三个属性都有一个共同点，就是它们都分别有上、右、下、左 4 个方向，对应的有 X-top、X-right、X-bottom、X-left 4 个二级属性。在实际使用的过程中也可以将它们合写，如"Margin：10px；Border：10px 20px""Padding：10px 20px 30px 40px；"，这里描述了这 3 个对象的 3 种参数的表达方式。像 CSS 代码上的"Margin：10px"，代表了这个对象 4 个方向的外边距均为 10 像素的距离；"Border：10px 20px"表示这个对象上、下的边框宽度为 10 像素，左、右宽度为 20 像素；"Padding：10px 20px 30px 40px；"表示这个对象上、右、下、左四个方向的内边距分别是 10 像素、20 像素、30 像素和 40 像素，如图 4-37 所示。

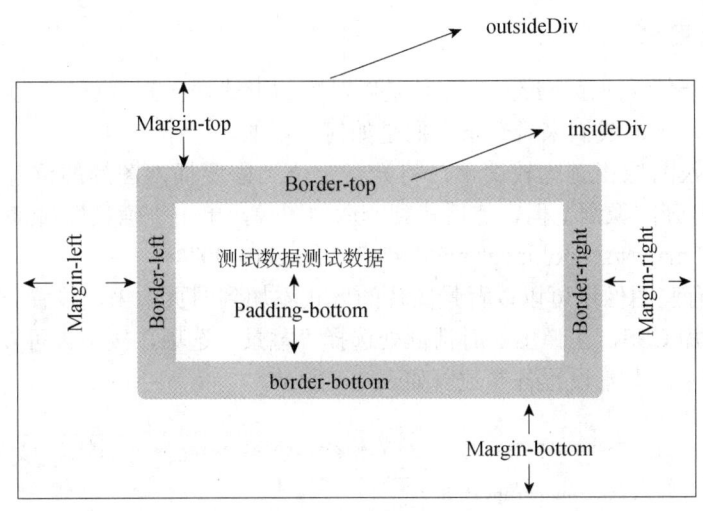

图 4-37　DIV 边距示意图

在计算对象的尺寸上，Border、Padding 计算在自身的宽度上，Margin 用于调整自身在整个网页布局上的位置。因此这些属性还间接地影响了对象的尺寸，比如对象：实际宽度=左边框（Border-left）+左内边距（Padding-left）+宽度（Width）+右边框（Border-right）+右内边距（Padding-right）。

另外，Margin 还有另一个用处，Margin 可以和 Width 联合使用，用于控制对象的居中设置，当开发者给某个对象设定了宽度以后，再用"Margin：0 auto；"，就可以实现对象在其父对象中的居中效果，理由就是 Margin 的左、右参数为 auto 以后，网页自动会计算两侧的左、右边距，让它们相等，此时的左、右边距为：（父对象宽度-自身宽度）/2。

③ Float/clear。Float 属性用于定义元素在哪个方向浮动。以往这个属性总应用于图像，使文本围绕在图像周围，不过在 CSS 中，任何元素都可以浮动。浮动元素会生成一个块级框，而不论它本身是何种元素。

Float 的可选参数为：inherit、left、none（默认）、right。

CSS 属性中的 Float 是一个常用的属性，Float 网页在解析对象时，默认值为 none，因此在默认情况下每个对象都是单独的一行，而网页中很多对象最终效果里肯定是要处于同一行中的，这时候我们就需要在前一对象的 CSS 中添加 Float，允许后续对象与自己处于同一行内，否则后续对象无法与自己处于同一行。

Clear 的可选参数为：both、inherit、left、right、none。

Clear 的作用刚好相反，其作用是清楚前面的对象对自己的浮动影响。

开发者在写 CSS 时一定要注意用法，每个对象除最后一条 CSS 外，都必须以分号结尾，且在给标签对象起名时，即 ID、CLASS 名时，要注意区别大小写。

4.2.6　网页中的多媒体文件

虽然上面的文本我们可以给它们添加不同的样式，展现到我们面前的可能有不同字体、字号、颜色，以及可以将文字作为超链接、列表项显示，但网页既然叫超文本，仅有文字一定是不够的，在网页中我们可以添加图像、插入 Flash 动画，也可以播放视频、音频。

1. 网页中的图像

在网页的图像有两种存在形式，一种是以对象的形式插入到网页中，另一种是作为背景通过 CSS 来实现，下面我们来看一下它们是如何实现的。

在网页中插入图像相对比较简单，将光标定位到需要插入图片的位置，然后点击"插入"→"图像"打开图像浏览器，然后找到合适的图像，单击"确认"。此时看以看到代码中出现了<img src="images/school.jpeg" width="130" height="90"/>。

除此之外，有些图像还可以以背景图片的方式添加到网页中来，设置方式是在需要添加图像的 DIV 处添加 CSS，在弹出的对话框处选择"背景"选项，接下去可以设置图像作为背景，如图 4-38 所示。背景设置各参数表如表 4-1 所示。

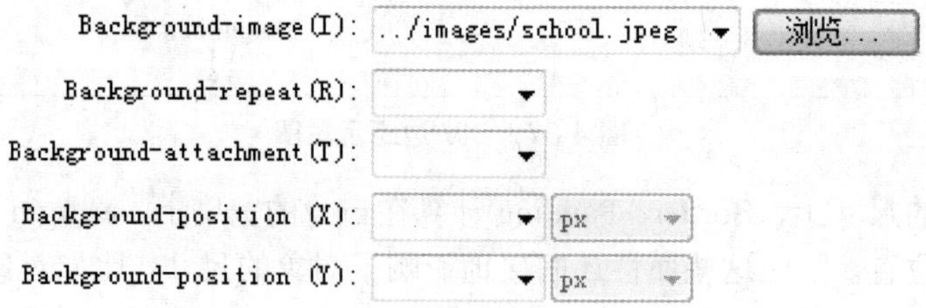

图 4-38　背景 CSS 的设置

表 4-1　背景设置各参数表

CSS 标签	意义
Background-image	填入背景图像相对路径
Background-repeat	设置是否及如何重复背景图像，默认情况下背景图像在水平和垂直方向上重复
Background-attachment	设置背景图像是否固定或者随着页面的其余部分滚动
Background-position（X）	当图像大于 DIV 时，用于显示的部分从背景图像的起始位置，可以选择 left、center、right、(X)、(Y) 分别表示水平和垂直方向
Background-position（Y）	

当一个图像作为背景出现在 DIV 中或者 Body 标签中时，这个 DIV 内还可以继续添加文字，甚至插入其他媒体文件。要注意一点的是当我们将图像以背景的方式插入到 DIV 中时一定要定义 DIV 的尺寸，或者在 DIV 中插入一定的内容，否则会因为 DIV 没有大小而无法看到图像。

2. 网页中的 Flash 动画

常见的 Flash 动画在网页中的出现，一般出现在 banner 上，当然也会有相当一部分的广告动画是由 Flash 来完成的，反映到课件中，常见的动画一般可以用于展示一些实验过程、宣传等信息，因为它可以动态地去表达某一主题，可以很好地吸引用户的注意力，因此在网页中 Flash 也是比较常见的一种媒体形式。

在网页中播放的是 Flash 的导出文件，其后缀名为".swf"，但网页并不能直接播放 Flash 文件，需要在网页中加载 Flash 播放器才可能正常播放 Flash 文件。

要在网页中插入 Flash，选择"插入"→"媒体"→"swf"，也可以使用快捷键 Ctrl+Alt+F 来打开，在打开的对话框中选择 swf 文件即可，加到网页代码模式下面，此时会有很长一段代码加载进来，如图 4-39 所示。这里其他代码都不必去关注，只需要知道这个地方设置的 Flash

是哪个文件，至于怎么调用交由系统完成。

此时，在保存网页里，会弹出如图 4-40 所示提示框，说明在插入 Flash 时会有两个本地插入文件出现，需要同时保存到我们的站点目录中去，这两个文件分别是"swfobject_modified.js""expressInstall.swf"。其中，swfobject_modified.js 是用于在 HTML 中方面插入 Adobe Flash 媒体资源（*.swf 文件）的独立、敏捷的 JavaScript 模块，该模块中的 JavaScript 脚本能够自动检测 PC、Mac 机器上各种主流浏览器对 Flash 插件的支持情况。

```
13  <object id="FlashID" classid="clsid:D27CDB6E-AE6D-11cf-96B8-444553540000" width="958" height="356">
14    <param name="movie" value="flash/完美设计动画.swf" />
15    <param name="quality" value="high" />
16    <param name="wmode" value="opaque" />
17    <param name="swfversion" value="6.0.65.0" />
18    <!-- 此 param 标签提示使用 Flash Player 6.0 r65 和更高版本的用户下载最新版本的 Flash Player。如果您不想让用户看到该提示，请将其删除。 -->
19    <param name="expressinstall" value="Scripts/expressInstall.swf" />
20    <!-- 下一个对象标签用于非 IE 浏览器。所以使用 IECC 将其从 IE 隐藏。 -->
21    <!--[if !IE]>-->
22    <object type="application/x-shockwave-flash" data="flash/完美设计动画.swf" width="958" height="356">
23      <!--<![endif]-->
24      <param name="quality" value="high" />
25      <param name="wmode" value="opaque" />
26      <param name="swfversion" value="6.0.65.0" />
27      <param name="expressinstall" value="Scripts/expressInstall.swf" />
28      <!-- 浏览器将以下替代内容显示给使用 Flash Player 6.0 和更低版本的用户。 -->
29      <div>
30        <h4>此页面上的内容需要较新版本的 Adobe Flash Player。</h4>
31        <p><a href="http://www.adobe.com/go/getflashplayer"><img src="http://www.adobe.com/images/shared/download_buttons/get_flash_player.gif" alt="获取 Adobe Flash Player" width="112" height="33" /></a></p>
32      </div>
33      <!--[if !IE]>-->
34    </object>
35    <!--<![endif]-->
36  </object>
```

图 4-39　网页中播放 Flash 代码

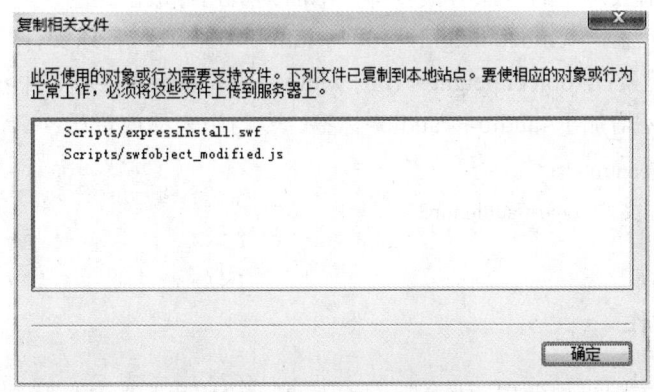

图 4-40　保存 Flash 时插件

3．网页中的视频

视频在课件中的作用不言而喻，可以将很多用文字无法描述的内容生动地展现出来，视频文件在网页中有多种格式很多，比如 rmvb、rm、mpeg、mov，还可以为支持 Flash 格式的 Flv 视频。

插入视频的方式跟插入动画的方式一样，这里就不再讲述，但视频放入网页中有一个很大的不足之处。因为视频文件展现的内容越多、时间越长，所占用的存储空间就越大，用户在没有流媒体出现之前，播放视频时必须下载完整的视频才可以播放，因此早期的网页中出现视频是不可思议的。

所谓流媒体是指采用流式传输的方式在 Internet 播放的媒体格式。流媒体又叫流式媒体，它是指商家用一个视频传送服务器把节目当成数据包发出，传送到网络上。用户通过解压设备对这些数据进行解压后，数据就会像发送前那样显示出来。

流媒体（Streaming Media）的出现极大地方便了人们的工作和生活。流媒体的出现使得远程教育、视频点播、网络电台、网络视频变得可能，也从传统意义上的坐在教室里的传统教育模式产生了变革。

以前优秀教师的课程往往会因为地域、时间的关系，将很多学生拒之门外，现如今中国的学生可以很方便地知道美国的大学校园里某个教室里某位著名教授正在讲授某个话题，而且就像坐在当时的课堂上一样。

流媒体，又叫流式媒体，是一边下载一边播放的媒体，是多媒体的一种。一边下载一边播放是指媒体提供商在网络上传输媒体的"同时"，用户一边不断地接收并观看或收听被传输的媒体。"流"媒体中的"流"指的是这种媒体的传输方式（流的方式），而并不是指媒体本身。

我们也可以搭建属于自己的流媒体服务器，当然很多视频网站都可以提供这样的服务，用户只需要将符合要求的视频文件传送到这样的服务器上，就可以实现一边下载一边播放的效果。

4. 网页中的音频

网页中的音频文件同样可以是背景音乐，当然也可以像视频一样，有自己的播放器，用户可以随时打开、暂停、播放。

在 HTML 中播放声音的方法有很多种，下面列举几种最常见的。

使用<embed>元素：<embed height="100" width="100" src="音乐文件" />。

使用<object>元素：<object height="100" width="100" data="音乐文件"></object>。

在 HTML5 中还增加了<audio></audio>标签，专门用来播放音乐：

<audio controls="controls">

<source src="音乐文件" type="audio/mp3" />

</audio>

4.2.7 表单的制作

表单用于搜集不同类型的用户输入，往往用于完成用户与服务器的数据交换，其他的对象都从服务器端向客户端发送数据，而表单的出现让网页不仅仅是看、听，用户还可以表达自己的思维。

表单的作用是从访问您的 Web 站点的用户那里获得信息。访问者可以使用诸如文本域、列表框、复选框以及单选按钮之类的表单对象输入信息，然后单击某个按钮提交这些信息。

1. 表单的客户端角色

表单支持客户端/服务器关系中的客户端，如图 4-41 所示。当访问者在 Web 浏览器中显示的表单中输入信息，然后单击"提交"按钮时，这些信息将被发送到服务器，服务器端脚本或应用程序在该处对这些信息进行处理。用于处理表单数据的常用服务器端技术包括 Macromedia ColdFusion、Microsoft Active Server Pages（ASP）和 PHP。服务器进行响应时会将被请求信息发送回用户（或客户端），或基于该表单内容执行一些操作。

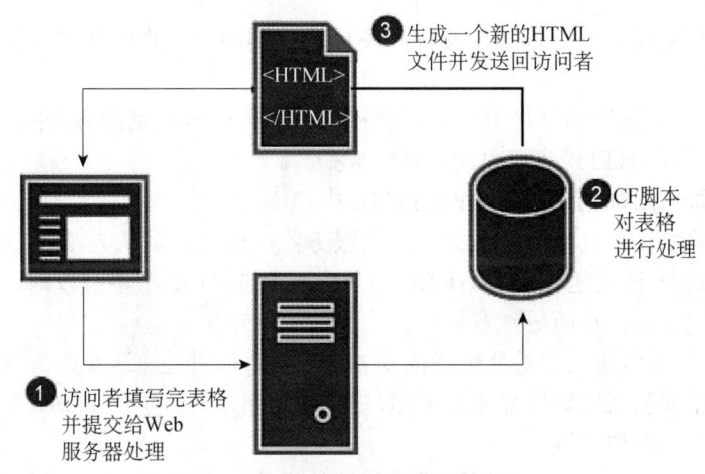

图 4-41 客户端与服务器的关系

注意也可以将表单数据直接发送给某个电子邮件收件人。

2. 认识表单对象

（1）插入表单对象的方法

① 打开一个页面，将插入点放在希望表单出现的位置。

② 选择"插入"→"表单"，或选择"插入"栏上的"表单"类别，然后单击"表单"图标。

（2）表单的类别

表单、文本域、复选按钮、单选按钮、列表/菜单、跳转菜单、图像域、文件域、按钮、标签和字段集。

3. 创建表单

在网页中添加表单对象，首先必须创建表单。表单在浏览器中属于不可见元素。当页面处于"设计"视图中时，用红色的虚轮廓线指示表单。如果没有看到此轮廓线，请检查是否选中了"查看"→"可视化助理"→"不可见元素"。

（1）创建表单

① 新建站点 formsite，在站点下新建 form.html 文件，在 form.html 中创建站点。

② 将插入点放在希望表单出现的位置。选择"插入"→"表单"，或选择"插入"栏上的"表单"类别，然后单击"表单"图标。

③ 在打开的"文档"窗口中，单击表单轮廓将其选定。在"属性"查看器中可以设置表单的各项属性。

（2）表单属性

若要设置表单的属性，请执行以下操作。

① 表单名称。在"表单名称"文本框中，输入标志该表单的唯一名称。

命名表单后，就可以使用脚本语言（如 JavaScript 或 VBScript）引用或控制该表单。如果不命名表单，则 Dreamweaver 使用语法 form$n$ 生成一个名称，并在向页面中添加每个表单时递增 n 的值。

② 操作。在"操作"文本框中，指定处理该表单的动态页或脚本的路径。可以在"操作"

文本框中输入完整路径，也可以单击文件夹图标定位到同一站点中包含该脚本或应用程序页的相应文件夹。

③ 方法。在"方法"的下拉菜单中，选择将表单数据传输到服务器的方法。
- POST 方法将在 HTTP 请求中嵌入表单数据。
- GET 方法将值附加到请求该页面的 URL 中。

使用浏览器的默认设置将表单数据发送到服务器。通常，默认方法为 GET 方法。

不要使用 GET 方法发送长表单。URL 的长度限制在 8192 个字符以内。如果发送的数据量太大，数据将被截断，从而导致意外的或失败的处理结果。

对于由 GET 方法传递的参数所生成的动态页，可添加书签，这是因为重新生成页面所需的全部值都包含在浏览器地址框显示的 URL 中。与此相反，对于由 POST 方法传递的参数所生成的动态页，不可添加书签。

如果要收集用户名和密码、信用卡号或其他保密信息，POST 方法看起来比 GET 方法更安全。但是，由 POST 方法发送的信息是未经加密的，容易被黑客获取。若要确保安全性，请通过安全的链接与安全的服务器相连。

④ MIME 类型。如果需要，可以使用"MIME 类型"弹出菜单，指定对提交给服务器处理的数据使用 MIME 编码类型。

默认设置为 application/x-www-form-urlencode，通常与 POST 方法协同使用。如果要创建文件上传域，请指定 multipart/form-data MIME 类型。

⑤ 目标。如果需要，使用"目标"弹出菜单指定一个窗口，在该窗口中显示被调用程序所返回的数据。

如果命名的窗口尚未打开，则打开一个具有该名称的新窗口。目标值如下所示：
- _blank 在未命名的新窗口中打开目标文档。
- _parent 在显示当前文档的窗口的父窗口中打开目标文档。
- _self 在提交表单所使用的窗口中打开目标文档。
- _top 在当前窗口的窗体内打开目标文档。此值可用于确保目标文档占用整个窗口，即使原始文档显示在框架中。

⑥ 根据需要，调整表单的布局。可以使用换行符、段落标记、预格式化的文本或表来设置表单的格式。不能将表单插入另一个表单中，即标签不能交选，但是可以在一个页面中包含多个表单。

设计表单时，请记住要用描述性文本标记表单字段，以便用户知道他们回复的内容。

4. 插入文本域

接受任何类型的字母数字文本输入内容。义本可以单行或多行显示，也可以以密码域的方式显示，在这种情况下，输入文本将被替换为星号或项目符号，可对文本进行加密。

文本域类型有单行文本域、多行文本域、密码文本域、隐藏域。

（1）插入单行文本域

① 在站点 formsite 下新建 form_text.html 文件，在 form_text.html 中创建表单，在表单中创建表格。

② 将插入点放在表单轮廓内。选择"插入"→"表单"→"文本域"。一个文本域随即出现在文档中。

③ 在"属性"检查器中，可根据需要设置文本域的属性。

④ 若要在页面中为文本域添加标签，请在该文本域旁边单击，然后键入标签文字。

(2) 文本域属性设置

① 文本域名称。在"文本域"文本框中，为该文本域指定一个名称。

每个文本域都必须有一个唯一名称。所选名称必须在该表单内唯一标志该文本域。表单对象名称不能包含空格或特殊字符。可以使用字母数字字符和下画线（_）的任意组合。注意，为文本域指定的标签是将存储该域的值（输入的数据）的变量名，这是发送给服务器进行处理的值。

② 字符宽度。字符宽度设置域中最多可显示的字符数。此数字可以小于"最多字符数"，"最多字符数"指定在域中最多可输入的字符数。例如，如果"字符宽度"设置为 20（默认值），而用户输入 100 个字符，则在该文本域中只能看到其中的 20 个字符。请注意，虽然无法在该域中看到这些字符，但域对象可以识别它们，而且它们会被发送到服务器进行处理。

③ 最多字符数。最多字符数设置单行文本域中最多可输入的字符数。使用"最多字符数"将邮政编码限制为 5 位数，将密码限制为 10 个字符，等等。如果将"最多字符数"文本框保留为空白，则用户可以输入任意数量的文本。如果文本超过域的字符宽度，文本将滚动显示。如果用户输入超过最大字符数，则表单产生警告声。

④ 行数（在选中了"多行"选项时可用）设置多行文本域的域高度。

⑤ 换行（在选中了"多行"选项时可用）指定当用户输入的信息较多，无法在定义的文本区域内显示时，如何显示用户输入的内容。换行选项中包含如下选项。

- 选择"关闭或默认"，防止文本换行到下一行。当用户输入的内容超过文本区域的右边界时，文本将向左侧滚动。用户必须按 Return 键才能将插入点移动到文本区域的下一行。
- 选择"虚拟"，在文本区域中设置自动换行。当用户输入的内容超过文本区域的右边界时，文本换行到下一行。当提交数据进行处理时，自动换行并不应用于数据。数据作为一个数据字符串进行提交。
- 选择"物理"，在文本区域设置自动换行，当提交数据进行处理时，也对这些数据设置自动换行。

⑥ 类型。类型指定域为单行、多行还是密码域。

选择"单行"将产生一个 type 属性设置为 text 的 input 标签。"字符宽度"设置映射为 size 属性，"最多字符数"设置映射为 maxlength 属性。

选择"密码"将产生一个 type 属性设置为 password 的 input 标签。"字符宽度"和"最多字符数"设置映射的属性与在单行文本域中的属性相同。当用户在密码文本域中键入时，输入内容显示为项目符号或星号，以保护它不被其他人看到。

选择"多行"将产生一个 textarea 标签。"字符宽度"设置映射为 cols 属性，"行数"设置映射为 rows 属性。

⑦ 初始值。指定在首次载入表单时域中显示的值。例如，通过包含说明或示例值，可以指示用户在域中输入信息。

⑧ 插入密码域。

(4) 插入多行文本域

① 将插入点放在表单轮廓内。

② 选择"插入"→"表单"→"文本域"。一个文本域随即出现在文档中。

③ 在"属性"检查器中，根据需要设置文本域的属性（多行）。

④ 若要在页面中为文本域添加标签，请在该文本域旁边单击，然后键入标签文字。

（5）插入隐藏域

隐藏域是用来收集或发送信息的不可见元素，对于网页的访问者来说，隐藏域是看不见的。当表单被提交时，隐藏域就会将信息以设置时定义的名称和值发送到服务器上。其操作为：

① 将插入点放在表单轮廓内。

② 选择"插入"→"表单"→"隐藏域"。

5．插入单选按钮和复选按钮

单选按钮代表互相排斥的选择。在某单选按钮组（由两个或多个共享同一名称的按钮组成）中选择一个按钮，就会取消选择该组中的所有其他按钮。

复选框允许在一组选项中选择多个选项。用户可以选择任意多个适用的选项。

（1）单选按钮操作

① 逐个插入单选按钮。

② 在 formsite 下新建 form_choose.html 文件，在 form_choose.html 中创建表单，在表单中插入表格，做简单的规划。

③ 将插入点放在表单轮廓内。选择"插入"→"表单"→"单选按钮"，出现"单选按钮"对话框。

④ 完成"单选按钮"对话框设置，然后单击"确定"按钮完成插入单选按钮操作。

也可以完成单选按钮组设置，其步骤为选择"插入"→"表单"→"单选按钮组"，在打开的对话框中进行相关设置即可。

（2）复选框操作

① 选择"插入"→"表单"→"复选框"，一个复选框随即出现在文档中。

② 在"属性"检查器中，根据需要设置复选框的属性。

③ 若要为复选框添加标签，请在页面上该复选框的旁边单击，然后键入标签文字。

6．插入菜单和列表

"列表"菜单在一个滚动列表中显示选项值，用户可以从该滚动列表中选择多个选项（结合 Ctrl 键或 Shift 键）。"菜单"选项在一个菜单中显示选项值，用户只能从中选择单个选项。

插入"菜单"操作如下所述。

① 在站点 formsite 下新建 form_menu.html 文件，在 form_menu.html 中插入表单，在表单中插入相应的表格。

② 将光标定于相应的单元格内，选择"插入"→"表单"→"列表/菜单"命令。

③ 在"属性"检查器中，根据需要设置菜单的属性。

4.3　前台脚本语言 JavaScript

1995 年 Java 语言的问世，以及 Java 语言与平台无关的优势，让人们一下子找到了在浏览器中开发动态应用的捷径。1996 年，Netscape 浏览器在其 2.0 版中增加了对 JavaApplets 和 JavaScript 的支持。Microsoft 的 IE 3.0 也在这一年开始支持 Java 技术。目前，喜欢动画、喜欢交互操作、喜欢客户端应用的开发人员可以用 Java 或 JavaScript 语言随心所欲地丰富 HTML 页面的功能了。JavaScript 语言在所有客户端开发技术中占有非常独特的地位。它是一种以脚本方式运行的、简化了的 Java 语言，这也是脚本技术第一次在 Web 世界里崭露头角。

JavaScript 是一种前面脚本语言，本身操作都在用户端进行。因此，JavaScript 提供了一种提高 Web 页面交互性更灵活的方式，可以直接通过 HTML 界面向计算机用户收集数据，不必与服务器进行数据交互，同时可以在用户浏览器端创建和存储数据，在很大程度上减轻了服务器的压力，将没有必要的数据交互停留在用户页面，可以很好地提升用户体验。

JavaScript 还可以与其他技术进行整合，比如我们熟悉的 AJAX 技术就是 JavaScript 与 XML 的异步操作结合，可以实现用户数据无刷新的更新。

4.3.1 JavaScript 的应用实例

JavaScript 在应用时一般有三种情况，一是网页加载时直接调用，二是通过定时器加载，最后一个是在网页使用过程中由用户事件触发调用。

（1）网页加载时直接调用

Javscript 如果不是特别复杂，往往都放在 HTML 文档的<head></head>标签中，或者也有放在 HTML 文档的末尾处。JavaScript 标签为<script type="text/JavaScript"></script>，所对应的代码就加载在这对标签中，如果是网页加载时直接调用，那就直接写，脚本语句弹出对话框 alert（"提示内容"），程序如下：

```
<script type="text/JavaScript">
    alert（"提示内容"）
</script>
```

（2）通过定时器加载

比如提示框 5 秒钟后跳出代码如下：

```
<script type="text/JavaScript">
setTimeout ("alert（'提示内容'）", 5000); /*5000，单位毫秒*/
</script>
```

如果是每隔 5 秒钟都会跳出来代码如下：

```
<script type="text/JavaScript">
setInterval ("alert（'提示内容'）", 5000); /*5000，单位毫秒*/
</script>
```

（3）用户事件触发调用

在用户需要时弹出提示框，比如用户单击按钮时弹出对话框，则需要编写如下代码：

```
<script type="text/JavaScript">
    Function myAlert（）{
    alert（'提示内容'）;
}
</script>
<button onclick="myAlert（）">点击弹出提示框</button>
```

介绍完了这三种模式，下面通过小案例来学习 JavaScript 的常见应用。

(1) JavaScript 弹出框制作

JavaScript 弹出框常见的有警示框、确认框及提示框，我们分别以几个小案例来说明，其中警示框就是 alert，用法可以参照前面的代码。"确认框"就是让用户自己进行选择，一般用于对用户操作的提醒，你是不是真的要这么做，比如说现在要进行不可逆的操作时，一般都需要使用提示框，提示框的代码结构如下：

```
<script type="text/JavaScript">
    var mySure=confirm（"你真的要删除吗?"）;
if（mySure ==true）{
    …进行删除操作…
    } else {
    …不进行任何操作，可直接返回…
    }
</script>
```

用户弹出框还可以是"提问框"，"提问框"与"确认框"类似，不过"提问框"允许用户进行输入，然后根据输入再做判断并进行不同的操作，选择项可以比"确认框"更丰富。

现在以一个猜数字的游戏来判断，通过随机函数给定一个 0~100 之间的整数，玩家有 5 次机会可以猜这个数字，游戏会根据玩家猜的数字进行判断，并告诉玩家太大或者太小及缩小后的数值范围，直到 5 次机会用尽玩家输，或者玩家在次数用尽之前猜对获胜，代码如图 4-42 所示，开发者只需添加一个按钮调用这个函数即可。

```
 9  function youAreRight(){
10      var minNum=0,maxNum=100;/*设定数值范围在0-100之间*/
11      var num=Math.floor(Math.random()*101);
12      /*Math.floor 向下舍去*//*Math.random()取得一个0-1的随机小数*/
13      alert(num);
14      var guessTime=5;/*设定用户可以猜的最多次数*/
15      var myNum=prompt("我是"+minNum+"-"+maxNum+"之间的一个整数，猜猜我是几？");
16      /*此处让用户进行输入，假使用户输入均为整数，未对是否整数进行判断*/
17      while(myNum!=num && guessTime>1){
18          guessTime--;
19          if(myNum>num){
20              if(myNum<maxNum){
21                  maxNum=myNum;
22              }
23              myNum=prompt("太大了，你还有"+guessTime+"次机会，请输入"+minNum+"-"+maxNum+"之间!");
24          }
25          if(myNum<num){
26              if(myNum>minNum){
27                  minNum=myNum;
28              }
29              myNum=prompt("太小了，你还有"+guessTime+"次机会，请输入"+minNum+"-"+maxNum+"之间!");
30          }
31      }
32      if(myNum==num)/*跳出循环后看看猜的数字与需要猜的数字是否一致*/
33          alert("恭喜你猜对了，我就是："+num);
34      else
35          alert("不好意思，你输了，我是："+num);
36  }
```

图 4-42 猜数字游戏代码

(2) 利用 HTML DOM 中的 Document 对象控制

文档对象模型（Document Object Model，DOM），是 W3C 组织推荐的处理可扩展标志语言的标准编程接口。在网页上，组织页面（或文档）的对象被组织在一个树形结构中，用来表示文档中对象的标准模型就称为 DOM。Document Object Model 的历史可以追溯至 20 世纪 90 年代后期微软与 Netscape 的"浏览器大战",双方为了在 JavaScript 与 Jscript 技术上对决,于是赋予浏览器强大的功能。微软在网页技术上加入了不少专属事物,既有 VBScript、ActiveX 以及微软自家的 DHTML 格式等,使不少网页使用非微软平台及浏览器无法正常显示。DOM 即是当时发展出来的成果。

开发者可以通过若干种方法来查找希望操作的元素,开发者可以通过使用 getElementById() 和 getElementsByTagName() 方法快速查找整个 HTML 文档中的任何元素,比如查找所有的<img>,可以使用 getElementsByTagName(),将整个 HTML 内的所有<img>对象都找出来。getElementById() 类似,可以查找整个 HTML 文档,但必须让用户先进行 ID 命名,由于默认情况下,ID 全称在整个 HTML 文档中不重命,所以一般用 getElementById() 定位特定的对象。

现在可以做一个小案例测试一下,假如整个 HTML 文档中有很多的段落标记,我们要逐个浏览这个段落标记,可以写成以下代码:

var PP=document.getElementsByTagName("p");

for(var i=0;i<tt.length;i++){

    alert(PP[i].innerHTML);/*表示这个段落标记内的所有 HTML*/

}

如果还想进一步做判断也未尝不可。记住,不管用 getElementById() 还是 getElementsByTagName(),最后得到的都是某个对象(元素),继续操作也是对该对象的操作。

parentNode、firstChild 以及 lastChild,是在定位到某个对象后的二次操作,分别指代对象的父节点,和具体定位到某个对象后对其拥有的多个子对象的第一个子节点后最后一个子节点,可以跟 getElementById() 和 getElementsByTagName() 联合使用。

(3)window(浏览器对象模型)操作

浏览器对象模型(Browser Object Model)即对整个浏览器的一切操作,由于现代浏览器已经几乎实现了 JavaScript 交互性方面的相同方法和属性。

所有浏览器都支持 Window 对象,它表示浏览器窗口,可以是所有 JavaScript 全局对象、函数以及变量,甚至 HTML DOM 的 document 也是 window 对象的属性之一。因此 document.getElementById("ABC") 与 window.document.getElementById("ABC") 具有相同意义。以下是常用的 window 对象操作:

window.open()——打开新窗口

window.close()——关闭当前窗口

window.moveTo()——移动当前窗口

window.resizeTo()——调整当前窗口的尺寸

(4)JavaScript 页面跳转

作为一个网站,必然是由很多网页所组成的,超链接的目的是将各个网页有机地组合起来,相信开发者在网站开发时,必然也会有很多页面跳转,那这些页面跳转在 JavaScript 中是如何实现的呢,又有哪几种方式可以在 JavaScript 中实现页面跳转呢?

第一种方法当然是直接跳转,在 JavaScript 中的直接跳转只需一句代码就可以完成,如下所示。

window.location.href='http://jsj.hznu.edu.cn';</script>

第二种是进行返回操作，即用户的返回到上一次访问的网页，语句也很简单，只有一行代码"window.history.back（-1）;"。当然这个代码可以嵌在各个地方，可以是当用户操作错误之后的页面自动返回，还可以是我们看完了内容手动返回。如果是手动返回，那就需要将以下代码嵌入到超链接或者是按钮函数之中。

<a href="javascript：history.go（-1）">返回</a>

第三种是跳转到指定页面，与第一种类似，但它不支持框架。

window.navigate（"http：//jsj.hznu.edu.cn"）；

开发者还可以通过上一知识点中打开新窗口（window.open（））的方式实现页面跳转。

4.3.2 jQuery 技术

jQuery，顾名思义，也就是 JavaScript 和查询（Query），即是辅助 JavaScript 开发的库，jQuery 是继 prototype 之后又一个优秀的 Javascript 库。它是轻量级的 js 库，它兼容 CSS3，还兼容各种浏览器（IE 6.0+，FF 1.5+，Safari 2.0+，Opera 9.0+），jQuery2.0 及后续版本将不再支持 IE6/7/8 浏览器。jQuery 使用户能更方便地处理 HTML（标准通用标记语言下的一个应用）、events（实现动画效果，并且方便地为网站提供 AJAX 交互）。jQuery 还有一个比较大的优势是，它的文档说明很全，各种应用也说得很详细，同时还有许多成熟的插件可供选择。jQuery 能够使用户的 HTML 页面保持代码和 HTML 内容分离，也就是说，不用再在 HTML 里面插入一堆 js 来调用命令了，只需要定义 id 即可。

jQuery 是一个兼容多浏览器的 javascript 库，核心理念是 "write less, do more（写得更少，做得更多）"。jQuery 在 2006 年 1 月由美国人 John Resig 在纽约的 barcamp 发布，吸引了来自世界各地的众多 JavaScript 高手加入，由 Dave Methvin 率领团队进行开发。如今，jQuery 已经成为最流行的 Javascript 库，在世界前 10000 个访问最多的网站中，有超过 55%在使用 jQuery。

jQuery 是免费、开源的，使用 MIT 许可协议。jQuery 的语法设计可以使开发更加便捷，例如操作文档对象、选择 DOM 元素、制作动画效果、事件处理、使用 Ajax 以及其他功能。除此以外，jQuery 提供 API 让开发者编写插件。其模块化的使用方式使开发者可以很轻松地开发出功能强大的静态或动态网页。

4.4 ajax 技术介绍

传统的 Web 应用中，用户向服务器请求资源，并且等待服务器的响应，这个过程可能是漫长的。传统的 Web 应用解决方案主要有 Javascript、JavaApplet 以及 JSP 和 Servlet 等方法。但随着多种 Web 应用开发技术的出现，Web 应用程序的解决技术也逐步成熟，用户对 Web 应用程序也提出了较高的要求，Ajax 也是在这种要求下于 2005 年 2 月出现的，它使得 Web 应用程序也可以像桌面应用一样有一个良好的用户体验。

然而 Ajax 并不是一种新技术，它仅仅是将几种原本大家都熟悉的技术进行了新的融合，它是 JavaScript、XHTML、CSS、DOM、XML 和 XSTL、XMLhttpRequest 等技术按照一定的方式协作完成的。

练习与思考 4

1. 了解网页型课件的基本概念，掌握网页课件的工作模式及应用范围。

2. 熟悉 Dreamweaver CS6 软件工作环境，学会利用 Dreamweaver 进行网页制作的基本操作，可以在此平台上建立建站以及对站点的管理。

3. 根据本章内容，熟悉本章所给出的几个案例，学会套用 DIV+CSS 以及 JavaScript。

4. 利用 Dreamweaver CS6 建一个课程教学网站，内容涵盖课程说明，每小节可以下载课程所对应的课件，以及可以在线播放课堂教学相关视频。

第 5 章　Flash 课件制作

Flash 是一种动画创作与应用程序开发于一身的创作软件，它可以包含简单的动画、视频内容、复杂演示文稿和应用程序以及介于它们之间的任何内容。通常，使用 Flash 创作的各个内容单元称为应用程序，它们可以是很简单的小动画，也可以是一个完整的课件。

Flash 可以很好地融合图片、声音、视频以及特效，同时支持良好的互动，正因为这些特点，可以与我们的课堂交流相结合，起到很好的辅助教学作用，Flash 是比较常用的课件制作工具。

5.1　Flash 基础知识概述

本文案例均采用 Flash CS6 制作，下面就来学习怎么用 Flash 的基本功能完成课件制作吧！

5.1.1　Flash 启动

双击 Flash CS6 应用程序后可以进入 Flash 启动界面，在这里可以看到 Flash 常规启动项，主要包括动画模板、最近的项目以及新建，如图 5-1 所示。

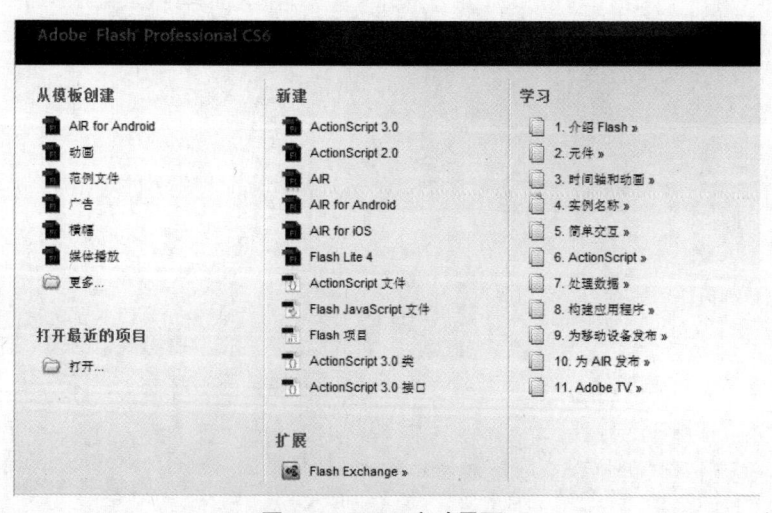

图 5-1　Flash 启动界面

在动画模板中，我们又可以找到很多已经制作好的案例，根据应用范围不同，可以看到模板分为普通动画、广告、横幅、媒体播放、演示文稿，这些都已经帮我们完成了基本的动画设置，用户只需要对动画内容加以修改即可，另一个是范例文件，从这个目录进入以后可以看到很多已做好的动画文件范例。

在新建动画中，这里包含两个 ActionScript 版本的动画，以及一些特殊格式的动画，特殊格式的动画在这里不再讲述。起初 Flash 引入 ActionScript 是为了加强对影片自身的播放控制，在 2.0 版本以前更适合没有任何计算机程序基础的学习者，3.0 版本是伴随 Flash CS3 和 FLEX 2.0 推出而同步推出的一门脚本语言，更符合业界标准，它在 Flash 编程史上具有里程碑的意义。ActionScript 3.0 是一种强大的面向对象编程语言，是用来开发 RIA（Rich Internet Applications，丰富互联网程序）的重要语言。

5.1.2 Flash 文件

Flash 的文件包换源文件、发布文件几种，源文件格式为.fla，包含了 Flash 制作完成后的图层、元件、动画等，常见的发布文件为.swf 文件，可以在带有 Flash 插件的网页内播放，或者利用 Flash Player 及一些其他支持文件进行播放，当然 Flash 还支持发布成很多其他格式。

5.1.3 Flash 界面

Flash 界面遵循 Windows 风格，也包含菜单、标题、工具栏和工作区，如图 5-2 所示。

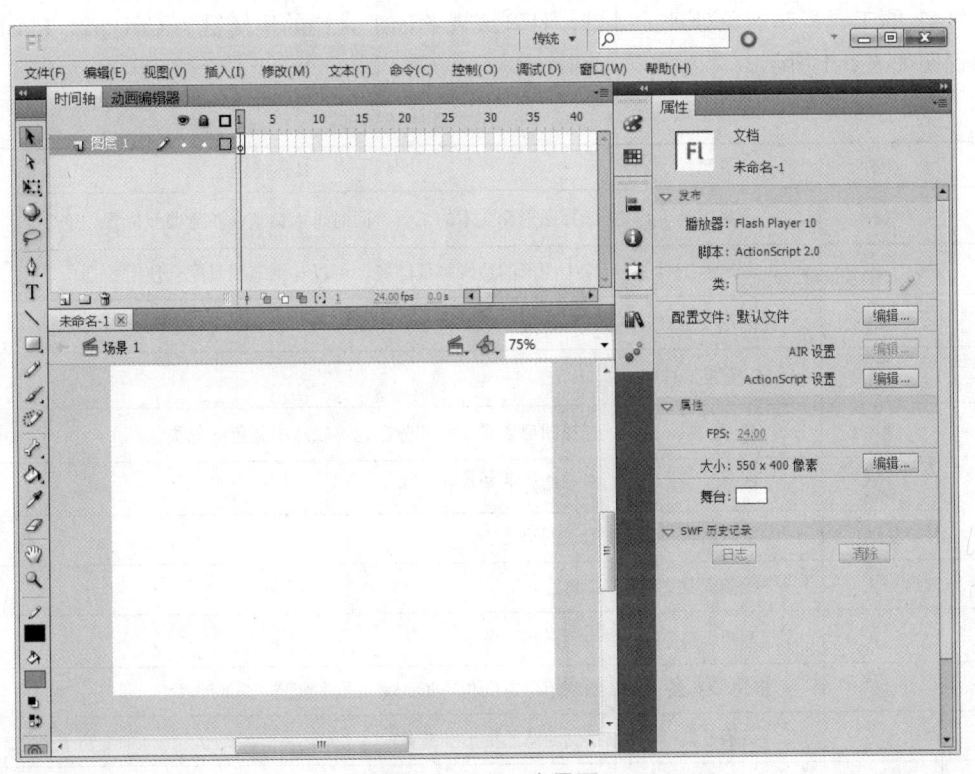

图 5-2　Flash 主界面

Flash 的界面设计得很美观也很实用，其中的每个子窗口都是活动的，可以任意拖动位置或者选择隐藏该窗口。

5.1.4 时间轴窗口

时间轴窗口分为左右两个子窗口，左侧为图层窗口，默认只有一个"图层1"，随着动画的制作，可以接着添加或者修改图层的名称和位置，右侧才是真正意义上的时间轴。

在图层面板中，可以控制图层内所绘制对象是否显示、是否锁定，或者更改图层的属性。默认状态下所有图层都是可见的，但图层越在上面显示等级越高，可以将在其下的图层上的对象遮挡，因此为了操作更方便，可以选择不显示部分或者全部图层的内容。

同时，图层还可以上锁，当图层被锁定后并不是图层内的所有操作都被禁止，而仅仅是图层内的对象不可选定，不可以对图层内对象进行处理，其余操作不受影响。

图层按其功能不同还可以分为普通层、遮罩层、被遮罩层、引导层、被引导层等，它们相互之间可以转换。

当工程有一定规模以后，图层也会越来越多，这时可以在图层面板上新建文件夹，将图层按文件夹进行归类存放。

时间轴面板的右侧才是真正意义上的时间轴，时间轴上的每个点叫做帧，有数字编号，红线所在的帧为当前帧，同一纵向上的不同图层同时出现，时间轴向右延伸表示动画播放顺序。

5.1.5 工具栏

Flash 的工具栏是对象处理的基础，打开或者关闭工具栏的快捷键为 Ctrl+F2，Flash 工具作用说明如表 5-1 所示。

表 5-1 Flash 工具作用说明

	图标	说明	具体描述
1		选择工具	选择图形和文本的工具，同时可以调整线条弯曲及位置
2		部分选区工具	选中图形的边缘形成路径，可以与钢笔工具配合使用
3		任意形变工具	任意调整图形的大小、角度
4		3D 旋转工具	
5		套索工具	选择图形中需要的部分，也可以选中同色的色块
6		钢笔工具	绘制精确的图形和线段
7		文本工具	用于创建文字
8		线条工具	画直线
9		椭圆工具	绘制椭圆与圆形
10		多边形工具	绘制矩形、圆角矩形、星形、多变形
11		铅笔工具	绘制随意的图形和线条
12		刷子工具	用于绘制矢量图形
13		墨水瓶工具	改变线条颜色

(续表)

	图标	说明	具体描述
14		颜料桶工具	改变图形的颜色，区间是否封闭，在工具栏最下方
15		滴管工具	在绘图区，吸取自己需要的颜色
16		橡皮擦工具	擦除不要的线
17		手形工具	移动舞台
18		缩放工具	放大为 Ctrl+"+"键，缩小为 Ctrl+"-"键
19		笔触颜色	填充线段颜色
20		填充色	填充图形颜色
21		黑白/交换颜色	前者前笔触颜色、填充颜色重置为黑白，后者将笔触、填充颜色进行互换

5.1.6 属性窗口

Flash 的属性窗口根据我们当前选择对象的不同有不同的内容，是对我们当前选择对象操作的一种补充，快捷键为 Ctrl+F3。文件"属性"窗口如图 5-3 所示。

当选择舞台时，可以设置 Flash 发布格式，以及舞台格式设置，单击图中"发布设置"按钮可以弹出文件发布设置格式，操作详见本章 5.7。在此还可以设置发布目标格式，Flash CS6 可以兼容 11.2 以下的版本，同时可以发布成 AIR（与 Android、iOS、Windows 桌面衔接），脚本设置即选择我们使用的脚本，共 3 个版本可选。

当选择元件实例时，可以设置元件的名称和类型、位置和大小、色彩效果、显示、音轨及滤镜等。

- 名称和类型：此处修改为实例名称，对于同一个元件的多次引用，即为多个不同的实例，用户可以给各个实例各自命名，在课件动画制作过程中无实际意义，但在程序脚本控制时，对于实例的控制即通过此处的实例名称完成。

元件类型即创建元件时的按钮、影片剪辑、图像三种基本元件，本章 5.2 有详细介绍。

- 位置和大小：Flash 实例对象的位置可以用鼠标直接拖动，完成初步定位，同时还可以使用对齐面板进行与舞台位置的一个相对定位，如果要精确到具体像素位时即可以在此处修改，X/Y 代表实例对象的左上角所在的坐标，Flash 舞台左上角为坐标（0，0），向右为 X 正向，向下为 Y 正向。宽、高代表实例的尺寸，此处修改不影响所引用元件的尺寸，修改时须保持高、宽比时需选中左侧链条，如图 5-4 所示。
- 色彩效果：Flash 的色彩效果在动画过程中经常会使用到，可以选择其亮度、色调及 Alpha（不透明度），也可以选择高级进行 RGB 及不透明度的手动调整。
- 显示：用于控制实例是否可见，实例对象的叠加效果。
- 滤镜：Flash 的滤镜效果对象只能为影片剪辑、按钮元件的实例对象，对于图像元件没有滤镜效果，在制作的过程中可以设置投影、模糊、发光、斜角、渐变发光、渐变斜角、调整颜色等滤镜效果。

图 5-3 文件"属性"窗口 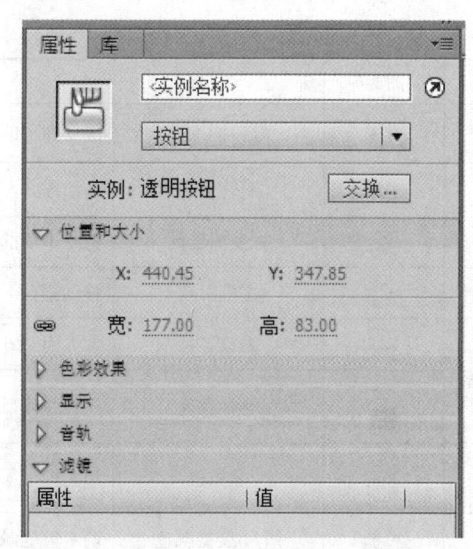　　　　　　图 5-4 对象"属性"窗口

5.1.7 库窗口

Flash 库放着动画作品的所有元素，快捷键为 F11，库窗口中除了元件预览窗、排序按钮以及元件项目列表外，同时底部还提供增、删以及文件夹管理工具。

5.1.8 对齐与形变工具

对齐与形变工具针对舞台上选定对象而言，用于调整对象或者元件的位置及旋转角度。"对齐"窗口和"变形"窗口如图 5-5、图 5-6 所示。

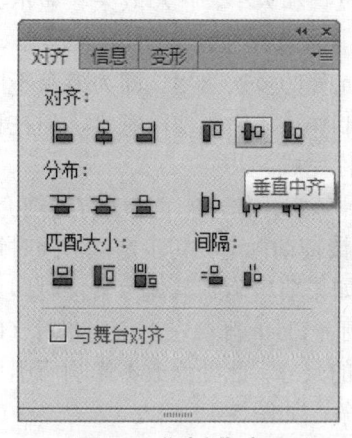

图 5-5 "对齐"窗口 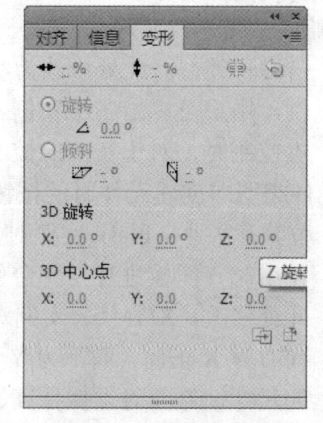　　　　　　图 5-6 "变形"窗口

5.1.9 颜色窗口

Flash 中的颜色分为填充及笔触两种颜色，填充颜色即是封闭区域内（Flash 支持对有不同大小缺口的半封闭区域的填充）的颜色，而笔触颜色是用于封闭区域的线条颜色，两者均支持无色、纯色（单色）、渐变以及位图四种模式，同时在 Flash 的颜色窗口中还可以选择颜

色的不透明度（Alpha），如图 5-7 所示。

5.2　Flash 动画元素的绘制

5.2.1　帧的概念

在学习 Flash 制作之前我们首先要来了解 Flash 的几个概念。

帧：就是影像动画中最小单位的单幅影像画面。一帧就是一幅静止的画面，动画、视频就是由很多的帧连续播放，在 Flash 中，帧就是时间轴上的一个最小刻度。

帧频：是指单位时间内，通常指 1 秒内播放的帧数，通常用 FPS（Frames Per Second）表示，快速连续地显示帧正是利用人眼视觉暂留的特性，形成了运动的假象，实际我们看到的动

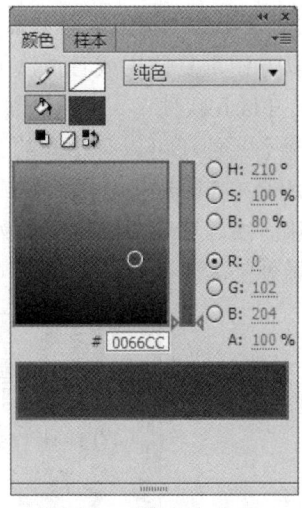

图 5-7　"颜色"窗口

画都是一张张连续的静止的画面。普通人眼的视频延时为 0.1 秒，这个数字因人而异，因此每秒超过 10 张画面连续播放后，一般人就不太容易发现延时的感觉，当然越高的帧频可以得到更流畅、更逼真的动画。每秒钟帧数（fps）越多，所显示的动作就会越流畅，在 Flash CS6 默认为 24 帧每秒。

帧可以分为关键帧、空白关键帧、普通帧、过渡帧。

① 关键帧：任何动画要表现运动或变化，至少前后要给出两个不同的关键状态，而中间状态的变化和衔接可以由计算机自动完成。在 Flash 中，表示关键状态的帧叫做关键帧，在时间轴上看到实心圆点的位置就是关键帧，快捷键为 F6。

② 空白关键帧：是关键帧上没有任何对象时的一种特殊状态，快捷键为 F7。

③ 普通帧：用于补全动画，或者是在时间轴上用于延长播放时间而插入的帧，一般是关键帧（空白关键帧）的延续，快捷键为 F5。

④ 过渡帧：在两个关键帧之间，计算机自动完成过渡画面的帧叫做过渡帧，过渡帧都处于两个关键帧之间，过渡帧隶属于关键帧，是在两个关键帧之间插入动画后由普通帧自动转化而成的。

动画制作后的时间轴如图 5-8 所示。

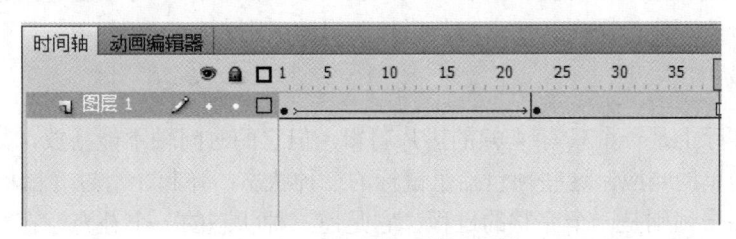

图 5-8　动画制作后的时间轴

5.2.2　Flash 动画元件及其制作

元件是构成 Flash 动画所有因素中最基本的因素，内容可以包括形状、元件、实例、声音、位图、视频、组合等。

Flash 中有很多时候需要重复使用素材，这时就可以把素材转换成元件，或者新建元件，以方便重复使用或者再次编辑修改。也可以把元件理解为原始的素材，通常存放在元件库中。在 Flash 软件中，有一个舞台用于各种展示，而舞台上形形色色的角色就需要元件来完成，同一个元件还可以有不同的分身，我们把这些分身称为对象，而元件自己在后台的库中。元件必须在 Flash 中才能创建或转换生成，它有三种形式，即影片剪辑、图形、按钮，元件只需创建一次，然后即可在整个文档或其他文档中重复使用。这个舞台上用于表演的除了舞台固定场景外都需要用元件来完成（形状补间除外）。"创建新元件"对话框如图 5-9 所示。

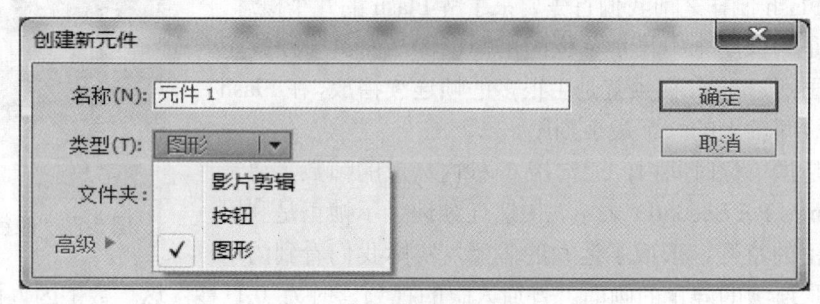

图 5-9 "创建新元件"对话框

下面为 Flash 中的常用的三种元件的基本特点。

1. 影片剪辑元件

影片剪辑元件可以理解为电影中的小电影，可以完全独立于场景时间轴，并且可以重复播放。影片剪辑是一小段动画，用在需要有动作的物体上，它在主场景的时间轴上只占 1 帧，就可以包含所需要的动画，影片剪辑就是动画中的动画。"影片剪辑"必须要进入影片测试中才能观看得到。

影片剪辑元件因为有独立的时间轴和属性，因此在后期动画、脚本控制中，影片剪辑的应用最广泛、灵活。

2. 图形元件

图形元件是可以重复使用的静态图像，它是作为一个基本图形来使用的，一般是静止的一幅图画，每个图形元件占 1 帧，图形元件也可以在其内部建立动画，但需要在主时间轴上给这个元件足够的长度，主时间轴多长，动画就可以播放多久，与在主时间轴上直接创建动画差别不大，一般不建议操作（注意它与影片剪辑的区别）。

3. 按钮元件

按钮元件实际上是一个只有 4 帧的影片剪辑，但它的时间轴不能播放，只是根据鼠标指针的动作做出简单的响应。这些帧包括了鼠标的三种状态：弹起、滑过（鼠标在元件上面）、按下。单击最后一帧则是一个完整的过程，它是前三种状态的一个补充，在整个按钮制作过程中，这一帧上的内容是不可见的，但也作为按钮的一部分，我们可以拿这一帧来制作"隐形"按钮。

按钮本身不具备交互功能，仅仅为交互提供一个可操作对象，如果让按钮具有交互功能还需要借助脚本语言，给舞台上的按钮添加动作语句就像给整个课件注入了灵魂，可以实现 Flash 文件强大的交互性。

5.3　Flash 基本动画及制作

课件中纯理论的讲述往往会显得空洞、乏味，很多知识点我们将其转化为演示动画后再展现在大家面前，更容易理解，Flash 就可以很好地帮我们完成这个过程，从而我们可能将复杂的原理用直白的动画表现出来。

制作动画时，常用的动画可以分为传统、形状和逐帧三种，其中最常见的就是第一类传统补间，同时这三类基本动画还是后面很多动画的基础，任何复杂的动画都是以这三种基本动画为原型发展起来的。

Flash 动画是两个关键帧之间进行一系列补间所完成的，所以 Flash 的动画也被称为补间动画，而所谓补间即是由系统完成的两个关键帧之间逐渐演变的过程性插帧。

下面为 Flash 中的三种常用动画的制作过程。

5.3.1　补间形状动画的制作

补间形状动画即是在时间轴上两个对象在两个关键帧之间从一个对象演变成为另一个对象的过程，此过程中可以改变对象的位置、形状和颜色。

下面来看一个象形文字演化的补间形状的案例，操作步骤如下。

① 新建一个 Flash 档，将舞台大小调整为高 300 像素、宽 150 像素，背景颜色设置为黑色，帧频（FPS）设为 12，如图 5-10 所示。

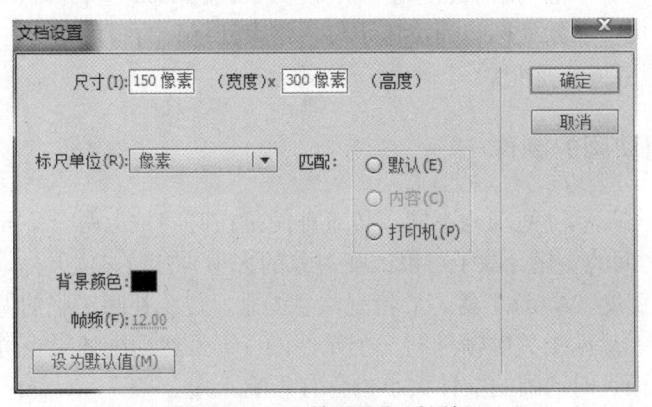

图 5-10　"文档设置"对话框

② 选择"文件"→"导入"→"导入到舞台"，将素材库中的图像"象形文字—人"选中，再选择"修改"→"分离"，或右击在弹出的快捷菜单中选择"分离"（快捷键 Ctrl+B），此时我们得到了文件的分离图，可以看到图片转换成了打散状态，上面有很多离散状态的点，此时可以选择图片中的任意一部分。

③ 利用"套索工具"中的"魔术棒"，选择中间的黑色文字部分，此时可以修改其填充色，将其改为"#996600"，并将边缘白色部分删除，保留文字部分，如图 5-11 所示。

④ 选择"窗口"→"对齐"（快捷键 Ctrl+K），将文字相对于舞台选择"水平对齐"，"垂直居中分布"，效果如图 5-12 所示。

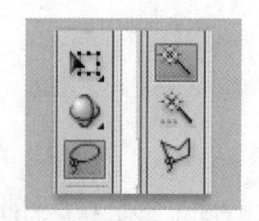

图 5-11　魔术棒的设置与使用　　　　　图 5-12　对象相对于舞台对齐

⑤ 在第 20 帧处插入空白关键帧（快捷键 F7），此时可以看到第 2~19 帧处出现了灰色帧（普通帧），利用文字工具输入汉字"人"，选择"隶书，150 号"，同样将字"居中对齐"并进行"分离"操作。

⑥ 在普通帧的任意处右击在弹出的快捷菜单中选择"创建补间形状"即可完成动画制作，此时可以看到刚才的普通帧此时转变成了背景是绿色并有实线箭头的一个动画，使用"控制"→"测试影片"→"测试"（快捷键 Ctrl+Enter），即看到完成的动画。

⑦ 完成了上述的操作，我们还可以做进一步的修改，利用鼠标选择时间轴上的第 1 帧，右击在弹出的快捷菜单中选择"复制帧"，在第 40 帧处右击在弹出的快捷菜单中选择"粘贴帧"，并在自动生成的普通帧上同样使用"创建补间形状"。此时可以看到现代汉字又重新转换成了象形文字，同时使用 Ctrl+Enter 快捷键查看影片时也变成了一个完成的动画，这里利用了 Flash 影片的重复播放功能，当播放到最后一帧时又会自动从头开始播放。

本案例用到了象形文字与现代汉语文字的转换，但并不代表所有的象形文字都可以完整地转换成现代文字，在使用形状补间动画时还是有些我们需要注意的地方，比如要避免使用有一部分被挖空的形状等。形状之间的变化是不完全可控的，如果要保证起始状态上的哪个点对应结束状态上的哪个点，就需要使用形状提示来告诉 Flash 起始状态上的哪些点应与结束形状上的特定点对应，初始处标记为黄色字母，结束处标记为绿色字母，每个点由字母 a~z 标记，最多可以使用 26 个标记。

5.3.2　传统补间动画的制作

传统补间动画与形状补间动画不同，传统补间是在时间轴上两个不同关键帧对同一对象（元件）两种状态之间的变化，除了可以改变对象的大小、方向、位置外，还可以改变对象的色调、亮度以及透明度（Alpha）等。要特别注意的是，传统补间正确的做法是先创建元件再创建动画，保证前、后两个关键帧是同一个元件，否则虽然动画效果也可以看到，但却在修改时会非常不便，而且对动画的文件大小也会有影响。

下面以一个简单的案例来学习传统补间动画是怎么完成的，在学习的过程中要细细体会，抓住关键点，作为动画的对象可以利用工具栏绘制，也可以使用提取出的网络素材。

本案例描绘了小车的运动，为使其表现更加真实，深化传统补间动画的应用，我们绘制了道路背景及石块。其中，对象的绘制可以直接在 Flash 内完成，也可以选择利用 PS 来协助完成，当然也可以直接从网上下载图片。素材图片如图 5-13 所示。

① 新建一个 Flash 文档，将舞台大小调整为高 550 像素、宽 400 像素。

② 选择"文件"→"导入到库"，选中素材库中的"road.png""car.png"，并将素材导入到库中。

③ 打开库面板（快捷键：F11），将素材拖放到舞台上，选中对象，右击在弹出的快捷菜

单中选择"转换为元件",再选择"图像",将素材制作成图像元件,也可以按 5.2 节讲到的方法创建图像元件。如果导入的是 png 格式的素材,系统会自动生成一个图像元件,在不需要对元件进行修改的情况下,可以直接利用生成的图像元件进行操作,如图 5-14 所示。

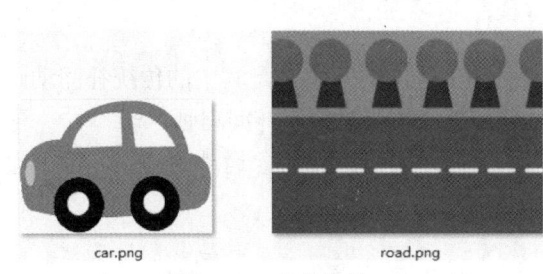

图 5-13　素材图片

图 5-14　png 图像导入库后文件示意图

④ 在时间轴上任一位置(可以选择 50 帧处)右击在弹出的快捷菜单中插入"关键帧"(快捷键:F6),将元件对象移动到舞台的其他位置上(此时也可以选择在属性面板中更改元件的色彩效果、位置和大小)。在生成的普通帧任意位置上右击在弹出的快捷菜单中选择"传统补间",此时即可看到普通帧转换成为过渡帧,同时可以看到普通帧上出现实线箭头,此时动画已经完成,然后按 Ctrl+Enter 快捷键测试影片。

⑤ 用鼠标将当前帧选择到过渡帧的任意位置上,然后拖动舞台中的元件,此时可以发现原先的时间轴上多出了一个关键帧,此时再看时间轴就变成了两段动画,通过测试动画也可以看到该效果,更多动画变化可以重复刚才的操作。

⑥ 将光标定位在刚才的过渡帧上,此时打开"属性"对话框(快捷键:Ctrl+F3),我们注意到此时的"属性"对话框与刚才看到的调整目标关键帧的属性时已不同,这里更改的是动画的属性,因此关注属性面板中的补间有如下几种形式。

- 缓动:取值范围-100~100,代表的是动画变化过程中的变化程度,如同物理上的加速或者减速运动。
- 旋转:即在动画进行过程中,元件对象是否顺时针或者逆时针旋转,并可以选择旋转圈数。
- 注:当需要旋转半圈时,可以选择使用"任意形变",旋转目标关键帧上的对象。"调整到路径"等将在以后引导层动画时使用并做介绍。

5.3.3　逐帧动画的制作

逐帧动画就是前两种动画方式都无法表达时,在动画创作过程中一帧一帧描述其变化的一种动画。逐帧动画更像是传统动漫绘制的过程,需要将对象的每个变化都用不同的帧(图像)表现出来。

此类动画一般可以参考小的 GIF 动画或者汉字书写过程,无法用动画的形式加以描述的。

5.4 Flash 动画的进一步提升

前面已经描述了 Flash 的三种基本动画,现在在这两种动画的基础上做进一步的提升,完成两种更高级的动画,分别是引导层动画和遮罩层动画。

5.4.1 引导层动画的制作

引导层动画是基于 5.3 节中的三种动画的基础上完成的,主要是其中的传统补间动画,接下来我们在案例分析的过程中不作特殊说明时一般指的就是传统补间动画。

引导层动画,顾名思义就是有一根或多根引导线牵引着元件对象运动的动画,以下通过三个案例来说明这种动画。

1. 引导线动画 1:跳动的文字—1

① 首先新建一个 Flash 文档,在其上面写上"课件制作"4 个字,将其转化为图形元件,然后拖动它们的位置、大小等做好传统补间动画。

② 在文字层上右击在弹出的快捷菜单中选择"添加传统运动引导层",将其命名为"引导线",用铅笔工具在上面随意绘制一条任何笔触颜色的连续曲线。

③ 用选择工具将文字层第 1 帧上的文字元件的中心圆点拖动到上一步绘制的曲线上的任意位置,结束关键帧也做同样的操作。

④ 按 Ctrl+Enter 键测试影片,就可以看到,文字不再像传统补间动画那样从开始帧上的位置走直线到达结束帧位置,而是沿着我们刚才绘制的曲线运动了,但此时我们并没有看到刚才绘制的那条引导线,原因很简单,因为引导线只是一个路径,是不可见的。

那么问题来了,如果我们要看到多个元件运动怎么办呢?还有如果想看到元件的轨迹又怎么办呢?还有没有其他的特殊图形可以用来做引导线呢?带着这 3 个疑问我们来看一下以下这两个案例。

2. 引导线动画 2:多引导线与多个元件

① 接下来对刚才的动画进行调整,同样新建文档后,在舞台上写上"课件制作"4 个字,然后选择"分离",并选中 4 个字再右击,在弹出的快捷菜单中选择"分散到图层",这时可以看到 4 个字被分别放在了 4 个不同的图层中,如图 4 15 所示。

② 在"图层 1"中绘制 1 条或多条曲线,用来当作 4 个字的引导层,本例绘制了两条线,为以示区别,特意使用两种不同的颜色,如图 5-16 所示,从第 1 个案例中我们知道无论用什么颜色的引导线最终都是无法看到的。

③ 在"图层 1"上右击,在弹出的快捷菜单中选择"引导层",将"图层 1"转换为引导层,此时可以看到图层 1 前面的图标从纸变成了线轴,并将 4 个文字层拖放到引导引下,操作如图 4-17 所示,或者逐个图层右击,在弹出的快捷菜单中选择"属性",将其改为补引导层。

④ 然后分别给 4 个文字层创建传统补间动画,让它们动起来,同时将引导层延长到 4 个文字层最长处。

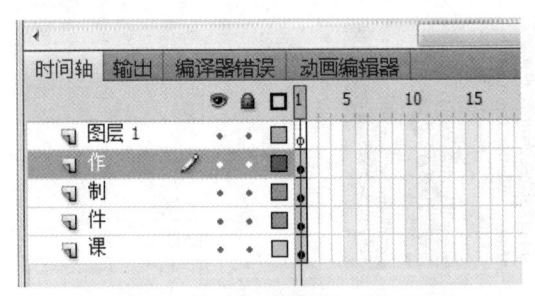

图 5-15　多引导线图层分布示意

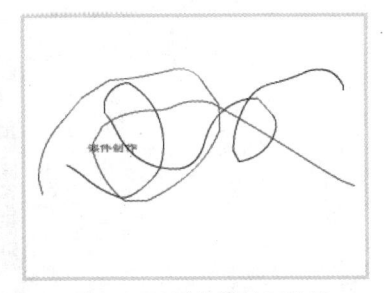

图 5-16　引导线绘制效果

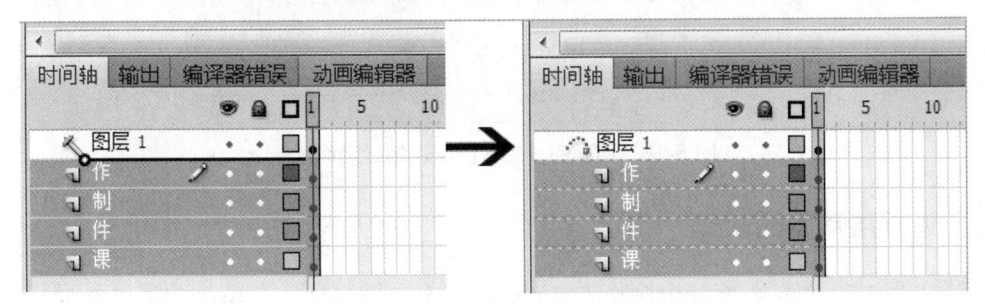

图 5-17　设置被引导层过程

⑤ 按上一个案例的方法将 4 个文字层的开始关键帧上的文字拖放到引导线上，利用多个引导线或者多个被引导层的动画就完成了，但请注意，拖放到引导线上时，同一个元件必须在同一条引导线上。

3．引导线动画 3：地球公转

本例请大家关注两点，一是特殊引导线；二是怎么制作可见"引导线"。

① 新建一个 Flash 文档，将文档设置为"尺寸：300px×200px，背景：黑色，FPS：24"。

② 利用椭圆工具，设置禁止笔触颜色，并将填充色设为红色，在舞台中心偏右位置绘制一个红色的圆，示意为太阳，因为整个动画过程中太阳都是不运动的，所以这一步到此就可以结束了，或者把当前图层锁定，不需要将其转化为元件。

③ 新建一个图层，重命名为地球，同样利用椭圆工具绘制一个填充色为"#009900"比太阳略小的圆，并将其转化为元件。

④ 在地球图层上右击，在弹出的快捷菜单中选择"添加传统运动引导层"，并在引导层上利用椭圆工具，设置禁止填充色，任意颜色的笔触颜色要注意与舞台背景色相区别，否则无法看到，在舞台上绘制合适的椭圆运动轨迹。

⑤ 给地球层创建目标关键帧，并创建传统补间动画，依次给太阳、引导线层同等长度位置上插入帧。

⑥ 到这里很多同学可能觉得动画就可以完成了，但我们往往在这里陷入瓶颈，以一条封闭的曲线做引导层时，被引导层不可能会自动绕圈子走远路，所以我们还要给这个封闭的引导线挖一个很小的缺口，将被引导对象的开始、结束关键帧放置在缺口的两侧。

⑦ 另一方面我们这次还要做一个可视的引导轨迹，所以首先选择插入图层，然后复制引导层第 1 帧，在新建图层上选择粘贴帧，并将此图层改为普通层。

139

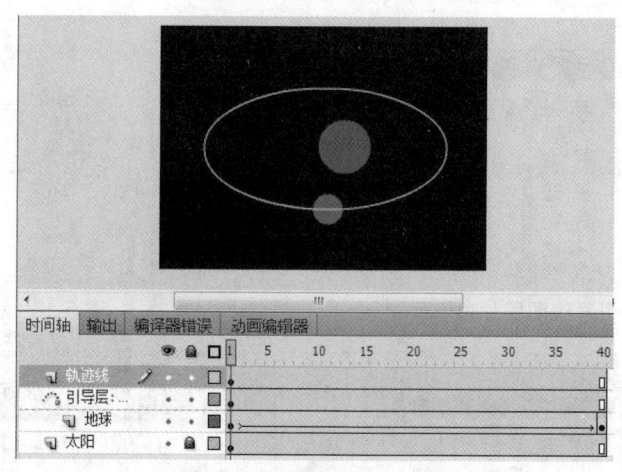

图 5-18　动画完成后各图层、帧、动画显示

5.4.2　遮罩层动画的制作

遮罩层动画的实际意义就是在遮罩层上创建一个任意形状的"视窗",遮罩层下方的对象可以通过该"视窗"显示出来,而"视窗"之外的对象将不会显示。

首先来制作一个相对简单的动画,新建一个文档后,将舞台背景改为黑色,其他都不变。

① 在舞台上创建一个圆的图形元件,并做好传统补间动画,元件填充色、笔触颜色任意,如果有笔触、填充色时一定要将笔触、填充色都选中后再转换为元件,测试一个已做好的传统动画是否成功,如果成功则进行下一步操作。

② 插入新的图层,并将图层拖放到刚才传统补间图层的下方。图层效果如图 5-19 所示。

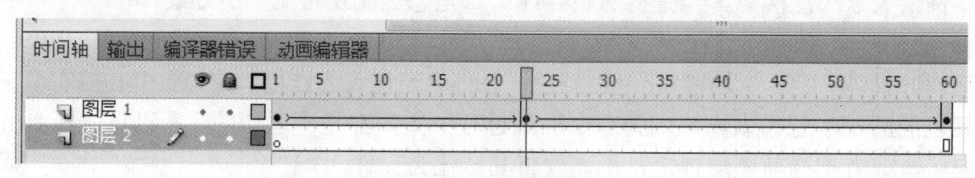

图 5-19　图层效果

③ 在"图层 2"上任意绘制任意形状、大小、颜色的图形,当然也可以使用风景照片等导入舞台。

④ 在"图层 1"即传统补间动画图层右击,在弹出的快捷菜单中选择"遮罩层",此时将看到图层转化后的效果如图 5-20 所示。在舞台上绘制的各种形状的图案也只剩下一部分,此时再测试影片,可以看到探照灯效果,遮罩层动画完成。

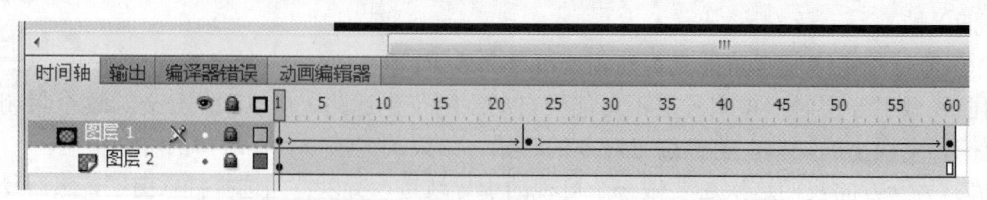

图 5-20　遮罩动画完成后的图层、帧、动画时间轴效果

在制作遮罩层动画的过程中须注意三点:遮罩层是不可见的,作者无须关心遮罩层中填充对象是什么颜色,但在制作的过程中,不能使用笔触颜色来做遮罩层,在遮罩层动画中如

果遮罩层仅有笔触颜色，则遮罩无效；遮罩层动画可以拿动画层来遮罩非动画层，也可以拿非动画层来做遮罩层，只需符合设计需求即可；在做遮罩动画时尽量不用影片剪辑来做遮罩层，由于软件的缘故，部分影片剪辑做出的遮罩层显示效果不理想。

因引导层、遮罩层均为导出时不可见层，所以这样的层还可以用来给制作者提示、备注之用。

5.5 Flash 课件的交互操作

有了以上制作动画的基础操作能力后，我们可以试着想象一下，这里面的动画是怎么完成的呢，哪些可以用传统补间、形状补间来完成，哪些需要借助引导线，或者遮罩来实现，或者采用逐帧动画，这些可以帮助我们完成课件中的一个个案例的制作。

在制作课件时那些交互如何来完成呢？这就需要学习 Flash 的脚本，Flash 的交互脚本叫 ActionScript，通常在用的有两个版本，通常其他脚本的更替都是下一个版本替换上一个版本，而 Flash 的两个版本却是并行的。两个版本之间既有联系又可以说是完全独立的，它们的联系就是各自都可以完成 Flash 的基本交互功能，完全独立是说它们的运行模式、机制完全不同。

对于初学者而言，假使没有任何计算机语言基础，通过几个小案例后就可以对 2.0 版本有基本的了解，但对于 3.0 版本则需要有一定的 Object Oriented Programming（面向对象程序设计）基础，否则入门较困难。因为 2.0 版本是基于对象的，事件通过按钮、影片剪辑上的动作完成，而 3.0 版本则是通过事件侦听来完成的，在语法上 3.0 版本则更规范，运行效率也比 2.0 版本要高得多。

既然 2.0 版本可以实现我们的基本功能，学习更简单，那么我们还是应该来学习一下交互是怎么完成的。下面通过一个"鼠标动画"案例来看一下 2.0 版本的帧动作、按钮事件动画，同时也来复习 Flash 的基本动画。

① 首先新建一个 Flash 文档，此时当然选择"ActionScript 2.0"，如图 5-21 所示。

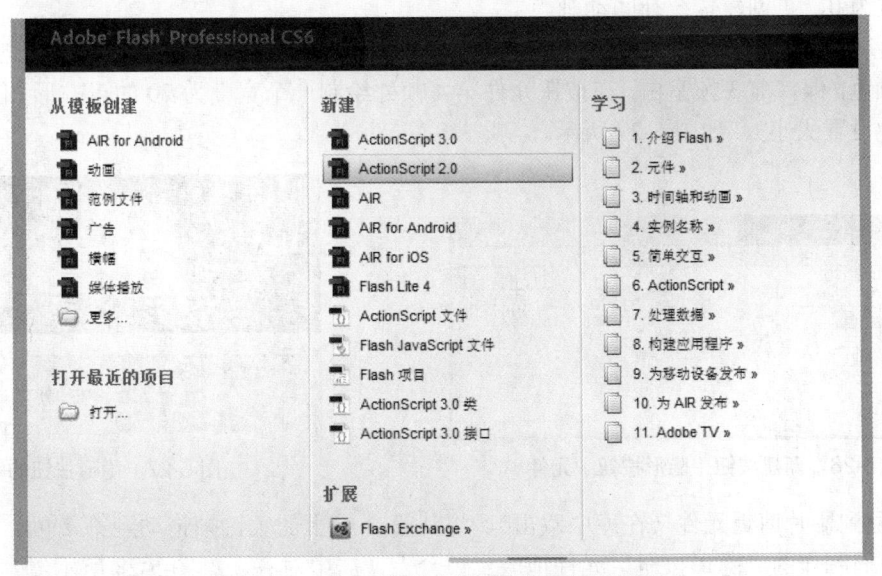

图 5-21　Flash 新建文件时选择不同的脚本

② 将舞台属性设置为"宽：500 像素，高：400 像素，背景：黑色"，如图 5-22 所示。
③ 新建一个影片剪辑元件，重命名为"光晕动画"，如图 5-23 所示。

图 5-22 舞台属性设置

图 5-23 "创建新元件"对话框

④ 利用椭圆工具，将填充色设为无（禁填充），将笔触颜色设为白色，在元件的舞台上绘制一个圆环，再选中圆环，在属性面板中宽、高均设为 20，笔触设为 1.00，居中对齐（圆心与舞台中心点重合，也可以将 X，Y 均设为-10），如图 5-24 所示。鼠标在圆环上右击在弹出的快捷菜单中选择"转换为元件"，重命名为"圆环"，如图 5-25 所示。在此我们用两种不同的方法创建了影片剪辑元件、图形元件。

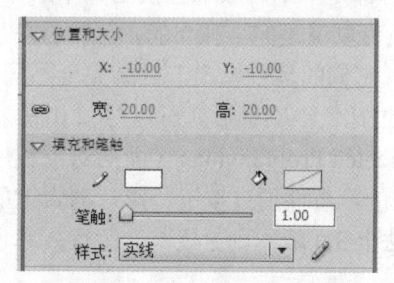

图 5-24 元件位置和大小设置

图 5-25 "转换为元件"对话框

⑤ 在"光晕动画"影片剪辑元件的时间轴 20 帧处插入"关键帧"，并将圆环利用任意形变工具放至约原来的 3 倍大小，或者直接在属性中将其宽、高均设为 60，再次选择居中，让其圆心与舞台中心处重合，在属性窗口中选择"色彩效果"，下拉菜单选择"Alpha"，将其不透明度设为 0，再创建传统补间动画。

⑥ 新建按钮元件，重命名为"隐形按钮"，如图 5-26 所示。将笔触禁色，填充色任意选择一个颜色，保持前 3 帧空白，在按钮元件第 4 帧处绘制一个宽度为 20 的正方形（任意绘制，在属性中设置大小），如图 5-27 所示。

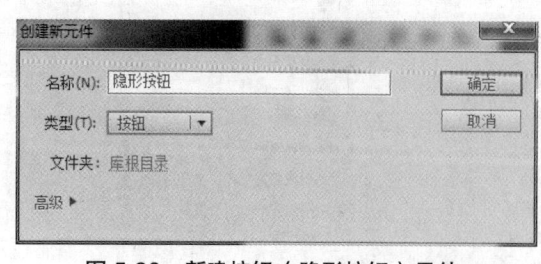

图 5-26 新建按钮（隐形按钮）元件

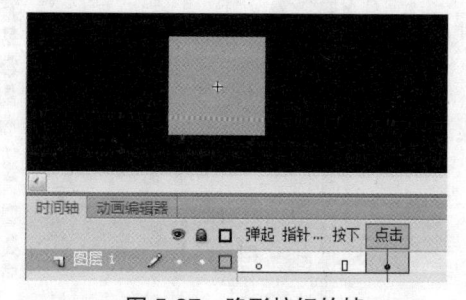

图 5-27 隐形按钮的帧

⑦ 回到影片剪辑元件（在库中双击），将其第 1 帧上的关键帧拖动到第 2 帧，并在第 1 帧上将我们制作的"隐形按钮"元件拖放到舞台上，居中对齐，如图 5-28 所示。

⑧ 在影片剪辑元件时间轴的第 1 帧上右击，在弹出的快捷菜单中选择"动作"（或在菜

单中选择"窗口"→"动作"），打开"动作"窗口，如图 5-29 所示。

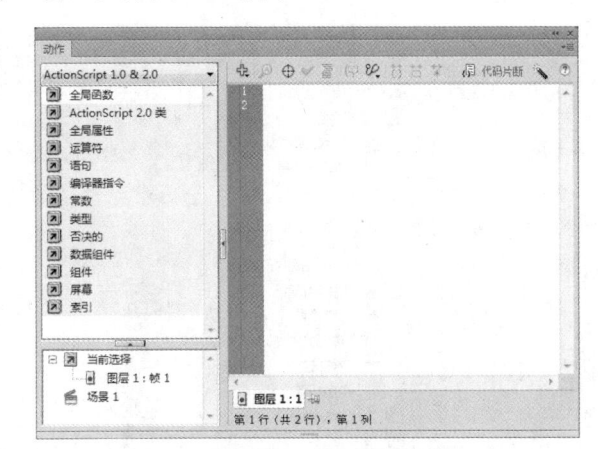

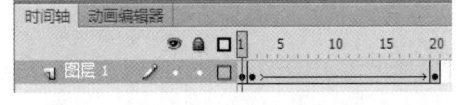

图 5-28　光晕效果影片剪辑各帧示意

图 5-29　"动作"窗口

⑨ 将动作窗口右上角的脚本助手（动作工具箱）打开，在左侧列表中选择"全局函数"→"时间轴控制"→"stop"，并双击，如图 5-30 所示。

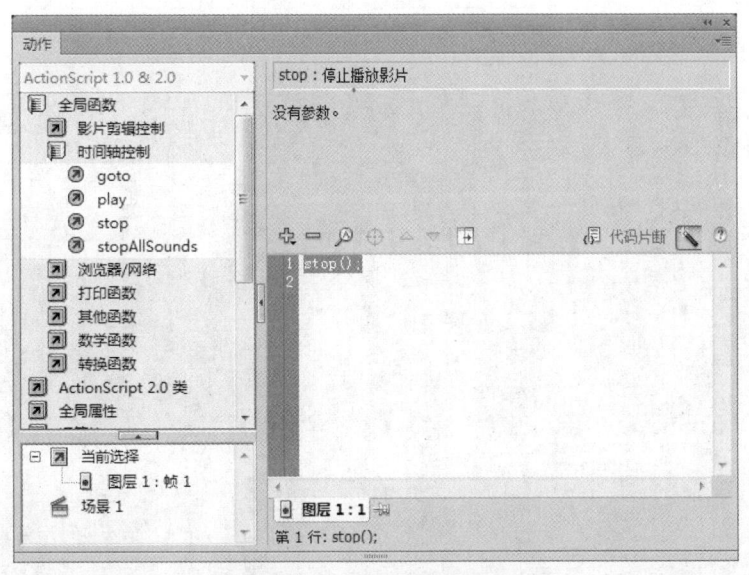

图 5-30　动作窗口插入帧动作后

⑩ 在第 1 帧上的"隐形按钮"对象上右击，在弹出的快捷菜单中选择"动作"，可以打开"动作"窗口，此时进入了按钮动作中，继续保持脚本助手打开，双击"goto"，此时可以看到的脚本如图 5-31 所示。选择"gotoAndPlay（1）"处，将帧设为 2，其他保持不变。

⑪ 单击"场景 1"回到主场景，将影片剪辑元件"光晕动画"，拖放到舞台上来（此过程称为实例化），可进行一个或多个拖放。此时可以看到半透明的按钮在舞台上，此时已经可以测试影片（快捷键 Ctrl+Enter），单击按钮所在的位置（按钮为隐形状态，应记得大致在什么位置，可以将鼠标划动，什么地方出现手形图标，按钮就在什么地方），此时就可以看到圆环放大变透明的过程。

⑫ 关闭影片测试回到主场景，将影片剪辑元件移动到舞台左上角，并按住键盘上的 Alt 键，用鼠标移动影片剪辑元件。此时，看到元件并没有移动而是复制了一个新的实例对象，

143

重复移动动画，让整个舞台都铺满影片剪辑实例。完成后的舞台画面如图 5-32 所示。

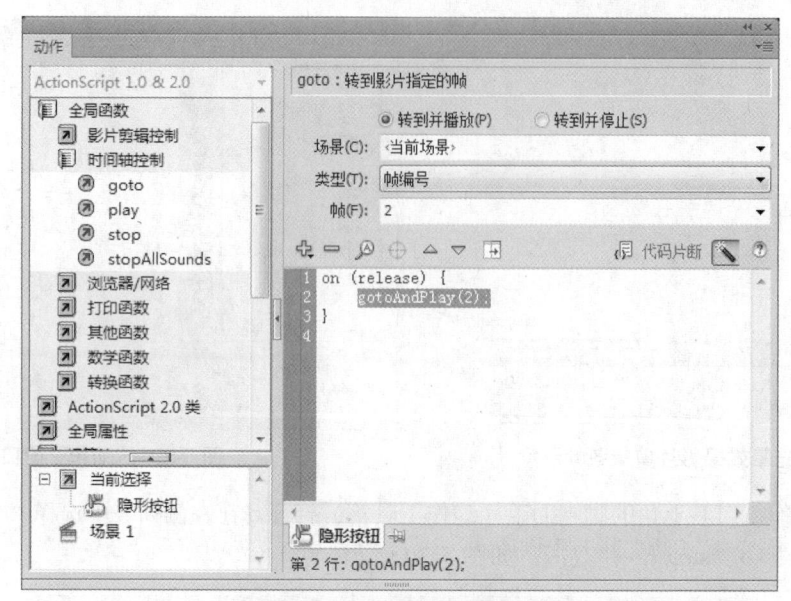

图 5-31 动作窗口插入触发动作后

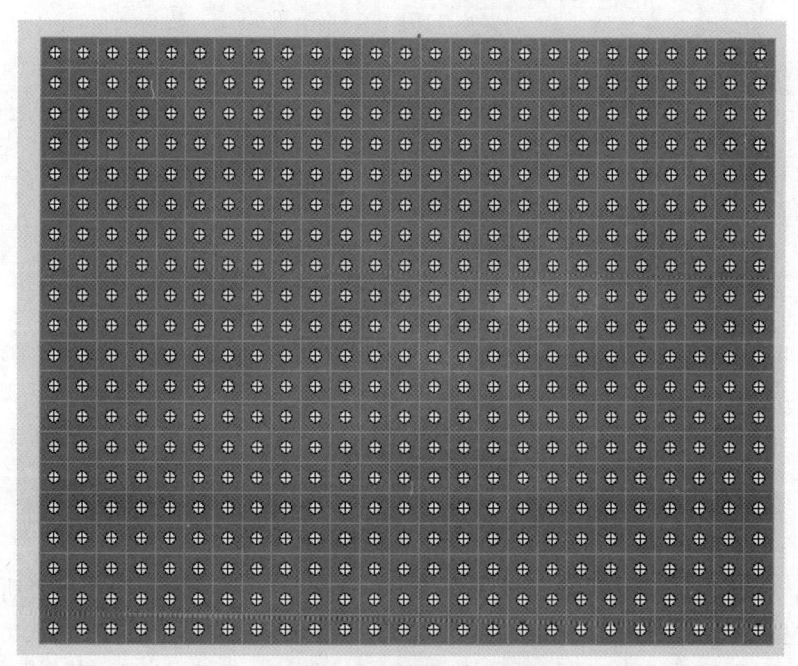

图 5-32 完成后的舞台画面

⑬ 再次测试影片，可以在舞台任意位置上单击，都可以看到圆环变大、变透明。

⑭ 回到主场景，选择任意一个影片剪辑，并双击，此时可以进入到影片剪辑元件的编辑模式中，右击隐形按钮，回到刚才的按钮动作中，选择代码中的 on（release）行，此时弹出的对话框如图 5-33 所示。将"事件"中勾选"滑过"，刚才的 on（release）处变成了 on（release, rollover），Flash 的按钮事件可以多选，此时触发事件由刚才的单击事件改为既可以单击也可以用鼠标滑过。触发事件修改后的动作效果如图 5-34 所示。

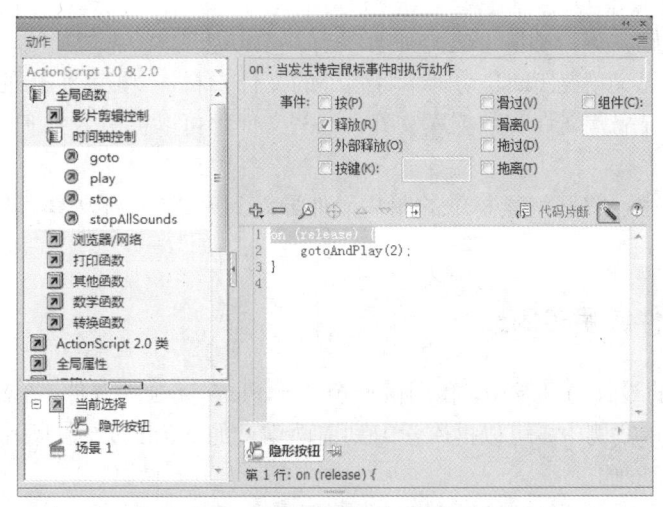

图 5-33 修改按钮事件代码触发事件

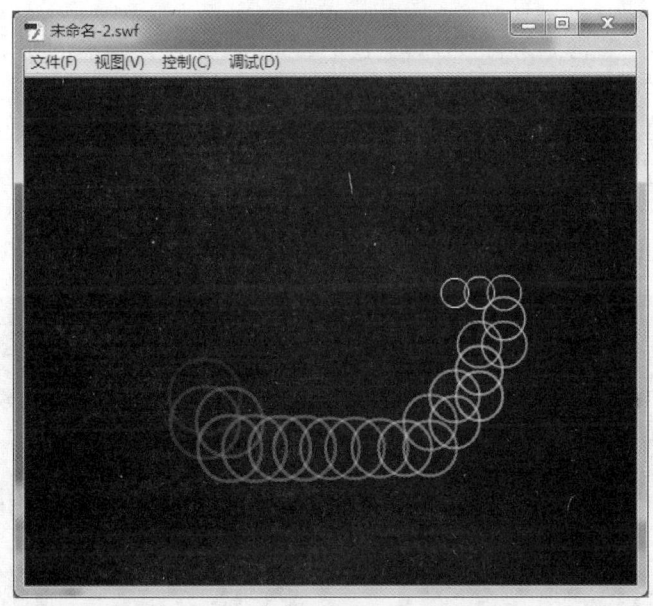

图 5-34 触发事件修改后的动画效果

  此案例其中结合了影片剪辑、图形、按钮（隐形按钮）三种元件以及时间轴动作、按钮动作两种动作，在舞台上还利用了同一个元件进行多个实例化的过程。

  在案例中仅仅只用到了 stop（）、gotoAndplay（）这些简单的时间轴函数，Flash 的函数有很多，这里就不再一一展开，希望通过本案例的制作达到举一反三的效果，再多的脚本详见 Flash 帮助文档。

5.6 外部文件引入与控制

  虽然 Flash 动画功能非常强大，但在制作动画的过程中也是比较费时的。除了要绘制或者制作一个个的动画元件，还需要给这些元件再串连成一个个的小动画，当然这些动画可以很好地表达课件的主题内容，那除此之外还有没有其他办法呢？

外部文件顾名思义就是 Flash 动画本身之外的文件素材，一般我们指的是图像、声音、视频，当然也包括系统配置文件和数据库文件，这些文件都可以被引入到 Flash 中来，构成课件的一部分。

在前面的案例中已将网络素材中的图片元件导入到库或者舞台中，完成了传统补间动画的制作。

5.6.1 Flash 课件应用实例分析

在 Flash 课件的设计与开发中，我们做一个关于 Flash 动画的课件，在课件中将介绍 Flash 的引导线动画。在本案例中，可以再次学习到前面学过的 Flash 传统补间动画、逐帧动画、引导线动画及遮罩层动画。

首先，课件分为两个场景，场景 1 为引入动画，场景 2 为课件的主体。场景 1 分为三个部分（三个动画）来完成。

① 整个画面以一幅海景为背景，其中整个画面下半部分为海水，利用遮罩层动画完成较为美观的一个水波效果。

② 画面中间用多彩文字"FLASH 课件——引导线"，结合前面学习过的 Flash 引导线功能加入一个 Flash 引导线动画。

③ 最后在右下角放置一个进入课件教学主体的按钮，当单击后，加入了可以跑动的虚线的逐帧动画，并在此添加动画，进入课件教学主体，如图 5-35 所示。

图 5-35 综合课件案例首页

课件的主体为另一个场景，本场景分为"知识提纲""单引导线""多引导线""知识回顾"4 个部分，在课件制作的过程中均用单独一帧表示，将 4 个部分的提示语制作成菜单项，单击即可进入相应内容的帧，如图 5-36 所示。各部分操作如下。

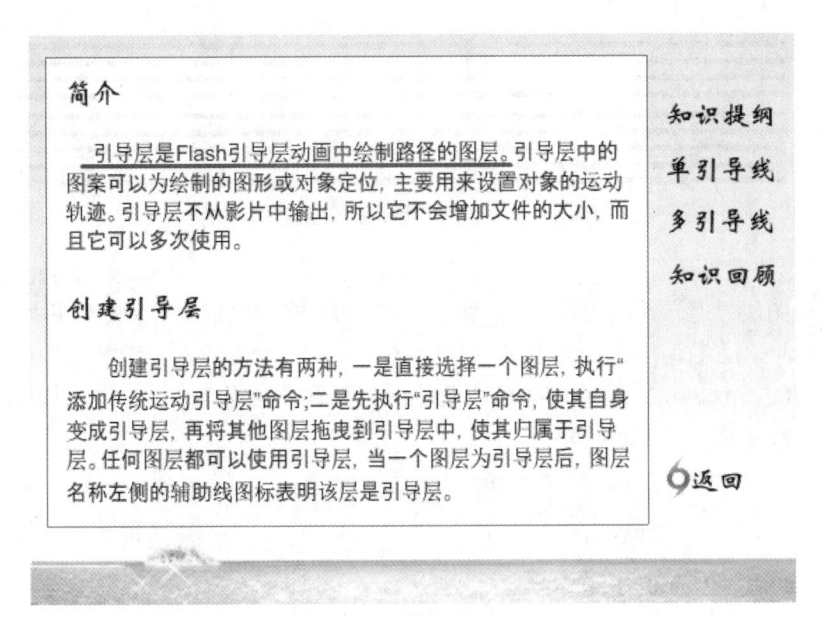

图 5-36　课件主体页效果

① 知识提纲用文字工具输入相应的文字显示，添加了一个利用遮罩完成的画线动画。

② 单引导线、多引导线则利用外部制作的一个小动画（前其引导线案例导出动画），通过一个空的影片剪辑对象引入外部文件。

③ 知识回顾部分添加了一个判断题，可以根据问题进行判断，这里会用到动态文本框。如果结合数据库，可以将题目置入数据库中，本书在课件与数据库连接技术一章中专门针对 Flash 有数据应用的介绍，本处不再细讲。

5.6.2　课件制作演示

首先，让我们按步完成引入场景的制作。

① 新建一个 Flash 文档，选择 ActionScript 2.0，舞台大小设置为 550*400，其余保持不变。

② 将素材导入到库，并将背景"海景"拖放到图层 1，并利用对齐工具居中对齐，完成后锁定图层。

③ 新建图形元件"水波线"，如图 5-37 所示。选择"矩形工具"，将笔触禁色，选择与背景不同颜色的填充色，在新建的元件中利用矩形工具绘制多条矩形，长度比舞台宽度略宽（可在后期再作调整），高度线为 5px，绘制完一个矩形后，将矩形选中按住 Alt 键，利用鼠标拖出剩余的线。设置后的"水波线"图形元件对象效果如图 5-38 所示。

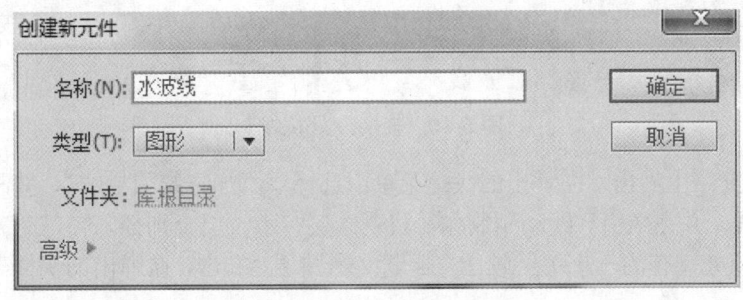

图 5-37　新建"水波线"图形元件

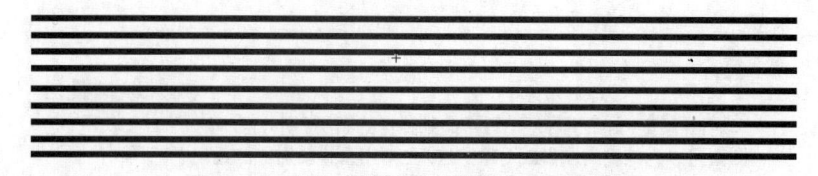

图 5-38 "水波线"图形元件内对象效果

④ 新建影片剪辑元件"水波",如图 5-39 所示。将"海景"图像放入到元件中,在海景图层上方新建图层"遮罩层",将上一步新建的"水波线"元件拖入,放置在"海景"图像的下半部分海面上。适当调整大小,分别在第 10 帧、第 20 帧处插入关键帧,将第 10 帧处将水波线向下移动约 5px,让关键帧之间有所变化,然后在两段关键帧之间分别添加传统补间,并将海景所在图层第 20 帧处插入帧(补齐)。

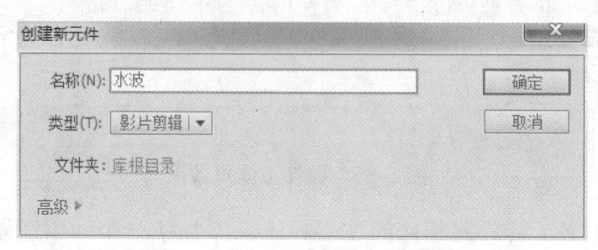

图 5-39 新建"水波"影片剪辑元件

⑤ 在"水波"元件的"遮罩层"上右击,在弹出的快捷菜单中选择"遮罩层",此时我们发现原来的"海景"背景图只剩下有水波线的那部分,其余部分均消失。

⑥ 回到"场景 1",新建图层,将上一步完成的"水波"元件放入,拖放到下方水面上,与原水面有一定的错位,锁定图层,至此,水波效果已完成设置。

⑦ 在"场景 1"中新建图层"标题文字",利用文字工具分两行写入"FLASH 课件——引导线",设置为"华文新魏"、"40 号"。

⑧ 将上一步中的文字层选择两次"分离",并逐个选择文字,将文字处理成效果图中多彩的效果,制作完成后选择所有的文字,并转化为图形元件"标题文字",如图 5-40 所示。

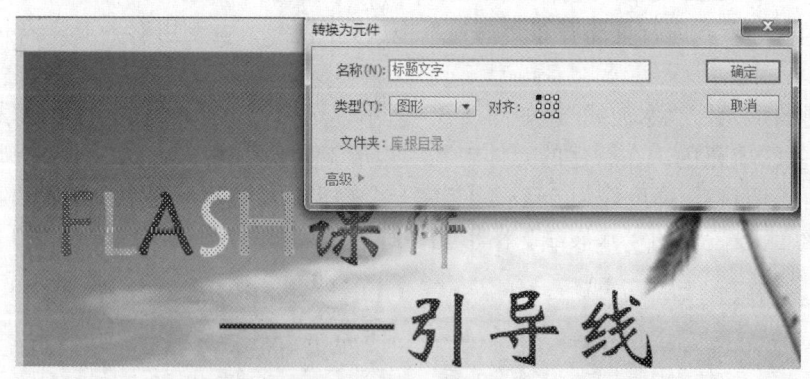

图 5-40 转换为图形文件

⑨ 在标题文字上右击,在弹出的快捷菜单中选择"添加传统引导线",并利用铅笔工具绘制一条连续曲线,并完成引导线动画制作,将背景层、水波层分别插入帧,对齐在 40 帧左右。

⑩ 在 40 帧处仅有的一个关键帧上(标题文字图层)右击,在弹出的快捷菜单中选择"动作",写入"stop();"。

⑪ 新建按钮元件"点击进入",在"弹起"帧上利用文字工具写入"点击进入",设置为"华文新魏""40号""红色",如图 5-41 所示。

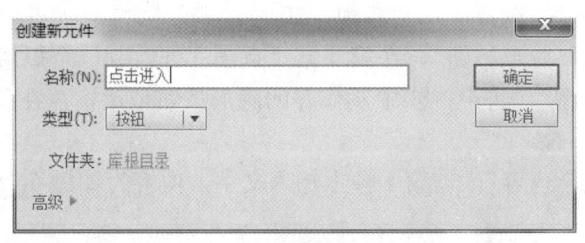

图 5-41 新建"点击进入"按钮

⑫ 在"鼠标经过"帧上插入关键帧,并将此帧上的文字转化为影片剪辑元件"逐帧",在元件中给文字套上同样为红色的矩形框,"笔触"粗细设置为"3","样式"选择"锯齿线",如图 5-42 所示。

⑬ 在矩形框所在图层上将前 10 帧选中,按 F6 键将它们全部转化为关键帧,从第 1 帧开始,让下一帧看到的线框均比上一帧多,如图 5-43 所示。

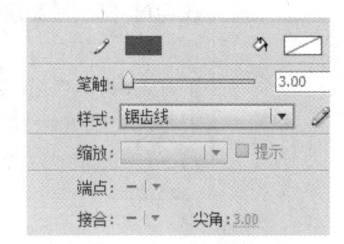

图 5-42 设置锯齿线边界笔触样式设置

⑭ 回到"场景 1",插入新图层"按钮",在第 40 帧处插入关键帧,并将制作完成的"点击进入"按钮放置在 40 帧舞台右下角位置。

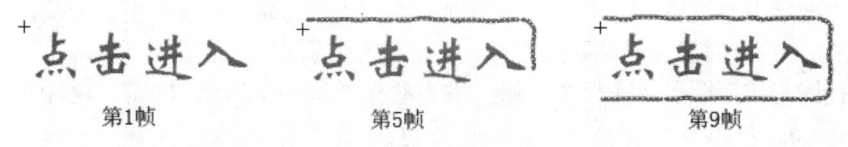

图 5-43 按钮利用逐帧动画各代表帧效果

⑮ 选择"窗口"→"其他面板"→"场景",将"场景 1"重命名为"引入",并新建场景"教学",关闭面板,在场景选择中选择"引入",重新回到刚才的场景中来。

⑯ 选择第 40 帧,在舞台上可以看到按钮对象,选中"点击进入"按钮,右击在弹出的快捷菜单中选择"动作"。打开脚本助手,选择 goto 动作,选择动作为"转到并停止","场景"选择"教学","类型"选择"帧编号","帧"选择"1",将动作设置为转到并停止在教学场景的第 1 帧,至此,"引入"场景的内容全部完成,如图 5-44 所示。

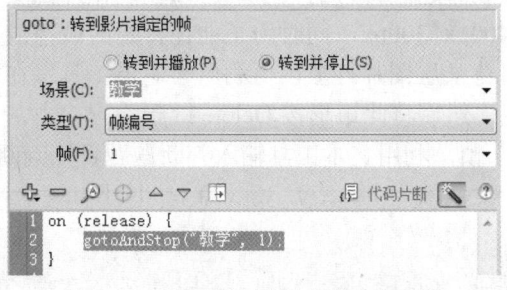

图 5-44 利用脚本助手完成动作设置

接下来开始制作"教学"场景,将当前场景切换至"教学",此时可以看到新的场景就像新建了一个 Flash 文档,接下来操作均在此场景中完成。

① 将图层 1 重命名为"背景",并将"课件正文背景"置入,并居中对齐,锁定图层。

② 新建图层"菜单",利用文字工具在背景的右侧分 4 行输入"知识提纲""单引导线""多引导线""知识回顾",选择"华文新魏,20 号,黑色"。

③ 新建按钮元件"隐形按钮",在第 4 帧"点击"处绘制一个矩形,填充色任意。

④ 新建图层"按钮",将上一步中制作好的隐形按钮依次覆盖在菜单上,缩放至比文字层略大,但相互间不重叠。

⑤ 新建图层"教学内容",在第 1 帧上输入文字,内容为如图 5-45 所示内容。

> 简介引导层是 Flash 引导层动画中绘制路径的图层。引导层中的图案可以绘制的图形或对象定位,主要用来设置对象的运动轨迹。引导层不从影片中输出,所以它不会增加文件的大小,而且它可以多次使用。创建引导层创建引导层的方法有两种,一是直接选择一个图层,执行"添加传统运动引导层"命令;二是先执行"引导层"命令,使其自身变成引导层,再将其他图层拖曳至引导层中,使其归属于引导层。任何图层都可以使用引导层,当一个图层为引导层后,图层名称右侧的辅助线图标表明该层是引导层。

图 5-45 教学内容

⑥ 在第一句话"引导层是 Flash 引导层动画中绘制路径的图层"下绘制一条红色下画线,并将其转化为影片剪辑元件,同时制作一个比其更长的矩形,用遮罩层动画制作一个画线的动作,并在最后一帧上加入动作"stop();"。

⑦ 在"教学内容"层中的第 3、5、7 帧处插入空白关键帧,根据实际经验,如果选择用连续帧,在动作控制时容易出现跳帧现象,因此这里选择隔一帧。

⑧ 选择隐形按钮图层,在每个按钮上添加动作"gotoAndStop();",跳转并停止播放到分别为 1、3、5、7 帧。

⑨ 制作一个空白影片剪辑元件,并分两次将其拖放到第 3、5 帧左上方角落位置,可以看到有一个空白小圆点出现在舞台上,分别在第 3、5 帧上选择这个圆点。打开"属性"窗口,分别将实例名称命名为"mov1""mov2"。在帧上右击,在弹出的快捷菜单中选择"动作"→"loadMovie"动作,可以将外部文件导入到此处,两个外部文件分别对应前面的案例"引导线动画 3—地球公转""跳动的文字—1"的代码如下:

mov1.loadMovie("引导线动画 3—地球公转.swf");

mov2.loadMovie("跳动的文字—1.swf");

为了避免外部文件加载时超过舞台的大小,可以在制作外部文件时调整好合适的大小,本例外部文件的大小为 400px*300px,同时为了能在特定区域播放,也可以将"教学内容"层移到背景下方,同时将背景层图片打散,再利用"矩形工具"在背景合适的位置上绘制一个不同于背景白底的颜色,然后将此矩形按 Delete 键删除。

⑩ 将光标定位到第 7 帧,利用文本工具输入判断题题目。判断题题目如图 5-46 所示。

> 判断:
> 同一层内不能对多个对象引导,不同的对象必须要分开在不同的被引导层上。
> 正确错误

图 5-46 判断题题目

⑪ 利用文字工具在选项下面插入一个文本框，并在属性面板中设置文本框为动态文本，标题为"judge"，设置为"华文新魏，红色，15 号字"。

Flash 的文本框可以分为"静态文本""动态文本""可输入文本"，常用为静态文本。

- 动态文本：动态文本包含从外部源（例如文本文件、XML 文件以及远程 Web 服务）加载的内容，可以通过 ActionScript 录入内容，在制作时允许为空，静态文本如无内容时在 Flash 图层上无法保留。
- 输入文本：输入文本是指用户可以在 Flash 运行过程中进行任何文本的输入，可以设置样式表来设置输入文本的格式。
- 静态文本：静态文本只能通过 Flash 创作工具来创建，无法使用 ActionScript 创建静态文本实例或者改变其内容。

⑫ 将库中的隐形按钮实例化 2 次，分别覆盖在文字"正确""错误"上，使其变为可操作的两个按钮位置，并分别添加动作，代码如下：

```
on（release）{
    judge.text="恭喜你答对了！";
}
on（release）{
    judge.text="不好意思你答错了！";
}
```

在上面案例的制作过程中，基本都使用了前面的知识点，并将其进行了综合。

5.7 发布

Flash 的导出文件为".swf"格式，在很多地方可以直接使用，所以发布很少会被提及，主要是因为 Flash 确实比较流行，一般系统安装完成之后，都会被直接或者要求安装 Flash Player 插件，可以直接用浏览器打开，但并不能保证所有的计算机都可以直接打开".swf"格式文件，接下来介绍如何给 Flash 打包发布。

5.7.1 Flash 自带的发布功能

首先，来了解一下 Flash 的发布格式。Flash 除了我们常见的".swf"格式外，还可以选择发布成网页（.html）、图像（.gif/.jpeg/.png）、Windows 可执行文件（.exe）及 Macintosh（.app）放映文件，如图 5-47 所示。其中可执行文件播放时完成包含 Flash 的动画效果以及交互功能，将 Flash 播放程序直接打包进程序中，所以可以脱离 Flash 运行环境播放。

在发布文件时，首先需要先保存好文件，即确定发布路径和发布文件名称，然后选择菜单项中的"文件"→"发布设置"，如图 5-47 所示。

如果发布成 GIF 动画时，还需要进一步调整参数，情况如图 5-48 所示，主要是设置"尺寸""回放"（单帧导出或者连续动画导出）以及"选项"等。

最后要即时导出则单击"发布"按钮，要进一步修改动画则单击"确定"按钮。

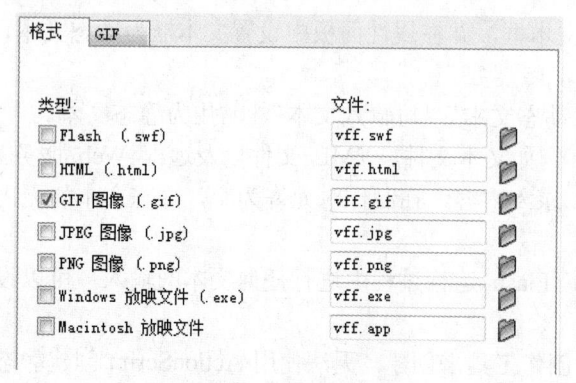

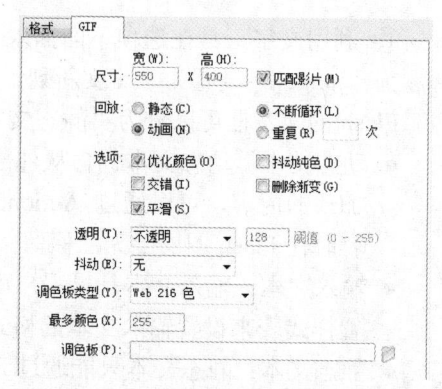

图 5-47　文件导出设置　　　　　　　　图 5-48　导出 GIF 动画设置窗口

5.7.2　打包外部文件

在 5.6.2 节中，讲到了 Flash 引入的外部文件可以是视频、音频等，但这些文件与主播放文件往往是独立的，同时可能有很多配置文件等。那这么多独立的文件单独存放，在 Flash 课件播放过程中，这些文件的调用都是相对地址引用，一旦不小心改变了位置或者名称后，就无法再正常调用，那是否能打包在一起呢？

带着这个疑问我们参照一下工具 WinRAR，利用 WinRAR 不仅可以将文件全部打包在一起，防止在拷贝的过程中因文件丢失或者操作不当时文件相对位置产生变化而无法调用，同时利用 WinRAR 工具还可以将自己制作的图标设置为打包文件的图标。利用 WinRAR 打包文件操作如下。

① 利用 WinRAR 打包的文件无非就是一个压缩文件，因此如果没有 Flash 环境还是无法播放，所以第 1 步还是应该将主文件发布成 exe 文件。

② 找一个适合自己的 ico 文件，作为整个打包文件的图标，将此图标和主文件放在一起。

③ 选中所有的文件并右击，在弹出的快捷菜单中选择"添加到压缩文件"，打开 WinRAR 应用程序。

④ 接下来进行各个选项的设置。在"常规"选项卡中选择"创建自解压格式文件"，在"高级"选项卡中单击"自解压选项卡"，对自解压文件进行高级设置，设置如下。

"设置"选项卡：将第①步生成的 exe 文件文件名填入提取后运行框中。

"模式"选项卡：勾选解包到临时文件夹，安静模式选择"全部隐藏"。

"更新"选项卡：更新方式选择"解压并替换文件"，覆盖方式选择"覆盖所有文件"。

"文本和图标"选项卡：填写相应文本，并在"从文件加载自解压文件图标"选择浏览按钮，在打开的文件浏览器中找到自己的.ico 文件。

⑤ 完成以上设置后单击"确认"按钮，即可完成操作，其余选项均非必要选项，可以根据自己的需求适当设置。

5.7.3　其他工具

除此以外还有很多特殊的工具可以发布.swf 文件，或者修改.swf 文件。例如，SWFText 工具可以让 Flash 文字和图片简单处理后生成一个小的 Flash 动画文件。

练习与思考 5

1. 熟悉 Flash CS6 软件的基本操作，会对 Flash 程序中的基本界面、参数进行设置或选择。
2. 掌握 Flash CS6 元件、场景、帧等基本概念，并在课件制作的过程中可以选择合适的内容。
3. 利用 Flash CS6 创建一个火车在铁路上开的动画，动画中除火车移动外，还要求对车轮进行转动控制。
4. 制作一个平抛运动的模拟实验，要求使用者可以自己定义什么时候开始将小球抛出，并随着小球的飞行绘制相应的飞行轨迹。
5. 利用 Flash CS6 创建一个专业相关的教学动画，利用按钮制作菜单，利用菜单对课程内容进行数据整理，用不同的动画制作文字、图像的出现和消失，对课程中涉及的知识进行模拟动画的制作。

第 6 章　微课的设计与制作

6.1　微课概况

1. 时代背景

在信息技术和通信技术飞速发展的移动互联时代，"微博""微信""微电影""微小说"等各种以"微"字冠名的媒体分享正以迅雷不及掩耳之势扑面而来。微媒体凭其"微"优势，易于网络传播、易于在移动端呈现和易于被人们碎片时间所接收，市场认可度高，并对人们的生产生活产生越来越大的影响。教育界在洞悉移动互联时代下的"微"优势后也迅速反应，思考如何结合新的"微"技术将教学进行优化，让学习更好地从学生出发，让优质教育资源更便捷、更广范围地进行分享，"微课"便成为了必然选择。

微课雏形最早始于可汗学院的创始人萨尔曼·可汗之手，他将为远方亲人制作的学习帮助小视频放到网上，这些小视频被越来越多的人浏览和好评，并迅速传播，这种让学生在家里也可以学到学校传授知识的方式给未来教育带来了新的启示。2008 年美国新墨西哥州圣胡安学院高级教学设计师戴维·彭罗斯首先提出 Micro-Lecture 理念，希望由此产生一种"更加聚焦的学习体验"。国内于 2010 年由广东省佛山市教育局胡铁生老师率先引入"微课"概念，并在中小学开展了一系列微课的实践与应用研究。2012 年 9 月，教育部教育管理信息中心举办了第一届中国微课大赛。2012 年 12 月～2013 年 8 月，教育部全国高校教师网络培训中心举办了第一届全国高校微课教学比赛。微课作为一种教育优化改革的载体和研究方向，在短短的几年内迅速发展起来。

2. 微课定义及特点

作为一种新出现的教育技术，微课尚处于不断发展、完善中。对于其定义，国内教育领域相关专家学者从不同的角度给出不同的解说，最具代表性的为胡铁生等认为"微课是根据新课程标准和课堂教学实际，以微视频为核心资源和呈现载体、情景化、支持多种学习方式的新型在线网络视频课程"。焦建利提出"微课是以阐释某一知识点为目标，以短小精悍的在线视频为表现形式，以学习或教学应用为目的的在线教学视频"。黎加厚则指出，"微课是指时间在 10 分钟以内，有明确的教学目标、内容短小、集中说明一个问题的小课程，除微视频外，还可以是录音、PPT、文本等形式"。张一春教授给出微课的定义是：为使学习者自主学习获得最佳效果，经过精心的信息化教学设计，以流媒体形式展示的围绕某个知识点或教学环节开展的简短、完整的教学效果,并认为微课本质上是完整的教学活动。

虽然对微课的定义有诸多的说法,但其以"教学视频"为核心载体,以及"短、小、精"的特点是得到公认的。具体体现在以下几个方面。

① 教学时间短。微课的时长介于5~8分钟之间,一般不超过10分钟。这种较短的教学时长较符合视觉驻留规律和学生的认知特点,有利于学习者集中注意力,提高学习效率。

② 资源容量小。微课视频及其配套资源总容量一般在几十兆左右,易于网络传播和共享,便于在智能手机、平板电脑等移动设备上呈现,从而支持随时随地的学习。

③ 教学内容精。相对于传统课堂40~45分钟的容量,微课需要在10分钟内把要教学的知识点或要分享的教学活动有计划地呈现出来,对于教学内容的选择和组织要求精炼和聚焦,让学习者能够对于学习内容一目了然。另外,基于主动学习的设计目标,要求微课在形式上要精彩,以便保持学习者的学习兴趣,对教学设计的精准也提出了相应的要求。

此外制作简单、开发参与性强也是由"微"特性衍生出来的一个特点。移动设备录像、软件录屏,PPT、Flash、电子杂志制作微动画,使得微课走入大众创作时代。

3. 微课的分类

微课的分类方法有多种,具体如下。

(1) 按照课堂教学方法分类

根据李秉德教授对我国教学活动中常用的教学方法的分类总结,同时也为便于一线教师对微课分类的理解和实践开发的可操作性,可将微课划分为11类,包括讲授类、问答类、启发类、讨论类、演示类、练习类、实验类、表演类、自主学习类、合作学习类、探究学习类如表6-1所示。

表6-1 微课的分类及适用范围

分类依据	常用教学方法	微课类型	适用范围
以语言传递信息为主的方法	讲授法	讲授类	适用于教师运用口头语言向学生传授知识(如描绘情境、叙述事实、解释概念、论证原理和阐明规律)。这是中小学最常见、最主要的一种微课类型
	谈话法(问答法)	问答类	适用于教师按一定的教学要求向学生提出问题,要求学生回答,并通过问答的形式来引导学生获取或巩固检查知识
	启发法	启发类	适用于教师在教学过程中根据教学任务和学习的客观规律,从学生的实际出发,采用多种方式,以启发学生的思维为核心,调动学生的学习主动性和积极性,促使他们生动、活泼地学习
	讨论法	讨论类	适用于在教师指导下,由全班或小组围绕某一种中心问题通过发表各自意见和看法,共同研讨,相互启发,集思广益地进行学习
以直接感知为主的方法	演示法	演示类	适用于教师在课堂教学时,把实物或直观教具展示给学生看,或者做示范性的实验,或通过现代教学手段,通过实际观察获得感性知识以说明和印证所传授知识
以实际训练为主的方法	练习法	练习类	适用于学生在教师的指导下,依靠自觉地控制和校正,反复地完成一定动作或活动方式,借以形成技能、技巧或行为习惯。尤其适合工具性学科(如语文、外语、数学等)和技能性学科(如体育、音乐、美术等)

（续表）

分类依据	常用教学方法	微课类型	适用范围
以实际训练为主的方法	实验法	实验类	适用于学生在教师的指导下，使用一定的设备和材料，通过控制条件的操作过程，引起实验对象的某些变化，从观察这些现象的变化中获取新知识或验证知识。常用在物理、化学、生物、地理和自然常识等学科的教学中，实验类微课较为常见
以欣赏活动为主的教学方法	表演法	表演类	适用于在教师的引导下，组织学生对教学内容进行戏剧化的模仿表演和再现，以达到学习交流和娱乐的目的，促进审美感受和提高学习兴趣。一般分为教师的示范表演和学生的自我表演两种
以引导探究为主的方法	自主学习法	自主学习类	适用于以学生作为学习的主体，通过学生独立的分析、探索、实践、质疑、创造等方法来实现学习目标
	合作学习法	合作学习类	合作学习（Collaborative Learning）是一种通过小组或团队的形式组织学生进行学习的一种策略
	探究学习法	探究学习类	适用于学生在主动参与的前提下，根据自己的猜想或假设，运用科学的方法对问题进行研究，在研究过程中获得创新实践能力、获得思维发展，自主构建知识体系的一种学习方式

值得注意的是，一节微课作品一般只对应于某一种微课类型，但也可以同时属于两种或两种以上的微课类型的组合（如提问讲授类、合作探究类等），其分类不是唯一的，应该保留一定的开放性。同时，由于现代教育教学理论的不断发展，教学方法和手段的不断创新，微课类型也不是一成不变的，需要教师在教学实践中不断发展和完善。

（2）按照开发技术分类

根据微课的开发技术分类，主要有视频实拍类、屏幕录制类、动画制作类、网页形式类、综合类等，其中综合类是指用视频编辑技术将视频、动画、文本、网页等多种媒体成果根据作品需要混排在一起的结果。

（3）按照微课的内容呈现方式分类

按照微课内容的呈现方式可将微课分为讲坛型、课堂实录型、屏幕展示型、动画演示型、访谈型、小组讨论型等。

6.2 微课制作方式概述

6.2.1 微课视频的主要制作方式

随着现代数字媒体技术的发展，微课视频已由传统教学视频的专业录影制作走向日常，教师、学生都可以经过简单的训练掌握微课视频的录制和编辑技术，目前常用方法包括以下几类。

① DV、手机、PAD 摄录教学活动。
② 录屏软件录制屏幕讲授内容，多为 PPT 演示录制和电脑操作录制。
③ 手写板实录解题过程。
④ 动画软件制作模拟实验、模拟情境等。
⑤ 上述多种媒体手段通过视频编辑综合运用。

6.2.2 微课制作流程

无论采用哪种视频制作方式,整个微课设计制作需经过以下流程。

① 教学设计,包括选题、教学对象分析、教学目标制订、教学内容分析(微课中涉及的知识点、重点、难点分析)、教学过程设计等。

② 微课视频设计,包括作品选型与风格设计,制作方法选择与素材在作品中的准备计划等。

③ 微课制作,包括素材的收集与制作、微视频录制与编辑、微习题等微资源的制作。

6.2.3 常用微课视频制作工具

1. 录屏软件 Camtasia Studio

Camtasia Studio 是由 TechSmith 开发的一款功能强大的屏幕动作录制工具,能在任何颜色模式下轻松地记录屏幕动作(屏幕/摄像头),包括影像、音效、鼠标移动轨迹、解说声音等。

Camtasia Studio 中内置的录制工具 Camtasia Recorder 可以灵活地录制屏幕,录制全屏区域或自定义屏幕区域,支持声音和摄像头同步,录制后的视频可直接输出为常规视频文件或导入到 Camtasia Studio 中剪辑输出。Camtasia Studio 具有强大的视频播放和视频编辑功能,可以说有强大的后期处理能力,可在录制屏幕后,基于时间轴对视频片段进行各类剪辑操作、如添加各类标注、媒体库、Zoom-n-Pan、画中画、字幕特效、转场效果、旁白、标题剪辑等,当然也可以导入现有视频进行编辑操作,包括 AVI、MP4、MPG、MPEG、WMV、MOV、SWF 等文件格式。编辑完成后,可将录制的视频输出为最终视频文件,它支持的输出格式包括 MP4、WMV、AVI、M4V、MP3、GIF 等,并能灵活自定义输出配置,是制作录制屏幕、视频演示的绝佳工具,其中 MP4 格式是为 Flash 和 HTML5 播放优化过的。

2. 屏幕录像专家

屏幕录像专家是专业的屏幕录像制作工具。使用它可以轻松地将屏幕上的软件操作过程、网络教学课件、网络电视、网络电影、聊天视频等录制成 Flash 动画、ASF 动画、AVI 动画或者自播放的 EXE 动画。本软件具有长时间录像并保证声音完全同步的能力。该软件使用简单、功能强大,是制作各种屏幕录像和软件教学动画的首选软件。可以将定时屏幕录像专家安装在任何一台计算机上,但它记录生成的文件都经过了加密,直接双击是不能读取的,需要用一些专用的读取软件来读取,例如网络人、飞天读取器等。

3. 白板工具 SmoothDraw

SmoothDraw 是一款具有和 Painter 类似绘画质量的自然绘画软件,具备众多可调画笔,纸张材质模拟,支持多重线条平滑反走样,具备透明处理及多图层能力,支持压感绘图笔,以及图象调整和特效等,简单易用,容易上手,仅 2MB 的容量。系统需求为 Windows XP SP3/Vista SP1/Win7。NET Framework 4.0 支持的画笔除了钢笔、铅笔、粉笔蜡笔、喷枪、毛刷、图片喷管之外,还有调整照片的明暗笔、模糊笔、锐化笔,以及 Painter 玩家平滑上色必备的水模糊笔。图像调整上包含了所有常用的功能亮度、对比度、色调等,还有足够多的特效可以应用。支持各种绘图板(数位板、手写板、数字笔)以及 TabletPC。实现了 Painter 的 Just Add Water 工具,将草稿变成照片级图画。

4. 几何画板

几何画板是适用于数学、平面几何、物理的矢量分析、作图，函数作图的动态几何工具。几何画板（The Geometer's Sketchpad）是一个通用的数学、物理教学环境，提供丰富而方便的创造功能使用户可以随心所欲地编写出自己需要的教学课件。正如其名"21 世纪动态几何"，它能够动态地展现出几何对象的位置关系、运行变化规律，是数学与物理教师制作课件的"利剑"。该软件提供多种手段帮助用户实现其教学思想，只需要熟悉软件的简单使用技巧即可自行设计和编写应用范例，范例所体现的并不是编者的计算机软件技术水平，而是教学思想和教学水平。可以说几何画板是最出色的教学软件之一，其系统要求很低，为 PC486 以上兼容机、4MB 以上内存、Windows3.X 或 Windows95 简体中文版。

5. 微课大师

微课大师是一款小巧易用的微课制作软件。该软件可以帮助用户来保存原有视频课件的功能，显示老师头像和播放同步讲课声音，同时支持导入各种丰富的资料，配合知识点深入学习，完美支持自合成 FLV 高清视频流格式的微课制作软件，便于快捷录制微课，或参与教学竞赛。

微课大师的功能特点有：集合了课件录制、同步笔记、云资源共享、直播讲课、作品创建、在线交流等多种教学功能于一体，从根本上提升课件的趣味性和吸引力，丰富教学方式，提高教学质量；容量小，仅为 900KB，就能实现各种强大的教学功能，是当前最小的微课制作软件；最具生命力，可以兼容各种教学设备，既能单独应用于计算机中实现网络授课，也可以结合液晶数位屏和一般的计算机或白板，实现面对面多媒体教学。

6.3 微课教学设计

区别于一般的网络小视频，微课是集结了教学要素、有教学意义的微视频，需有教学理念、教学资源、教学评价等综合支持。具体操作体现在微课的教学设计，该设计主要完成的内容包括选题、教学对象及学情分析、教学任务及目标制订、重/难点规划、教学过程设计及教学评价。各部分说明如下。

① 选题：选题是微课制作的关键环节，良好的选题要结合教学内容并兼顾多媒体表现。微课是 10 分钟以内的小体量作品，一节微课的知识点选择要少而精，聚集重点或难点，微课标题要能凸显主题。同时要考虑该选题是否适合多媒体制作与表现，能结合不同年龄学习者的认知与心理特点的媒体设计更好。比如幼小学习阶段可多用些卡通、趣味性强的主题；中、高年级可使用逻辑分析、演讲讲座方面的选题，但此类选题也要顾及学习者的学习耐受性，以免因枯燥而出现弃学现象。

② 教学对象及学情分析：如选题中所述，不同的教学对象有不同的认知水平，微课设计时应充分考虑学习者的原有知识结构、技能和学习动机、状态以及预期在认识、情感、态度等达到的状态等，这种状态的把握最终会转化为确定的教学任务与具体的学习目标。

③ 教学任务及目标制订：此处分析教学任务，阐述预期教学目标。如果是出自于配套教材的教学任务，在以教科书为依据的情况下应从学生学习的主体地位出发进行设计。教学目标阐述中除了明确知识、技能目标，要把能力、情感态度也应尽可能考虑到。

④ 重/难点规划：在分析教学任务、确定教学目标的基础上提炼出教学重点或难点，便于微课制作时的聚焦以及特效设计。

⑤ 教学过程设计：教学过程是微课视频设计的主体，是教学对象分析、教学任务目标分析、重/难点分析后的课程综合实施方案，主要包括教学内容导入方式设计——开门见山式、情景导入式、案例导入式、旧知导入式、问题导入式等；知识学习、问题解决步骤或案例分析等；教学总结回顾；问题引申等。

⑥ 教学评价：教学评价可以是对微课实施的一个预期，也可以是对学生学习微课反馈后的一个得失总结，目的在于优化微课的同时优化教学。此部分可根据实际需要做适当删减。

表 6-2 以《高颜 PPT 生成计》为例给出"微课"教学设计模板参考。各年级、各学科在具体设计的过程可根据实际需要略做调整。比如中小学可将"所属专业"栏改为"知识点来源"，相应的填写内容可落到"学科、教材版本、所属章节"等。

表 6-2 《高颜 PPT 生成计》"微课"教学设计

微课标题	高颜 PPT 生成计	所属课程	大学计算机基础
所属专业	公共选修课	授课教师	项洁
教学对象及学情分析	本课教学对象为非设计类专业学生，学生会使用 PowerPoint 制作演示文稿，但由于没有经过专门的版面设计学习，做出来的 PPT 大多在视觉效果上缺少美感		
教学任务及目标	通过学习使学生掌握改善 PPT 效果的版面设计技巧，能将这些技巧运用在实际 PPT 制作过程中，使作品质量在可视化方面有所提高。同时对学生的审美素养、严谨细致的工作态度也有一定的影响		
教学重点/难点	提升版面效果四技巧：删繁就减突出主题、文字落段合理排版、图像使用用心精致、保持基调风格统一		
教学过程			
教学环节	教学过程		时间分配
课题引入	通过和优秀 PPT 模板对比激发学生学习制作高颜值 PPT 作品的动机		1min
作品分析找问题	通过三组作品对比找出 PPT 页面效果不佳的几个常见问题		3min
问题破解方法	针对前文找出的问题结合经常被忽略的排版问题实例模型——给出改善技巧		4~5min
知识总结	提高 PPT 页面美观度四技巧：删繁就减突出主题、文字落段合理排版、图像使用用心精致、保持基调风格统一		1min
教学评价	本文介绍的 PPT 排版技巧并未非从专业设计的角度切入，而是从常排版应遵循的标准和规范中引申出来，对于非专业的学习者来说能够理解和学习使用，有一定的普适价值		

6.4 微课视频设计

微课视频设计主要是在教学设计的指导下进行作品选型与风格设计，制作方法的选择与素材在作品中的准备计划等。此部分设计的目的是形成后续微课制作的脚本，使具体制作有章可循，不会出现想到哪做到哪，甚至做到后来偏离主题或制作过程中遇到困难无从继续的尴尬场面。

以《高颜PPT生成计》为例，形成微课视频设计脚本如表6-3所示。

表6-3 《高颜PPT生成计》微课视频设计脚本

视频制作方式选择	视频制作方式采用PPT+录屏方式。本课属于公共选修课内知识单元，以讲解为主，同时关注PPT排版有较多需要展示的作品案例，这方面PPT有演示优势，同时PPT的动画功能能满足知识解释性描述需求，另外，课堂场景及师生学习画面并非本课展示重点可略去不录，故选择PPT+录屏方式制作视频
PPT设计	本课讲解的是PPT排版相关的内容，故演示PPT要求精致且有示范效性。 考虑到讲解的内容有"课程引入""作品分析找问题""问题破解给方法""知识总结"四个阶段，同时在排版技术讲解阶段（"问题破解给方法"）有案例和技术的成组介绍，故采用成组纯色背景作为知识内容的隐式划分
视频片头	作品片头视感美观暗喻排版美化的微课主题，不需要特别制作视觉冲击力动效，交由PPT完成即可
视频分辨率	1024px×768px
教学过程中内容素材设计	

教学环节	教学过程	素材准备
课题引入	通过和优秀PPT模板对比激发学生学习制作高颜值PPT作品的动机	① 以往收集的未套用模板的学生PPT代表作品，素材源于学生能拉近和学生的距离，有情景代入感。 ② 优秀PPT模板，和未经设计的学生作品形成反差
作品分析找问题	通过三组作品对比找出PPT页面效果不佳的几个常见问题	① 以往收集的未套用模板的学生PPT代表作品。 ② 优秀PPT模板。依然是对比作品，此时素材选择要和知识技能挂钩。 "主题图使用恰当与否"，展示如下： "有无排版设计"，展示如下： "作品风格"，展示如下：

（续表）

教学环节	教学过程	素材准备
问题破解给方法	针对前文找出的问题结合经常被忽略的排版问题实例模型——给出改善技巧	此处为教学重点，穿插示意小动画的方式呈现问题及破解方案，引起注意也加深印象，如下图所示：
知识总结	提高 PPT 页面美观度四技巧：删繁就减突出主题、文字落段合理排版、图像使用用心精致、保持基调风格统一	

6.5 用 Camtasia Studio 制作微课视频

6.5.1 录制环境

Camtasia Studio 是美国 TechSmith 公司出品的屏幕录像和视频编辑的软件套装，提供了强大的屏幕录像、视频编辑等功能。该软件可以满足微课视频制作中录屏、配音、视频剪辑、转场、字幕等大部分功能，是较受欢迎的微课视频制作工具。用户可以通过 TechSmith 官网 https：//www.techsmith.com/camtasia.html 下载 Camtasia Studio 的免费试用版。

本文以 Windows 操作系统下 Camtasia Studio 8 版本进行讲解，该软件支持 Winxp/Win7/Win8 环境。计算机硬件配置最低要求为双核处理器、2GB 内存、2GB 硬盘空间，推荐使用四核处理器、4GB 内存；显示器分辨率要求达到 1024×768 或更高；外设方面，根据录音和画中画制作需另行配置麦克风和摄像头。

6.5.2 视频录制

根据软件提示安装好 Camtasia Studio 后，我们就可以从"程序"菜单运行 Camtasia Studio 8。首次运行会弹出欢迎界面，如图 6-1 所示，单击左上角"Record the screen"进入屏幕录制环境，如图 6-2 所示，此处由屏幕录制工具条和标志录制屏幕范围的控制框组成。

图 6-1 Camtasia Studio 欢迎界页

图 6-2 Camtasia Studio 屏幕录制环境

开始录屏前需要做好以下准备。

1. 确定录屏区域范围及计算机屏幕分辨率

如图 6-3 所示录像工具的 "Select area" 用于指定录屏区域范围。各功能从左往右依次为全屏、通过选择或自定义录屏范围。不同的录屏区域范围将从由四周控制点白色高亮区域反映出来，也可通过直接拖动录屏区域的控制点指定屏幕录制范围。

为最终得出清晰的视频画面效果，建议将录屏区域和计算机屏幕分辨率设为一致。如《高颜 PPT 生成计》微课视频录制区域和计算机屏幕分辨率在录制前均设为 1024px×768px。

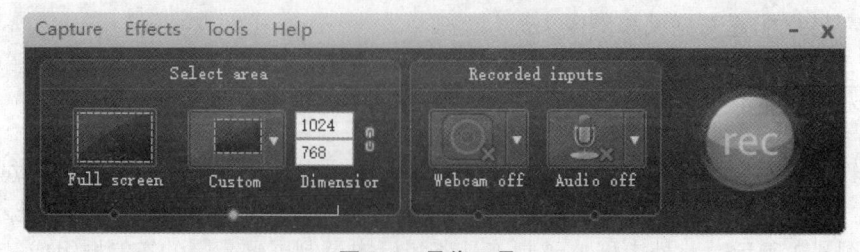

图 6-3 录像工具

2. 确定是否同时录音

微课视频往往配有讲解语音，如需在录屏时同步录制授课讲解语音，需在计算机上连接麦克风，可通过单击录像工具的"声音输入"右侧小三角按钮，在弹出的菜单中选择"麦克风"项，将语音输入处于"Audio on"状态。

实际录制微视频的经验告诉我们，边录屏边录音对作者的录音准确性要求较高，除非语音一次录成功，否则后期独立编辑较困难。对此我们将录屏和录音分开，即关闭"声音输入"进行纯屏幕画面录制，后期再将单独录制的语音合成到视频中。

3. 确定是否录制画中画效果

所谓"画中画"即一部视频以全屏播出时，另一部视频在其中较小范围内同步播出，如图 6-4 所示。微课视频中常用的一种形式就是在以授课内容为主播的视频中以小窗的形式嵌入老师的讲解视频。这需要录屏同时同步采集教师录课画面。最方便的方法是计算机连接上摄像头，单击录像工具的"网络摄像机"右侧小三角按钮，在弹出的菜单中选择可用的摄像头，将网络摄像机处于"Webcam on"状态。

上述准备工作完成后，单击录像工具"rec"按钮进入屏幕录制状态，此时全屏播放 PPT 开始讲课，完成后按 F10 键结束录屏。此时 Camtasia Studio 开启预览窗口，如图 6-5 所示，供用户决定作品的去留。如果效果不满意，按 Delete 键删除；要保留录制的内容则单击"Save and Edit"按钮保存文件。Camtasia Studio 录屏文件以 camrec 为扩展名进行保存。

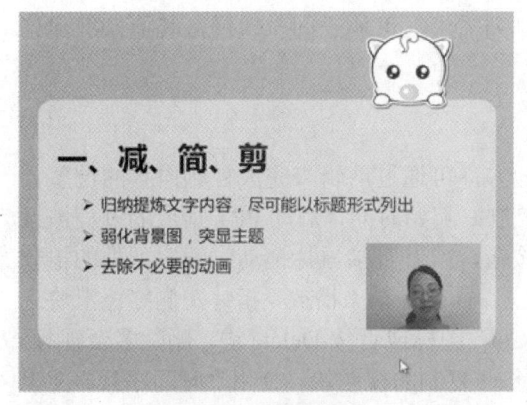

图 6-4　画中画效果　　　　　　　　　图 6-5　录屏预览窗口

6.5.3　视频编辑

视频编辑是微课视频的制作重点，包括对已有视频素材的剪辑、插入其他的视频素材、给视频配音、添加字幕、制作转场效果等。

1. 编辑环境

录屏完成保存文件后，Camtasia Studio 默认进入编辑环境，也可通过双击 Camtasia Studio 图标运行编辑软件。编辑环境各部分组成如图 6-6 所示。

其中，"素材编辑轨道"用于存放当前用到的视频、音频、插入的图文等素材。每个素材存于不同轨道的好处是便于进行独立编辑。

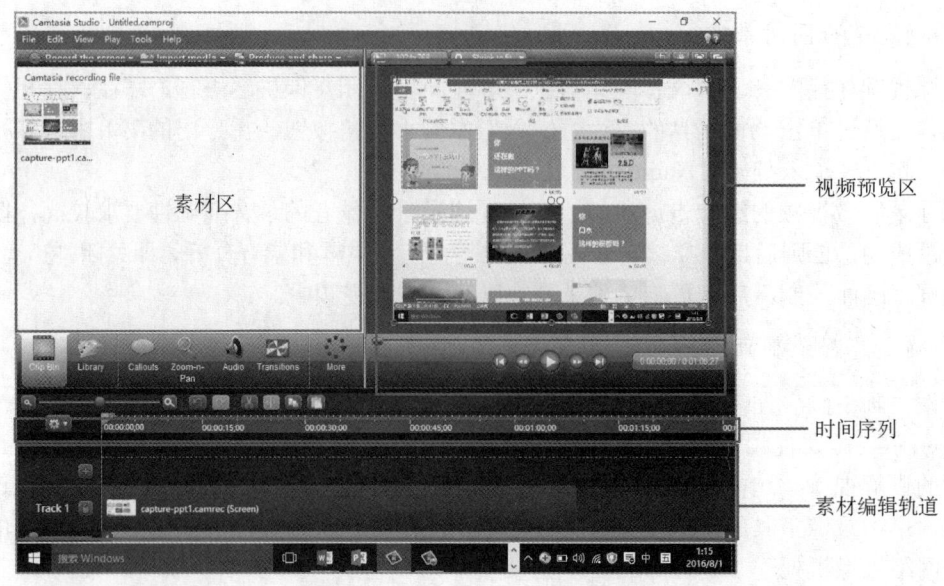

图 6-6　Camtasia Studio 编辑环境

2. 素材导入

录屏的素材在录制结束时默认导入 Camtasia Studio 环境，也可通过单击素材区上方的"Import media"按钮导入素材。素材导入后存于素材区，需要把它们拖到编辑轨道上才能进行视频编辑。对于同一类素材仅在时间先后上有排列需求，可放于同一轨道，其他情况建议不同的素材放不同的轨道。

3. 视频剪辑

刚录完的视频素材难免会有些多余或出错的地方，可通过剪辑来完成视频内容的调整。例如在《高颜 PPT 生成计》微课视频中，由于未控制好起始时间，启动 PPT 播放的过程被录进去了，需要删除。通过单击预览区的"播放"按钮，或者直接鼠标拖动时间序列处的播放指针（如图 6-7 所示），找到 PPT 开始演示的时间点，往左拖动"播放"指针左侧绿色滑块选中要删除的视频片段，单击"时间序列"左上方"Cut"图标或者按 Delete 键，删除多余视频。

如需移动/复制视频片段，可以单击轨道上需移动/复制的视频块，使用"时间序列"左上方"Copy""Paste"图标完成操作。

如需将一段视频拆成两段，可以移动播放指针至插入点，再单击"时间序列""Split"图标完成视频分割。

如需在两段视频中插入一段视频，可以移动"播放"指针至插入点，然后将新视频片断拖入轨道，移至两个视频段的中间，往右拖动被插入视频右侧段和新插入视频末端对齐。

如需在一段视频中插入另一段视频，可以移动"播放"指针至插入点，再单击"时间序列"左上方"Split"图标分割现有视频，然后将新视频片段拖入轨道，移至两个视频段的中间，往右拖动被分割视频右侧块和新插入视频末端对齐。

4. 视频配音

若需要给视频添加背景音乐或讲解，将导入素材库的音频文件拖入素材编辑轨道，并左右拖动音频块与视频同步。对于讲解配音，在视频同步的过程中可能需要对一些音频块先进行 Split 拆分，如图 6-8 所示。

"播放"指针　　　　　　　　　　　　　　"播放"按钮
图 6-7　通过"播放"或拖动"播放"指针定位视频编辑处

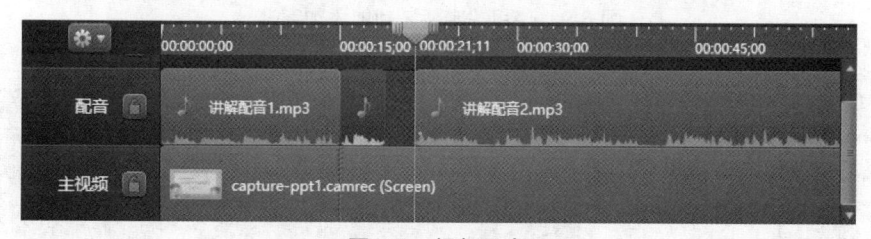

图 6-8　视频配音

5．添加字幕

Camtasia Studio 有两种添加字幕的方法，具体如下。

方法一：使用"字幕"功能添加字幕，如图 6-9 所示。

① 单击时间序列上方"Captions"选项卡，进入"字幕编辑区"，如图 6-9 所示。

② 播放视频，在需要添加字幕的时间暂停，在"字幕编辑区"的"Append new Caption"处添加字幕。

③ 重复执行第②步，完成字幕添加。

可在"字幕编辑区"的字格式栏对字幕进行字体、字号、颜色等设置。

该方法添加字幕的优点是快速方便，缺点是字幕在屏幕中的显示位置固定，可能会遮挡住部分视频画面。

方法二：使用"添加标注"方法添加字幕，如图 6-10 所示。

① 单击时间序列上方"Callout"选项卡，进入"标注编辑区"，如图 6-11 所示。

② 播放视频，在需要添加字幕的时间暂停，在"标注编辑区"的"Shape"处选择"Simple Rectangle"形状，并通过"Border""Fill""Effects"将形状设为无边框、无阴影纯色块。在

"文本框"中输入一句字幕。选中文字进行字体、字号等设置。

图 6-9 使用"字幕"功能添加字幕

图 6-10 使用"标注"功能添加字幕

③ 在"视频预览"区拖动字幕控制框，调整形状大小并置于屏幕合适的位置。

④ 设置完格式的字幕生成在一个新的轨道中，如图 6-10 所示。右击该字幕块，在弹出的快捷菜单中选择"Copy"命令，复制到计算机剪贴板中。

⑤ 继续播放视频，在下一处字幕位置暂停，在该位置右击，在弹出的快捷菜单中选择"Paste"命令复制已格式化的字幕块。单击该字幕块，在"标注编辑区"的文本框中修改文字内容形成新的字幕。

⑥ 重复执行第⑤步，完成所有字幕添加。

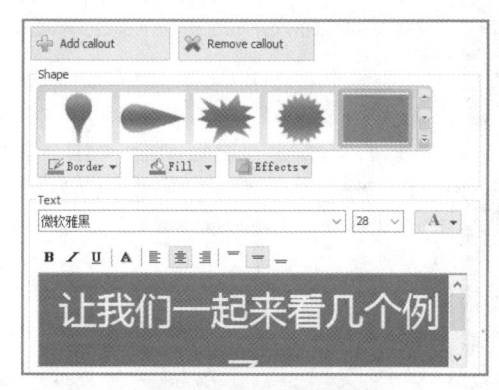

图 6-11　标注编辑区

6. 转场效果

在微课教学过程的不同阶段适当地加上转场效果可以使内容衔接更自然。

添加转场效果，首先单击时间序列上方的"Transitions"选项卡，然后在转场效果区选择一种转场方式，按住鼠标左键拖放到需添加转场的两段视频间。此时视频轨道处会出现转场标记，如图 6-12 所示。预览视频时可观察转场效果。

图 6-12　添加转场效果

6.5.4 视频输出

微课视频编辑完成后,单击素材区上方的"Produce and share"按钮,输出视频。单击该按钮,出现输出视频向导,如图 6-13 所示。单击图 6-13 中下拉列表按钮,选择输出视频格式即可输出相应的视频文件。如选择"MP4 only(up to 720p)"将输出高清 MP4 视频文件。

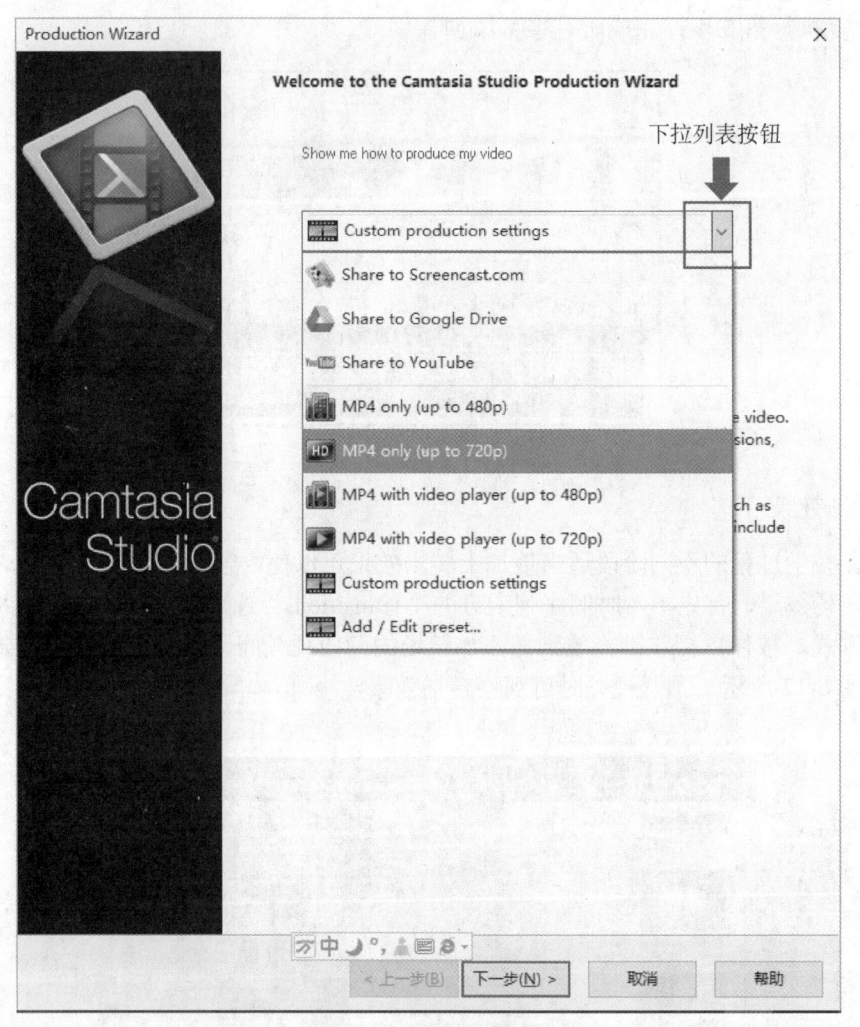

图 6-13 输出视频向导

为方便网上传播,建议将微课视频以流媒体的格式输出,可采用 AVI\FLV\MP4\RM 等格式。除 MP4 外,选择输出列表中的自定义输出项——"Custom production settings"可输入其他格式的视频文件。

以输出"AVI"格式视频为例,在输出视频向导中选择"Custom production settings"后,单击"下一步"按钮,出现其他格式输出项,如图 6-14 所示。选择"AVI",单击"下一步"按钮直至"Produce Vedio"页面,如图 6-15 所示。分别输入文件名和保存位置后单击"完成"按钮,软件自动进行渲染,待渲染完成,在指定的文件夹下就会生成相应的 AVI 视频文件。

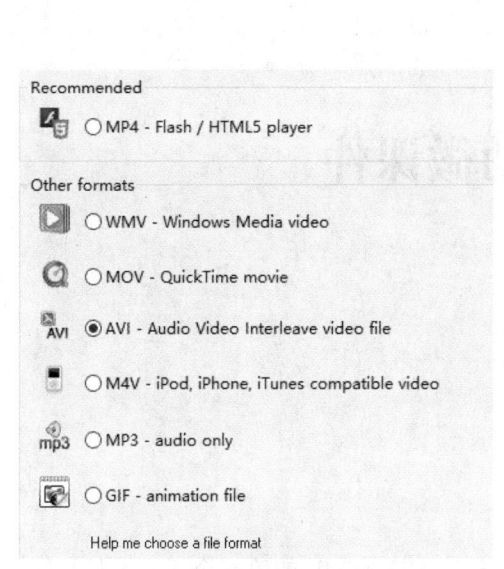

图 6-14　自定义视频输出格式选项 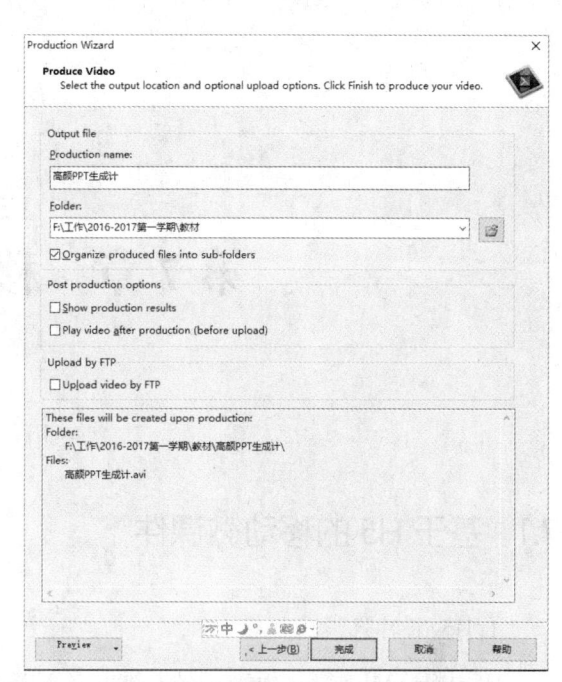　　　　图 6-15　输出的视频文件保存设置图

练习与思考 6

选择一个自己熟悉的教学知识点进行微课的设计与制作。要求形成如表 6-2 所示的教学设计一份，如表 6-3 所示的微课视频设计脚本一份以及一个微课教学视频作品。

第 7 章　移动微课件

7.1　基于 H5 的移动微课件

1. H5 微时代

H5 由 HTML5 简化而来,是万维网(WWW)核心语言 HTML 的第 5 个版本,集文字、图片、音乐、视频、链接等多媒体于一体。出众的页面展示能力、强大的动画交互效果、高速低价的信息传播、多设备跨平台的开发支持使 H5 正成为互联网尤其是移动互联网的一匹黑马。预计,未来的 5~10 年内 H5 将成为移动互联领域的主宰者。

随着微信的迅速传播,搭载微信平台的 H5 互动展示也如雨后春笋在品牌传播、活动推广、会议邀请、公司招聘等方面被广泛应用。

教育界在向微课时代迈进的过程中对知识内容的微设计给基于 H5 微课件的发展带来机遇,随点随看的微课件将成为新时代学习的又一利器。

2. 基于 H5 移动微课件的特点及教学意义

H5 移动微课件是用 H5 技术制作的用于手机、平板等移动设备进行教学展示的微形课件。其特点及教学意义如下。

(1) 微小内容单元,目标明确、重点突出

类似于微课的教学设计,将教学知识或教学活动进行提炼概括成精小学习单元后进行展示,目标明确,能让学习者在短时间内抓住重点,提高学习效率。

(2) 微场景制作,创设教学情境

H5 标准在网页的多媒体展示方面提供了较多的技术支持,适合微场景的制作和气氛的烘托。用于教学,将微场景设计成具有意义的教学情境,有利于帮助学生知识建构。

(3) 交互开发,合理导学

交互功能是 H5 的一大特色,使用 H5 开发交互课件,每一个交互环节由教师根据教学目标进行设计,使其具有教学引导意义,真正体现以学生为主体、教师辅助引导学习的优学模式。

(4) 制作简单,易于分享

H5 和微信的结合促成了"易企秀""兔展"等不少优秀 H5 页面快速开发工具的出现,这些工具简单易上手,使用它们可以像制作 PPT 一样把教学内容以动画的形式在移动设备端呈

现出来；大量精美模板也为创作提供了便利。同时基于二维码的传播，借助微信平台可以进行快速分享，促进教学资源共享和学习、交流。

3. H5 移动微课件的应用场合

H5 移动微课件以其出色的媒体展示及交互能力，在教育行业可用于教育宣传、知识教学、主题班会、成果展示等多种场合，举例如下。

（1）教育宣传

可用于招生宣传，专业、社团介绍，德育、安全宣传等，目前 H5 在教育方面的作品，此类案例较多。进入"易企秀""超级 H5"等网站，在作品展示或模板区的"教育"类目中可看到不少此类优秀案例。

（2）知识教学

将传统教学 PPT 进行适当地修改，以知识点为教学单元进行内容设计，使用 H5 工具进行制作即可做成专业知识教学微课件。

（3）主题班会

将班级活动的主题以 H5 微课件的形式呈现，将线下活动范围扩大到线上，使交流形式多样化，也利于活动记录与传播。

（4）成果展示

学校、教师、学生都可以成为成果展示的主体。以学校成果为主体的展示可以成为学校宣传的窗口；以教师成果为主体的展示，便于树立教师形象、促进教学；以学生成果为主体的展示在促进学习交流、奖励先进方面可以达到良好的效果。

本书以知识教学型移动微课件为重点，介绍 H5 工具在微课件开发中的使用。

7.2 移动微课件的制作工具

7.2.1 移动微课件制作工具

随着 H5 标准制定及相关网页开发技术的支持，已涌现出不少优秀 H5 互动展示页面的快捷制作工具，如"易企秀""人人秀""兔展""超级 H5""H5Animator""MAKA"等。在移动微课件制作方面虽然没有专门的开发软件，但是上述主流 H5 页面制作工具，其所见即所得的编辑方式、类似于 PPT 的动画制作、集成的交互组件、大量精美模板的参考使用，使其能完全能胜任微课件的制作需求。几款优秀 H5 页面制作工具介绍如下。

1. 易企秀（www.eqxiu.com）

易企秀是一款以移动互联网营销为初衷开发的手机网页 DIY 工具，用于 H5 场景制作，用户可以在 PC 端或手机端编辑 H5 网页进行社交分享。易企秀为用户提供大量的案例、模板，加上动画效果、交互的支持，便于实现 H5 场景创意开发。

2. 人人秀（www.rrxiu.net）

人人秀致力于移动互联网时代新媒体营销，支持 H5 微场景、微信红包、创意海报、微杂志、微信邀请函、微信贺卡、互动营销、数据统计，其目标是 H5 行业的领航者。

3. 兔展（www.rabbitpre.com）

兔展口号是像 PPT 一样制作移动 H5 页面，除了常规的展示性页面，还主打简易有趣的 H5 互动小游戏制作。在其官网的"兔展互动"区（http://hd.rabbitpre.com/app/createGame），可见精美游戏制作模板。

4. iebook 超级 H5（h5.iebook.cn）

超级 H5 是"iebook 电子杂志"旗下的一款媒体传播解决方案，着力打造 H5 制作推广第一品牌。凭借 iebook 在电子杂志领域十余年的积累，超级 H5 在微场景、电子楼书、交互电子杂志、儿童读物方面提供了大量的精美模板供用户参考使用。

7.2.2 移动微课件开发工具使用基础

图 7-1～图 7-4 为前文介绍的目前几款主流 H5 页面制作工具，它们在操作使用上大同小异，都有舞台区、页面区、"动画"设置面板以及相似的功能菜单，主要区别在动画效果的种类、图片、声音、模板等素材上，可以根据个人喜好选用。

图 7-1 "易企秀"编辑环境

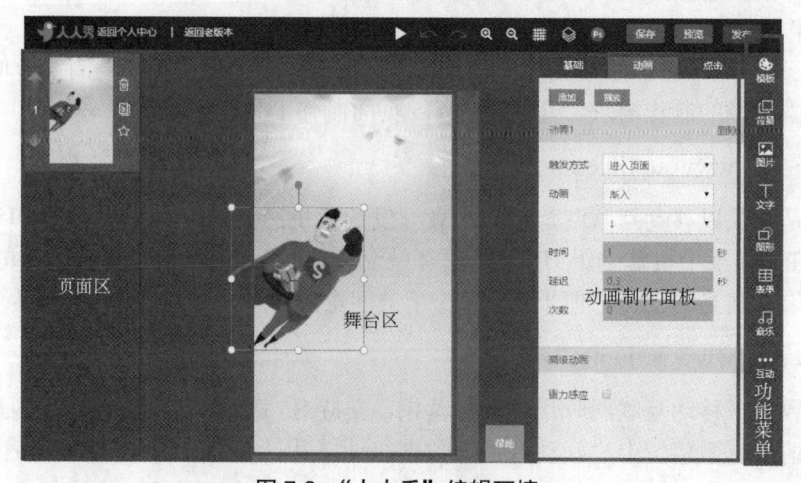

图 7-2 "人人秀"编辑环境

图 7-3 "兔展"编辑环境

图 7-4 "超级 H5"编辑环境

本节以易企秀为例介绍 H5 页面快速开发工具使用基础。基于 H5 的微课件开发环境：鉴于 Google Chrome 浏览器对 H5 标准支持较好，PC 上开发推荐使用 Google Chrome 浏览器。本节利用易企秀工具制作一个简单的课件——《单词课件》。《单词课件》案例网址 http://b.eqxiu.com/s/N6SCAK44，二维码地址如图 7-5 所示。

① 打开易企秀官网（www.eqxiu.com），在网站上注册一个用户账号，登录后找到建创入口，如图 7-6 所示。

② 新建项目，进入 H5 编辑环境。可创建一个空白场景自行发挥创作，也可使用模板形成基于某个模板风格的新项目。此处以空白项目为例。

图 7-5 "易企秀"二维码

③ 使用"背景"菜单添加背景，如图 7-7 所示。可以选用素材库提供的背景，如图 7-8

所示，也可以使用自己准备的背景图。使用自己的背景图，先要将背景图上传，然后在"我的图片"中选择应用，如图 7-9 所示。

④ 使用"图片"菜单添加图片元素。单击"图片"菜单，在素材库里选用图片，操作同"背景"的选用。添加到舞台上的图片选中时四周会有控制点，用鼠标拖动这些控制点可进行图片的缩放，如图 7-10 所示。

⑤ 使用"文本"菜单添加文字元素。单击"文本"菜单，在舞台上会出现文字输入框，在框中输入文字。选中文字内容的情况下使用"文字"工具条可以对文字进行"字体""字号""颜色"等常规格式编辑，如图 7-11 所示。

图 7-6　新建项目

图 7-7　使用"背景"菜单添加背景

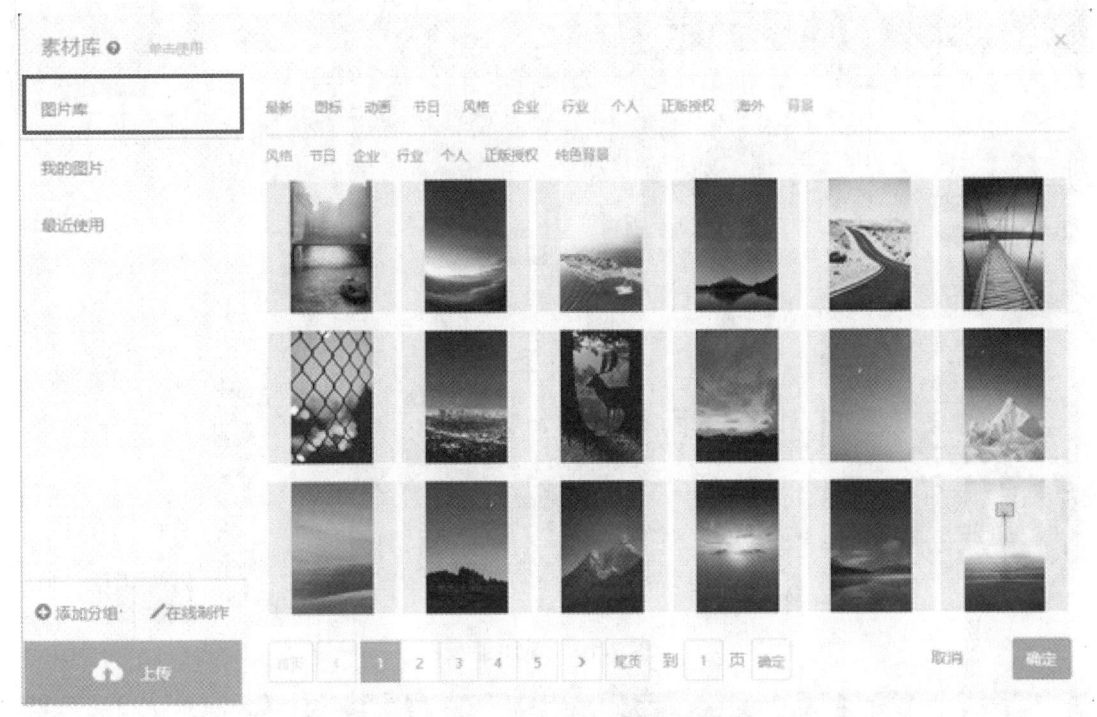

图 7-8 在"图片库"选用背景素材

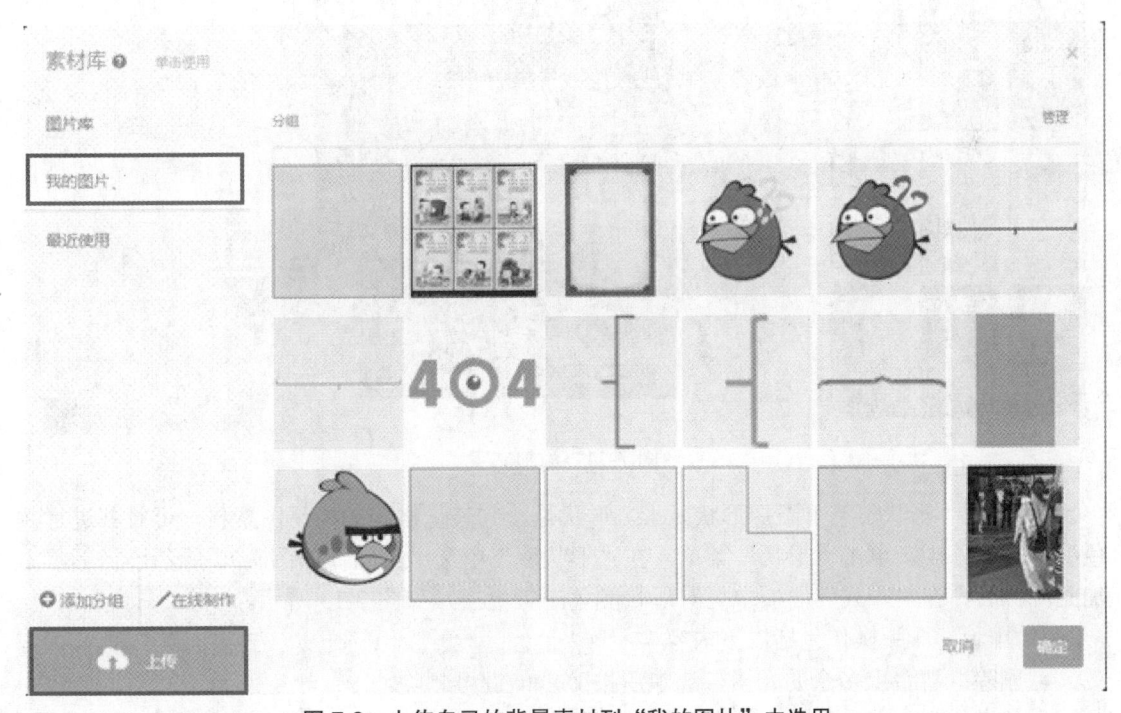

图 7-9 上传自己的背景素材到"我的图片"中选用

图 7-10 添加图片

图 7-11 添加文字

⑥ 使用"形状"菜单添加形状元素。形状是一些矢量格式的简易图素材,可对其进行颜色编辑改变外观。单击"形状"菜单,在"形状库"中选用形状,如图 7-12 所示。当形状添加到舞台后,在"样式"面板中可对形状颜色进行更换,如图 7-13 所示。

⑦ 排版。排版操作包括以下内容。

● 删除:舞台上多余的元素,选中后按 Delete 键可删除。

● 参考线对齐:拖动图、文等元素,在出现的参考线辅助下将元素放于舞台合适的位置,如图 7-14 所示,拖动"Computer"图放于舞台水平居中位置。

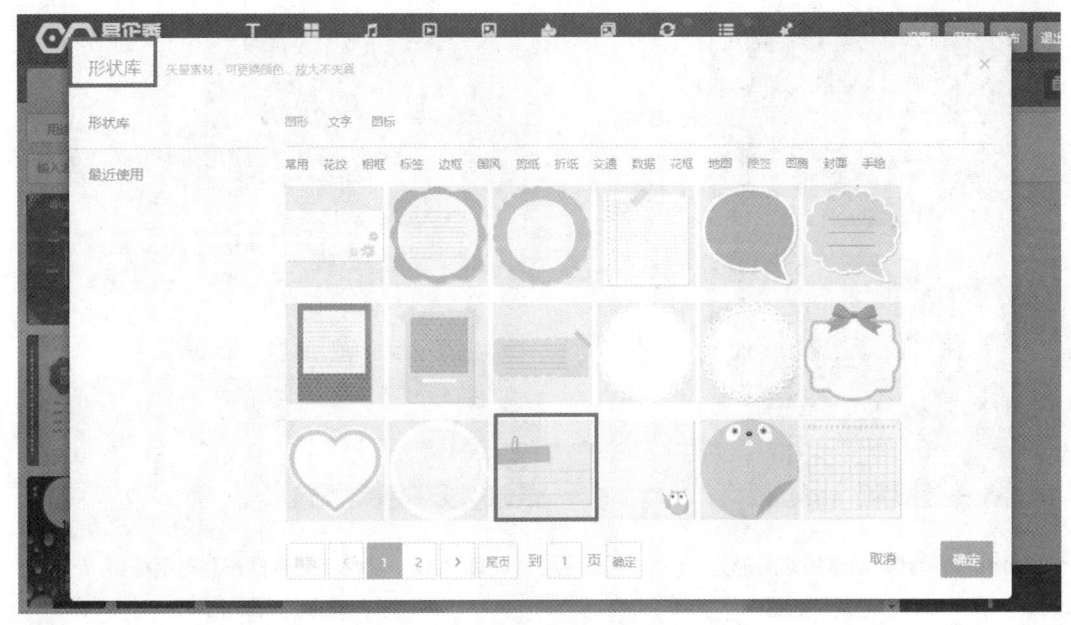

图 7-12　添加形状

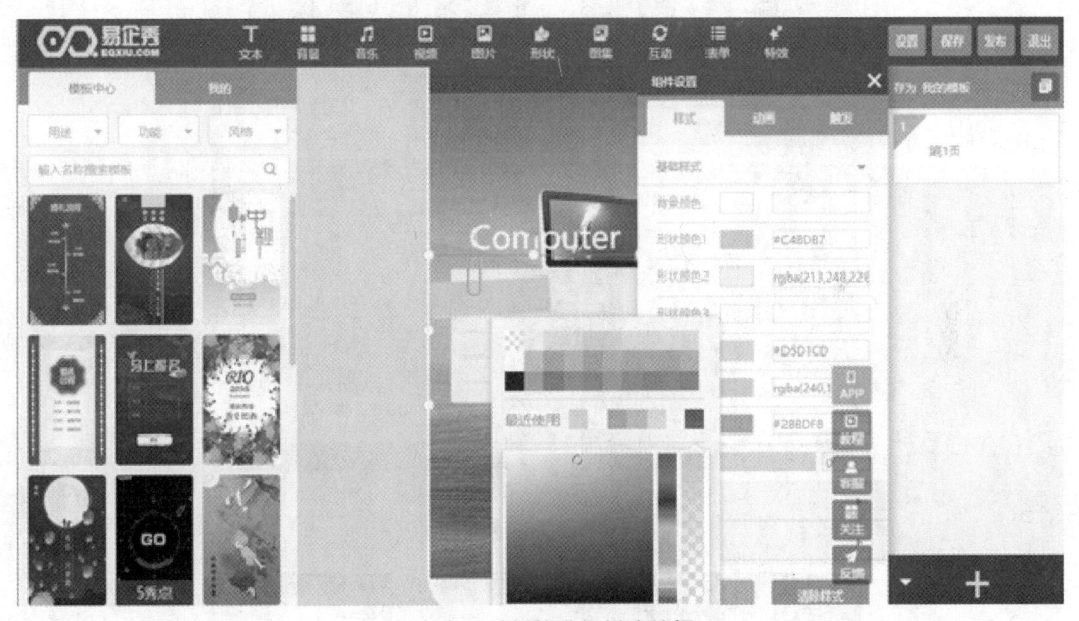

图 7-13　对形状进行样式编辑

- 使用对齐工具对齐：将多个元素对齐，可同时选中这多个元素，在出现的"多选操作"对话框中进行对齐设置，如图 7-15 所示。
- 调整层次关系：可以在舞台的同一位置放置多个元素，这些元素会根据添加先后顺序产生不同的叠加、遮盖。如图 7-16 所示，要将早先添加的文字置于标签图上方，可右击上层元素，在出现的快捷菜单中使用调整层次命令"下移一层"将标签图置于文字下方。

⑧ 添加动画效果。选中需要添加动画的元素，会出现"组件设置"对话框。单击"动画"，使用"添加动画"按钮添加一个动画，在后续设置中选择动画方式、播放时间等。如图 7-17 所示给计算机图片添加一个由中心放大的进入动画效果，此过程历时 2 秒。

图 7-14　参考线辅助下拖动图形元素放于舞台水平居中位置

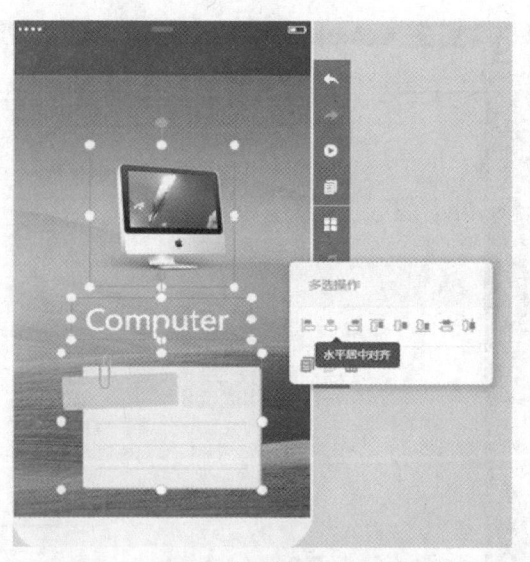

图 7-15　使用"多选操作"对话框将所有舞台元素居中对齐

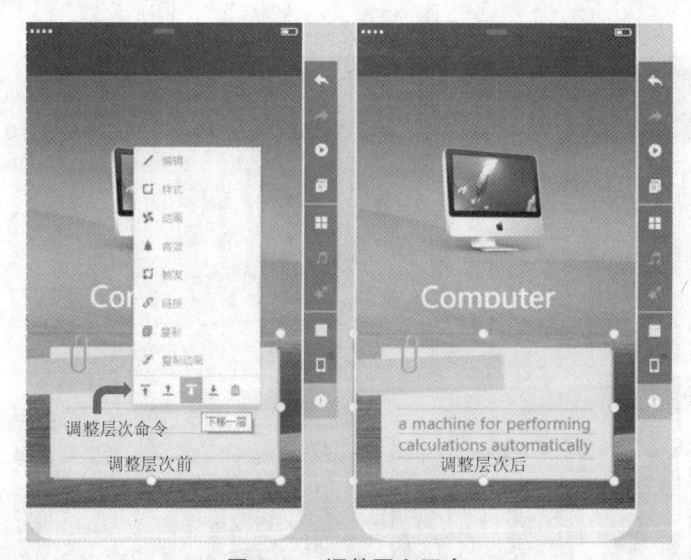

图 7-16　调整图文层次

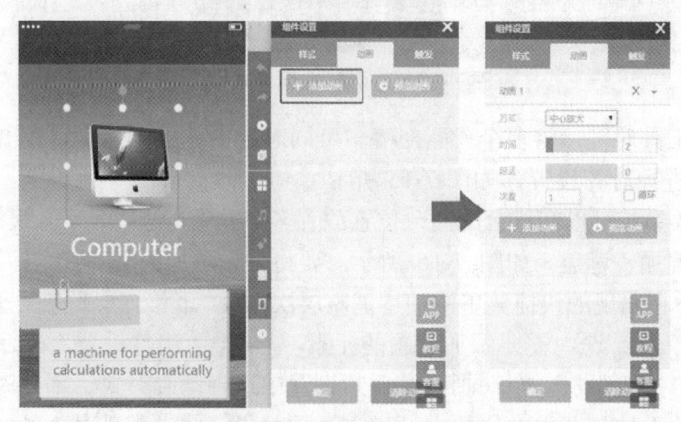

图 7-17　在"组件设置"的对话框"动画"页面添加动画

动画页面中"方式"表示动画效果;"时间"表示该动画播放所需时间;"延迟"表示动画什么时候开始播放,在设置多个元素依次播放动画时此项很重要,后出现的动画,"延迟"应大于或等于前面所有元素动画历时累计和。如图 7-17 左侧页面,让单词"Computer"在计算机图片出现后淡入,则给文字添加"淡入"动画,延迟为 2(计算机图片出现动画历时 2 秒,2 秒播完后单词"Computer"紧接着出现),如图 7-18 所示。

同步动画:图 7-17 左侧页面图中"英文词条"呈现在"便签"上,它们属于两个不同的元素,为让"便签"和"英文词条"同时在"Computer"单词之后出现,由"Computer"单词"延迟"2 秒和"时间"2 秒计算得"便签图"延时 4 秒。为保持同步,"英文词条"出现动画和"便签图"出现动画设置完全一致,动画设置如图 7-19 所示。

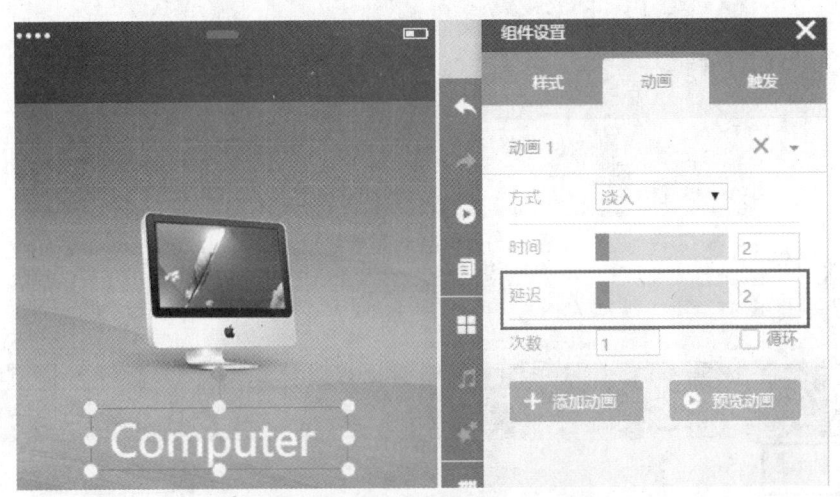

图 7-18 "Computer"淡入动画

图 7-19 "单词卡片"飞入动画

预览动画:单击工具条上的"刷新预览"按钮就可以查看页面动画效果了,如图 7-20 所示,可根据预览效果修改作品。

⑨ 给动画加声音。添加声音操作包括以下内容。
● 背景音乐:加点背景音乐,让作品变得生动。单击"音乐"菜单,在"音乐素材"库

中选一个背景音乐，选中的音乐会在音乐库的右上方指示选中，如图 7-21 所示。

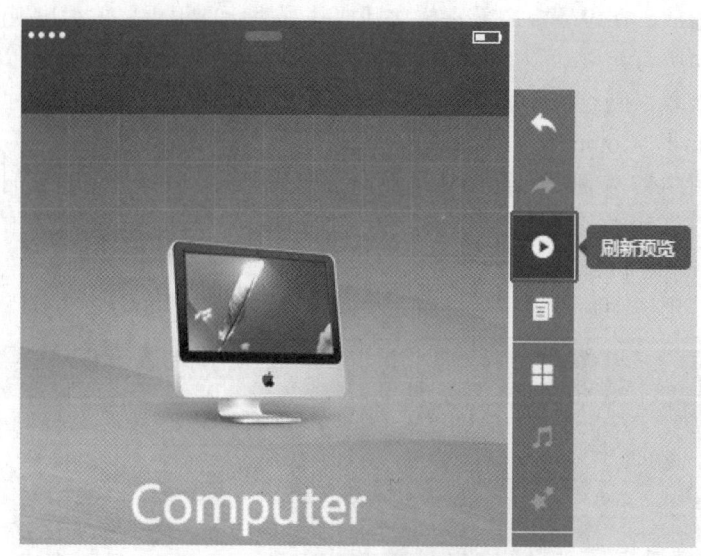

图 7-20　作品动画效果预览

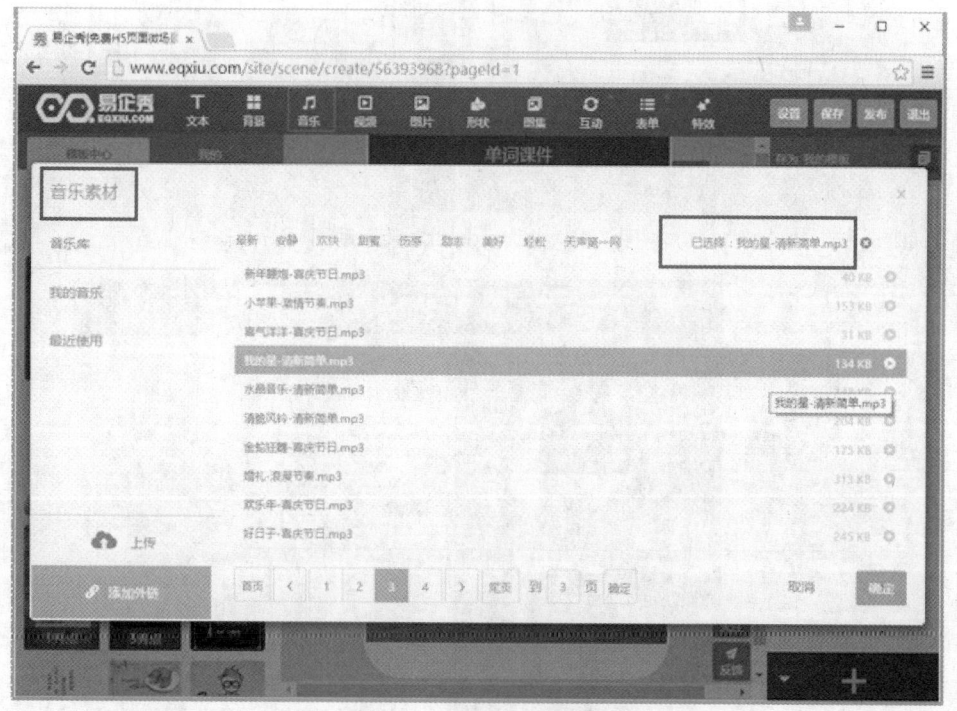

图 7-21　添加背景音乐

- 触发声音：不同于背景音乐，触发声音是需要人为单击作品中的某个元素后才播放声音，如本例中单击一下"小喇叭"图会读出单词。单击"互动"菜单，选择下面"音效"命令，如图 7-22 所示。在出现的"音效组件"对话框中分别单击"自定义"确定按钮图片、"设置音效"指定播放声音（本例为自行上传的单词读音），如图 7-23 所示，单击"确定"按钮后在舞台显示带触发声音的"小喇叭"图标。拖动"小喇叭"图放于"单词卡片"上，添加适当动画，便制作出一个带点读音的单词卡片，如图 7-24 所示。

图 7-22　添加触发声音

图 7-23　自定义触发声音按钮图片与设置音效

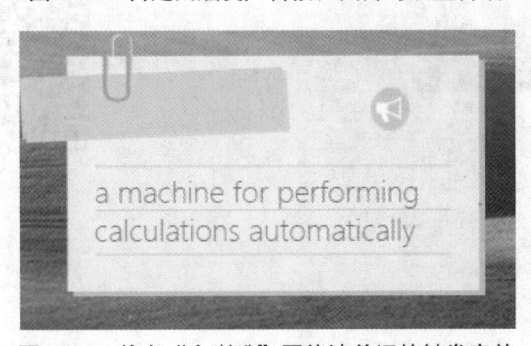

图 7-24　单击"小喇叭"图能读单词的触发音效

⑩ 发布。做完的作品若要分享给别人，需先进行发布。单击"发布"按钮发布作品。若发布前未进行作品"标题"等信息设置，系统会自动提示设置，如图 7-25 所示。设置完后再单击"发布"按扭，得到一个二维码，扫一扫就可以在微信中把作品分享给朋友们了，如图 7-26 所示。

图 7-25 作品发布信息设置

图 7-26 作品发布及发布二维码

7.3 移动微课件的设计与制作

7.3.1 移动微课件设计要点

移动微课件区别于其他媒体展示，有较强的教学功能。另外该媒体作品在移动设备端使用，制作过程对教学内容及作品素材有"微小"要求，故移动微课件在设计之初应注意以下几个设计要点。

① 作品源于教学设计，其呈现的内容或预设的问题需以教学目标为准。

② 传统课堂教学设计在用于微课件制作的指导中需进行修改，将知识内容精炼和小单元化，这步可参考微课的教学设计。

③ 作品设计时应考虑微素材的易得性。比如作品中有时需要添加背景音乐或语音讲解，在不超 4MB 的音频文件建议下，考虑寻找合适的小容量音频，或者对已有音频进行裁剪使其微小化。图片、视频、动画等其他素材也一样。如果采用几种方法都不方便得到小素材，则建议修改作品设计。

7.3.2 移动微课件的制作

本节讲解移动微课制作的关键内容，以《古诗赏析》和《单词学习》为例，操作内容如下。

《古诗赏析》案例网址 http：//a.eqxiu.com/s/d7MbCO9H，二维码地址如图 7-27 所示。

《单词学习》案例网址 http：//e.eqxiu.com/s/EkQv3Jle，二维码地址如图 7-28 所示。

图 7-27 《古诗赏析》案例二维码地址　　图 7-28 《单词学习》案例二维码地址

1. 展示型内容的制作及模板的使用

展示型内容的制作即把要呈现的教学内容以文字、图片、动画、声音等媒体元素进行页面呈现。制作要点是找一个和主题相适应的背景，添加图片、文字等元素，根据作品需要对元素添加动画效果、配音即可。本章 7.2.2 节，即是一个展示型内容的简单例子。

使用模板可以鉴借优秀作品，也可以在自己创作的过程中节省同类设计的重复性，是提高创作效率的捷径。如图 7-29、图 7-30 所示为模板的两种不同使用方式，前者使用软件应用商提供的免费模板，节省创作时间；后者应用自己设计的模板，加快制作速度。

使用模板可从官网的场景或案例中心找到所需要的模板，单击该模板进入编辑，如图 7-31 所示，也可在编辑环境的"模板中心"选用页面模板，如图 7-32 所示。

选用模板后，对可视化页面元素，如图片、文字等可双击修改其内容、动画等编辑效果。对于非可视化页面元素，如背景音乐，直接单击"音乐"菜单进行更改，也可增删一些元素达到再创作目的。

图 7-29　借鉴已有模板再创作

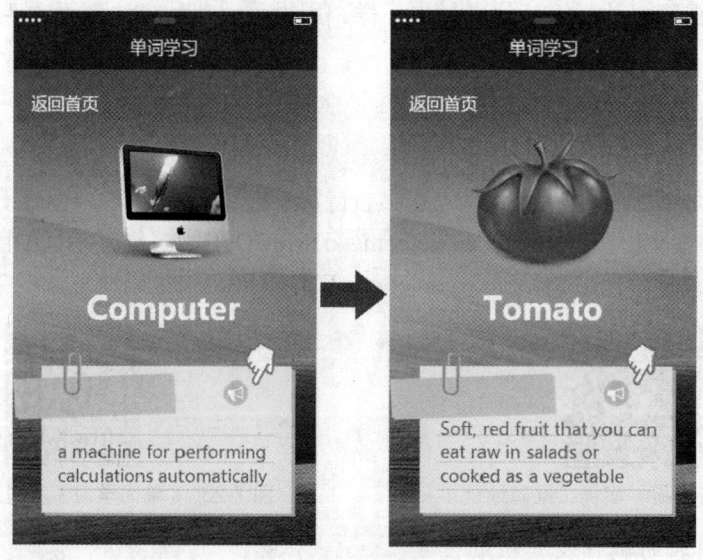

图 7-30　将自行设计的页面存为模板后使用

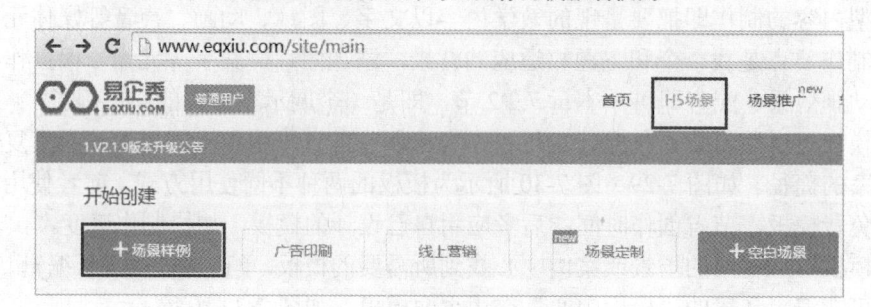

图 7-31　从官方网站找模板

如图 7-29 所示,在"梅"模板中删去"梅花"图和"梅"字,保留"鸟""小船"图和背景。插入"红豆"图和"相思"诗,调整"鸟"的位置以和谐构图,对"红豆"图和诗文添加动画,修改"鸟"动画。更改背景音乐为古诗诵读的音频,如此便形成古诗音画,可作为"相思"诗教学的内容展示部分。

图 7-32 在编辑环境的"模板中心"选用页面模板

移动微课件创作中也可将编辑好的页面保存为"我的模板",以便后续复用。如图 7-30 所示已制作好一个"Computer"的单词卡,做其他类似的单词卡只需在模板的基础上替换图片文字即可。

模板的保存:在"页面区"选中准备作为模板的页面,再单击"页面区"上方的"我的模板"将页面存为模板,如图 7-33 所示。

图 7-33 保存"我的模板"

2. 多页面与超级链接

微课件制作过程中往往需要多个页面,在编辑环境的"页面区"底部单击"添加页面"按钮,可新建页面。

默认情况下,发布后的作品在移动设备端可顺序翻页,如需随机跳转,可通过添加超级链接实现。如图 7-34 所示,在《单词学习》课件中,希望在主页面实现"点到哪学到哪"的效果可由超级链接完成。

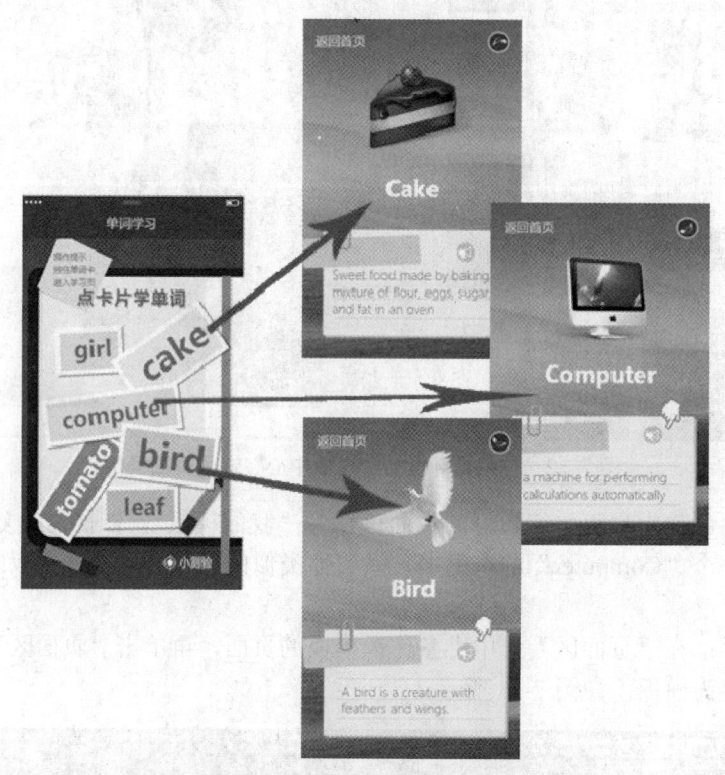

图 7-34 《单词学习》课件页面跳转关系示意图

H5 页面制作工具中常用超级链接主要有文本超链和图片超链。

① 文本超链:在"舞台区"双击页面中的文本元素,在出现的"文本"工具条中单击"超级链接"按钮,如图 7-35 所示。在弹出的"本文链接"对话框中选择"场景页面",然后在下拉列表中选择需链接的目标页,如图 7-36 所示。使用超级链接通常需考虑往返通路,本例在每个目标单词卡均设置了"返回首页"链接。

② 图片超链:右击需添加超链的图片,在弹出的快捷菜单中选择"链接"。在弹出的"超链组件"对话框中选择"场景页面",然后在下拉列表中指定目标页面即创建图片超链。

图 7-35 给文本添加超链接

图 7-36 "文本链接"对话框

3. 课件交互——"学习反馈"的制作

移动微课件的优势在于方便用户使用移动设备随时随地观看学习,"学习反馈"在引导学习者自主学习的过程中起到了重要的作用。带反馈的练习是课件中常用的交互手段。如图 7-37 所示,在《单词学习》课件中,设置了一些习题,且每一题根据用户做答,给出正误反馈,帮助学习者巩固单词识记。

(1)"带反馈的测试"制作思路

首先准备题目内容和参考答案。根据参考答案对答题情况进行正误图标的显隐。如图 7-37 所示,左边测试题 1 中对应于"蛋糕"的单词 C 选项正确,其余选项错误,当用户选 A 项时显示"叉叉"图,隐藏"对勾"图,B、C 选项同理;当用户选 C 项时显示"对勾"图,隐藏"叉叉"图。

(2)"带反馈的测试"制作主要技术

"触发"——用户通过"单击"某个元素、"摇晃"手机等动作控制另一些元素的显示/隐藏。如图 7-37 所示的"单词测验"中,单击一个选项,显示一个"正确"或"错误"的图片,另一个对立结果图片则被隐藏。

图 7-37 带反馈的单词测验

"带反馈的测试"制作过程如下所述。

① 将题目、选项文本和正误图标均置于同一页面。

② 选中第一个选项文本，在"设置组件"窗口中单击"触发"，然后单击"添加触发"按钮，选择"选择界面已有元素"，如图 7-38 所示。

③ 在出现的"选择触发哪些元素显示或隐藏"对话框中选中"图片 11""图片 12"（分别对应"叉叉""对勾"图）并控制右侧显隐开关，结果为显示"叉叉"图、隐藏"对勾"图，如图 7-39 所示。此时用户在答题中选择第一个错误选项时给出错误提示。

图 7-38　"触发"窗口中添加触发效果　　　　图 7-39　触发对象显示控制

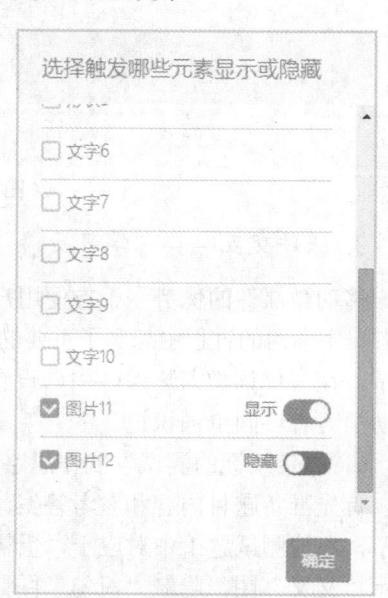

④ 重复步骤③，对其余选项做触发，注意正确答案项触发提示须显示"对勾"图、隐藏"叉叉"图。

练习与思考 7

1. 仿书中《古诗赏析》案例，另选一首或多首古诗制作一个 H5 微课件。
2. 制作一个英语绘本的 H5 微课件。
3. 从中小学"语文""数学""科学"等学科中任选一个自己熟悉的知识内容制作一个 H5 微课件，要求作品含有触发、交互功能。

第 8 章　Authorware 课件制作

　　Authorware 是一个功能强大的多媒体制作软件，它是以图标为基础、流程图为结构的编辑平台。能够将图形、声音、图像和动画等有机地组合起来，形成一套完善的多媒体系统，它的出现使不具备高水平编程能力的用户创作出高质量的多媒体应用软件成为可能，同时也使得多媒体软件制作的成本大大降低。另外，Authorware 还提供了大量的变量和函数及编程语言的功能，这使得它的功能得到了大大增强。

8.1　Authorware 的基本操作

8.1.1　工作环境

　　每次启动 Authorware 时，屏幕上都会出现一个欢迎画面，单击该欢迎画面，稍等片刻，欢迎画面随即隐去。欢迎画面隐去之后，会首先出现一个"新建"对话框，如图 8-1 所示，提示用户是否利用"知识对象"建立新文件。单击"确定""取消"或"不选"按钮，即可 Authorware 主界面。如果取消"创建新文件时显示本对话框"复选框的勾选，然后单击"不选"按钮，则下次打开 Authorware 时将不会出现这个对话框。

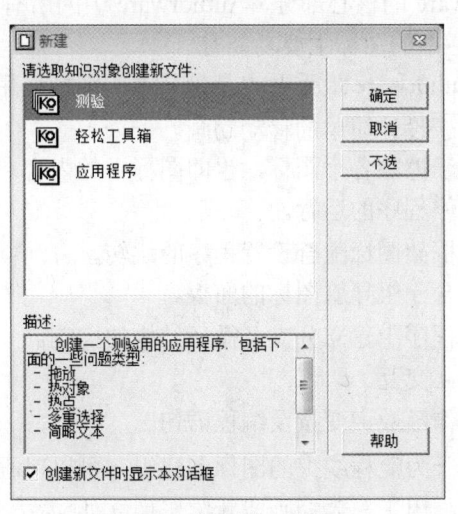

图 8-1　"新建"对话框

Authorware 主界面主要包括包括标题栏、菜单栏、常用工具栏、图标工具栏、流程图编辑窗口 5 个功能区，如图 8-2 所示。下面介绍常用工具栏、图标工具栏、流程图编辑窗口。

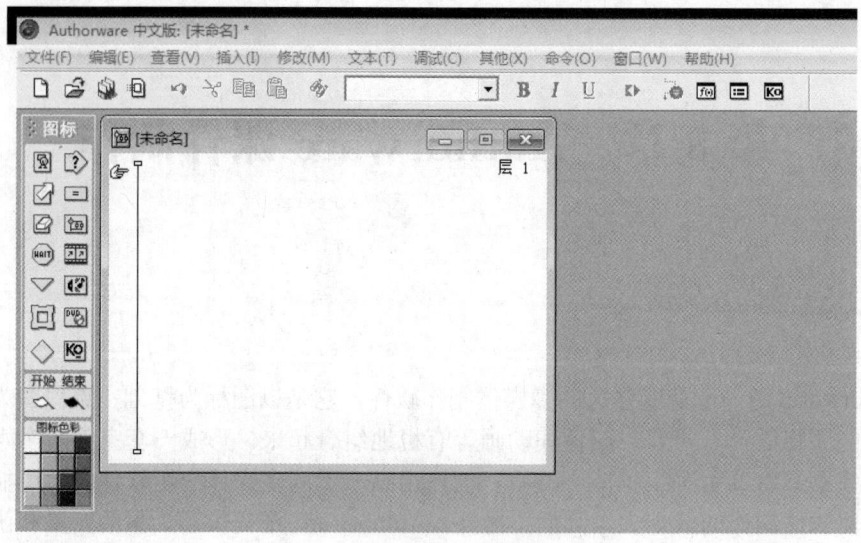

图 8-2　Authorware 主界面

1. 常用工具栏

Authorware 菜单中包括了所有的命令，而经常使用的命令则在"常用工具栏"中列出，与其他应用程序中不同的工具如下

　　（重新开始）：重新开始程序的允许。

　　（程序允许控制面板）：将"程序允许控制面板"显示在程序的窗口中。

　　（函数）：将程序的系统函数和自定义函数窗口显示在程序的主界面上。

　　（变量）：将程序的系统变量和自定义变量窗口显示在程序的主界面上。

　　（知识对象）：将知识对象显示在程序的主界面上。

2. 图标工具栏

图标工具栏是 Authorware 的核心部分，Authorware 中的所有命令及效果都是通过图标工具栏来实现的。图标工具栏中的图标主要功能有

　　（显示图标）：Authorware 最重要也是最基本的图标，用于显示文本和图形图像。

　　（移动图标）：用于设计简单的移动动画。

　　（擦除图标）：用于擦除各个图标，也即图标中的内容。

　　（等待图标）：暂停程序的运行。

　　（导航图标）：与框架图标配合设置程序的跳转。

　　（框架图标）：包含一组导航图标的面板。

　　（判断图标）：在程序中建立分支及循环结构的控制。

　　（交互图标）：建立交互。

　　（计算图标）：操作函数、变量及编程语句。

　　（群组图标）：用于为流程线上的图标创建组，可以对程序进行模块化管理。

　　（数字电影图标）：用于导入动画或数字影像文件。

(声音图标)：用于控制和播放音频文件。

(视频图标)：用于控制外部影碟机中的视频影像。

(知识对象)：用于打开知识对象窗口。

(开始、结束标记)：在开发过程中将其放在流程线上以检查某段程序的运行情况。

(图标调色板)：用于为图标着色，以更好地区分图标。

3．流程线编辑窗口

流程线是 Authorware 的编辑窗口，其所有的内容都将放在流程线上，流程线上放置的都是图标工具栏中的图标。

8.1.2 演示窗口属性设置

新建的 Authorware 程序在运行时将打开一个演示窗口。在默认的情况下，演示窗口的大小为 640×480，窗口的背景色为白色。为了使演示窗口体现自己的特点，在进行程序编辑时，一般需要对演示窗口的大小、样式和颜色等进行设置。

（1）选择"修改"→"文件"→"属性"选项，打开程序文件的属性面板，如图 8-3 所示。

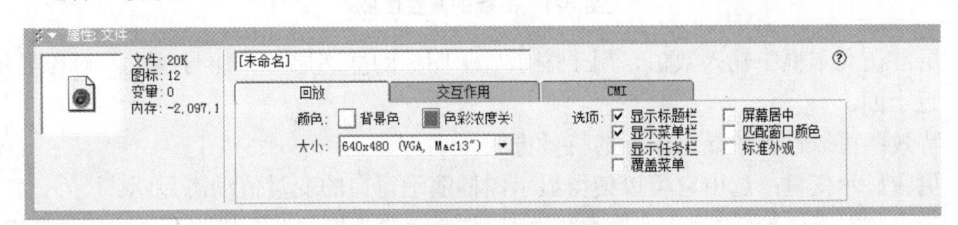

图 8-3　程序文件的属性面板

（2）在"回放"选项卡中可以修改背景色、演示窗口大小以及选项中的各项内容。也可在"大小"下拉列表中选择"根据变量"，然后在流程线上放置计算图标，在计算图标中输入 ResizeWindow（1440，900），即演示窗口的大小为 1440×900。

8.2　Authorware 的图标和使用

1．图标的使用和修改

按住鼠标左键不放，将需要的图标拖动到流程线上，图标被拖到流程线上之后，默认为"未命名"，选中要修改名称的图标，直接输入新名称。选中需要修改颜色的图标，然后单击选中"图标调色板"中合适的颜色。

2．多个图标的选择和群组

从流程线上要选择的多个图标的左上角单击（或者左下角、右上角、右下角皆可）按住鼠标左键不放，然后向相反方向拖动，会出现一个虚线框，使要选择的图标都在虚线框内，松开鼠标左键，则这些图标被选中。也可以按住 Shift 键，再单击需要选择的图标方法。选择

"修改"→"群组"命令,即可将所选中的图标生成一个群组;若要将群组的图标取消,则选择"修改"→"取消群组"命令。

3. 图标的移动和删除

如果要将流程线上的图标移动到合适位置,先选中要移动的图标,然后直接将其拖放到流程线的合适位置。也可以用"剪切"→"粘贴"的方法移动图标到合适的位置。删除图标方法为:选中要删除的图标,然后直接按 Delete 键;或者右击再在快捷菜单中选择"删除"命令。

4. 图标属性设置

以下以显示图标为例介绍图标的属性,选择"修改"→"图标"→"属性"选项,打开图标的属性面板,如图 8-4 所示。

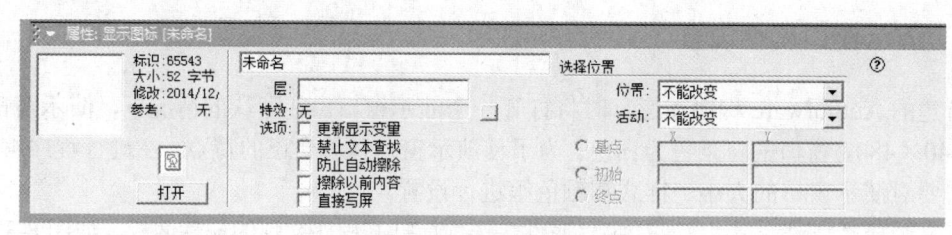

图 8-4 图标的属性面板

- 层:在文本框中输入数值,用于表示显示图标的静态层号,层号越大,对象显示越靠近上面。
- 特效:可以设置该显示图标的特效方式。
- 更新显示变量:选中它可以使得显示图标演示窗口的变量值动态显示。
- 禁止文本查找:在进行文本搜索时,将已选择该复选框的图标排除在文本搜索范围之外。
- 防止自动擦除:选中它则可以使得该显示图标中的对象不受其他图标中设置的"擦除以前内容"的影响。
- 擦除以前内容:选中它,程序运行到该图标内容时,则将演示窗口的所有内容全部擦除,再显示该显示图标的内容。
- 直接写屏:选中它,程序运行到该图标内容时,该显示图标中的对象在其他图标对象的上方,而且,设置的特效方式不再有效。

8.3 Authorware 变量、函数和编程语句

8.3.1 运算符

Authorware 中,共有 5 种类型的运算符,它们分别是算术、连接、关系、逻辑和赋值运算符。

1. 算术运算符

算术运算符有+(加)、-(减)、*(乘)、/(除)及**(求幂)5 种,算术运算符是数值

型变量间的运算，运算结果是数值。

2．连接运算符

连接运算符只有^（将两个字符串连接成一个）一种，连接运算符是字符型变量间的运算，运算结果是字符串表达式。

3．关系运算符

关系运算符有=（等于）、<>（不等于）、<（小于）、>（大于）、<=（小于或等于）、>=（大于或等于）六种，关系运算符运算的结果是 TRUE 或 FALSE 即逻辑值。

4．逻辑运算符

逻辑运算符有~（非运算）、&（与运算）、|（或运算）三种，逻辑运算符运算的结果是 TRUE 或 FALSE 即逻辑值。

5．赋值运算符

赋值运算符只有：=（将运算符右边的值赋给左边的变量），赋值运算符运算结果是运算符右边的值，类型也取决于运算符右边的变量类型。

所有运算符的运算优先级依次为：()（括号）、~、+（正）、−（负）、**、*、/、+（加）、−（减）、^、=、<>、<、>、<=、>=、&、|、：=。

8.3.2 变量

所谓变量，就是在程序运行过程中可以改变的量。在 Authorware 中，变量主要分为两类：一类是系统变量，另一类是自定义变量。自定义变量就是用户自己定义的变量。给自定义变量赋值，可以使用赋值运算符"：="。系统变量是指 Authorware 中已经定义好的变量，用户需要用时，只要单击 Authorware 快捷工具栏中的"变量"按钮，即可调出"变量面板"，在变量面板中查找变量名即可。以下几个变量就是系统变量

- AllCorrectMatched：逻辑型变量，指用户正确匹配了交互图标的所有响应状态后，该变量为 TRUE。用 AllCorrectMatched@"图标名"来获取一个交互值。
- EntryText：字符型变量，存放用户最后依次交互中最后一次响应的文本。
- Moveable：逻辑型变量，指定图标显示的对象是否可以移动。
- e：数值型变量，该变量是一个常数，用于自然对数的基，其值为 2.718281828459。
- Pi：数值型变量，该变量是一个常数，是数学中的 π，其值为 3.1415926536。
- FullDate：字符型变量，存放的是计算机当前的年月日的日期值，如 2016 年 12 月 3 日。
- Sec：数值型变量，存放当前时间的秒数，其值为 0 到 59。

8.3.3 函数

Authorware 提供了大量的系统函数，系统函数的使用可以直接通过键盘输入到要使用的地方，也可以在"函数面板"中选择函数名，然后单击"函数面板"的"粘贴"按钮，即可粘贴到需要使用的地方。如以下几个函数就是系统函数

- SIN：number：= SIN（angle），该函数返回 angler 的正弦值，angle 的单位为弧度。

- EXP：number：= EXP（x），该函数返回 e 的 x 次方的值。
- EXP10：number：= EXP10（x），该函数返回 10 的 x 次方的值。
- Quit：Quit（[option]），Quit 函数退出文件。
- GoTo：GoTo（IconID@"IconTitle"），跳到在 IconTitle 中指定的图标继续执行。

8.3.4 编程语句

1. 条件语句

格式 1：IF 条件 then 语句组 end if
含义：如果条件成立则执行语句组，否则跳过。

格式 2：IF 条件 then
　　　　语句组 1
　　Else
　　　　语句组 2
　　End if
含义：如果条件成立则执行语句组 1，否则执行语句组 2。

格式 3：IF 语句嵌套，即一个 IF 语句中嵌套另一个 IF 语句，如：
　　　　If 条件 1 then
语句组 1
　　　　Else if 条件 2 then
语句组 2
　　　　　　Else
语句组 3
　　　　　　End if
　　　　End if
含义：如果条件 1 成立则执行语句组 1，否则如果条件 2 成立则执行语句组 2，否则执行语句组 3。

2. 循环语句

格式 1：Repeat With 循环变量：=初始值（down）to 结束值
　　　　　循环语句组
　　　　End Repeat
含义：当初始值大于结束值用 down to，初始值小于结束值用 to，循环执行循环语句组直到循环变量到结束值为止。

格式 2：Repeat While 条件
　　　　　循环语句组
　　　　End Repeat
含义：如果条件成立，则重复执行循环语句组，直到条件不成立为止。

格式 3：Repeat With 变量 in [列表]

循环语句组

End Repeat

含义：如果变量值在列表中则执行循环语句组，否则进入下一循环。

　　在循环语句的任何地方都可以使用 next repeat 和 exit repeat 语句，其中 next repeat 是提前结束本次循环，进入下一次循环；exit repeat 则是直接退出当前循环语句。

8.4　Authorware 用于课件制作的典型案例

8.4.1　按钮响应及教学积件实例

　　按钮响应类型是交互图标中最基本又最重要的响应之一，插入的按钮可以是系统提供的，也可以是设计人员自定义的。当用户将鼠标移到按钮上，单击就会执行设置好的程序。

　　1．按钮响应类型的设置

　　(1) 拖一个交互图标到设计流程线，取名为"交互"，再拖一个群组图标到交互图标的右侧（这里使用群组图标的目的是为了在分支里设置更多的内容），在弹出的对话框中选择"按钮"（系统默认为按钮），如图 8-5 所示。

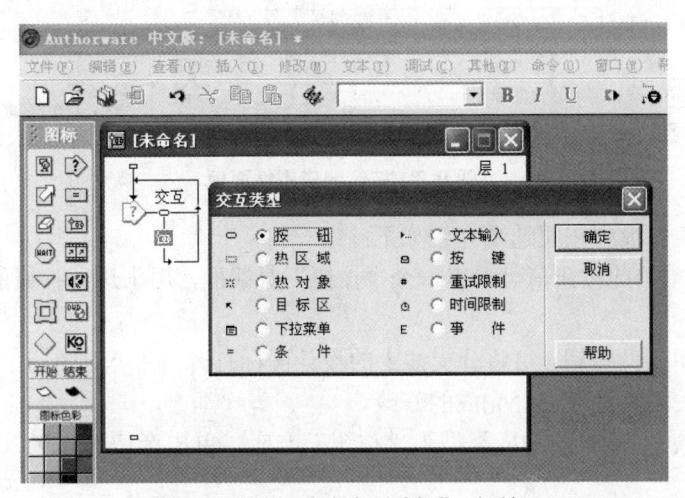

图 8-5　"按钮响应类型选择"对话框

　　(2) 单击"确定"按钮，将第一按钮（群组）的名称取为"一分支"，如图 8-6 所示。

　　(3) 双击"一分支"群组图标，将它打开，拖一个电影图标到此流程线上，导入电影，如图 8-7 所示。

图 8-6　将按钮响应命名为"一分支"

　　(4) 执行上述程序（单击工具栏中的"程序执行"按钮）后，在演示窗口出现"一分支"按钮，单击"一分支"按钮，就可以在演示窗口中播放电影了。但是，我们发现：第一，按钮位置该怎样调整；第二，鼠标形式是否可以改变；第三……，要解决这些问题就必须了解按钮的属性。双击按钮标志，弹出如图 8-8 所示按钮响应属性面板。

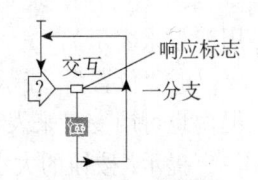

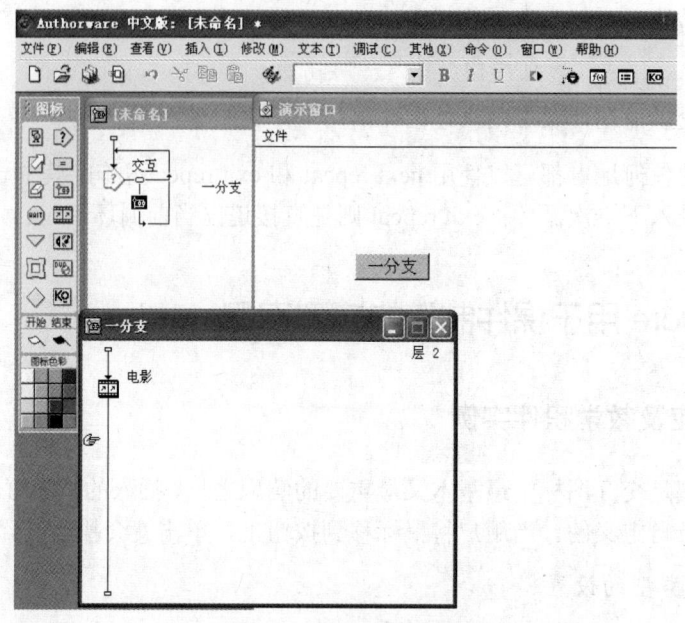

图 8-7 群组内引入电影

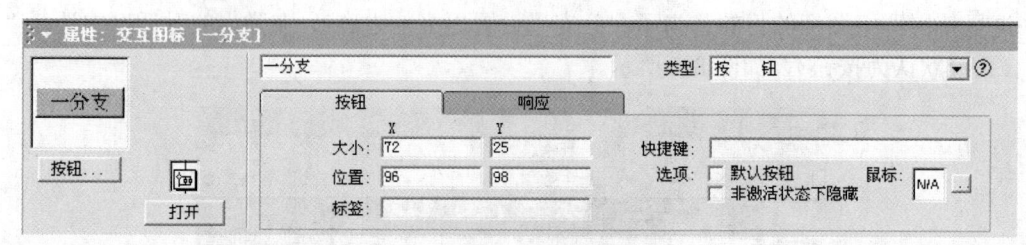

图 8-8 按钮响应属性面板

按钮响应属性面板中按钮选项介绍如下：

①"按钮"，单击此按钮，可弹出一个"按钮"对话框，用来进行按钮的编辑或按钮形式的选择。

②"打开"，单击此按钮，可将分支线上的设计图标打开，并可对图标中的内容进行编辑，同时将属性面板关闭，保存已经完成的修改。

③"类型"，表示此时的响应类型为"按钮"响应，单击旁边的"▼"，可以弹出其他的响应类型供选择。

④"大小"，表示此时按钮的大小，改变数字的大小，可改变按钮的大小（输入框内也可用变量米表示）。

⑤"位置"，表示此时按钮的显示位置，改变数字的大小，可改变按钮显示的位置（输入框内也可用变量来表示），其位置的坐标是以按钮左上角为参照点的。

提示：按钮的大小和位置可在面板后面的演示窗口中用鼠标拖动的方法来直接进行调整。

⑥"标签"，用于设置按钮上方显示的文字信息。

⑦"快捷键"，在旁边的输入框内定义按钮的快捷键，可以使用快捷键来激活按钮。

提示：如果定义快捷键只有一个，可直接在输入框内通过键盘输入该快捷键。如果使用多个快捷键，则需要使用运算符"|"分隔，如希望按"A"或"B"中的一个键来激活按钮，则在输入框中应输入"A|B"。如果使用 Tab、Enter 或 Backspace 键中的一个来作为快捷键，

可直接在输入框内输入其键名即可。如果使用 Ctrl 键和其他键组合的形式，则先输入"Ctrl"，再输入组合的字母，例如输入"CtrlB"，表示 Ctrl 键和字母键 B 的组合。

⑧"选项"，根据需要可进行下列选项的选择：
- "默认按钮"，选择此选项，按钮将采用系统的默认按钮，如使用自定义按钮，该选项将变灰，被置为不可用。
- "非激活状态下隐藏"，选择此选项，当一个按钮被置为不可用变灰后，系统将该按钮从屏幕上移去，当该按钮可用以后，系统会重新显示该按钮。
- "鼠标"，单击此选项后面的"..."按钮，在弹出的对话框中可进行鼠标形式的选择。

按钮响应属性面板中"响应"选项卡，此选项卡是用来设置当分支内容执行完毕后，显示内容的擦除特性及程序的走向，如图 8-9 所示。

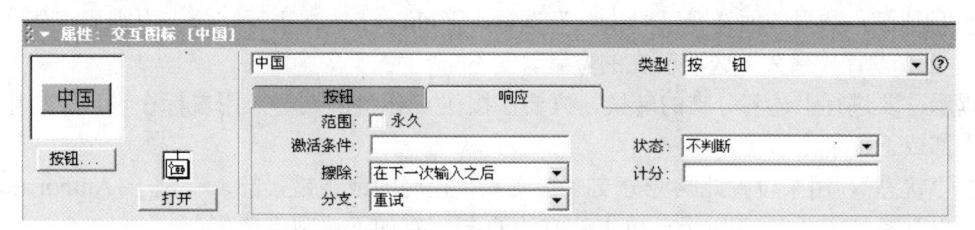

图 8-9 "响应"选项卡

①"范围"，用于设置交互的范围。默认状态下，如果离开了交互循环，则该按钮不具有交互功能；如果要使按钮无论是否离开交互循环时都处于激活状态，可选择其后的"永久"复选框。

提示：在热区响应及热对象响应中，如选择该选项，可使这个响应在整个文件中保持可用，它们不会被交互图标中的擦除设置所擦除。要擦除它们，只有单独使用一个擦除图标来擦除。在按键响应、时间限制响应、尝试限制响应中无法设置该项。

②"激活条件"，用来设置激活按钮的条件，即可在输入框中输入一个条件（变量或表达式），只有当该条件满足后，该响应才可用。

③"擦除"，用来擦除在交互分支执行完毕后已显示的内容。单击旁边的"▼"，有如下列选项：
- "在下一次输入之后"（在进入下一个分支后），选择此选项，Authorware 在执行完分支内容后，并不擦除显示内容，直到用户发出另一个响应。

提示：如在"分支"中选择了"继续"或"重试"选项，则 Authorware 将保持屏幕显示内容不变，直到用户输入下一个正确的响应。
- "在下一次输入之前"（在进入下一个分支前），选择此选项，Authorware 在执行完分支内容后，将内容擦除。

提示：使用该选项，最好在分支结束前设置一个等待图标，便于用户在擦除前看清显示的内容。如在"分支"中选择了"继续"，则分支的内容将保持在屏幕上，直到用户输入下一个正确的响应。如果在"分支"中选择了"退出交互"选项，Authorware 在退出交互图标时将分支显示内容擦除。
- "在退出时"（退出交互图标后），选择此选项，Authorware 将不擦除任何显示内容，即在进入其他分支时，先前分支的内容也不擦除，只有退出交互图标时才会把所有的显示对象擦除。

- "不擦除",选中此选项,Authorware 将保持所有显示对象在屏幕上不擦除,直到用一个擦除图标来擦除它们。

④ "分支",表示一个分支完成后程序的流向,单击旁边的"▼",有如下选项可选择,它们分别是:

- "重试"(再试一次),选择此选项,Authorware 返回交互图标,等待用户输入下一个响应。
- "继续",表示在交互结构中,用户所输入的响应与该分支右边的其他分支是否相匹配,如果有,则进入此分支,如果没有,则等待用户输入下一个响应。
- "退出交互",选中此项,Authorware 在执行完此分支后将退出交互图标而执行主设计流程线上的下一个图标。
- "返回",如果前面选择了"永久"选项,Authorware 在执行完分支内容后,将跳转到首次设置"永久"选项所在的位置。

提示:要进行上述各分支的转换,只要在按住 Ctrl 键的同时,用鼠标在设计窗口中此分支的上部或下部单击即可。

⑤ "状态",用来设置此响应分支(答案)是正确的或是错误的,有利于 Authorware 对响应做出判断,如图 8-10 所示。单击其右边的 ▼,有如下选项供选择:

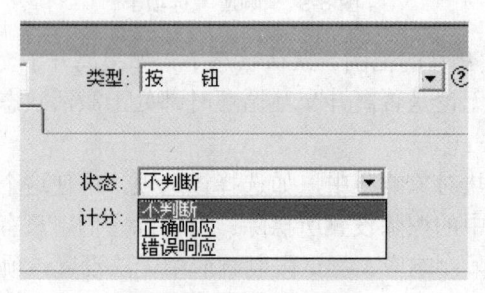

图 8-10 "状态"选项

- "不判断",对响应的正确与否不判断。
- "正确响应",选中它,表示此响应为正确的响应,并在此响应分支名前加上"+"符。
- "错误响应",选中它,表示此响应的设置为错误的响应,并在此分支响应名前加上"−"符。

提示:要想改变某一个响应的正误状态,只要在按住 Ctrl 键的同时,在要修改的响应分支名称前单击即可。

⑥ "计分"表示对响应进行计分。

2. 鼠标形式的改变

在不进行任何设置时,鼠标默认的设置是一空心箭头,在 Authorware 程序运行中,人们总希望当鼠标移到有响应处(如按钮)时,鼠标形式能发生改变,用来提醒使用者。那么怎样改变鼠标的形式呢?方法如下:

(1)双击(按钮)响应标志,弹出按钮响应属性面板,如图 8-11 所示。

(2)单击"鼠标"旁的"..."按钮,弹出如图 8-12 所示的对话框。

(3)拖动右边的滚动条,单击所需要选择的鼠标指针形式,图 8-12 中选择了鼠标的形式为"手型"(高亮显示)。

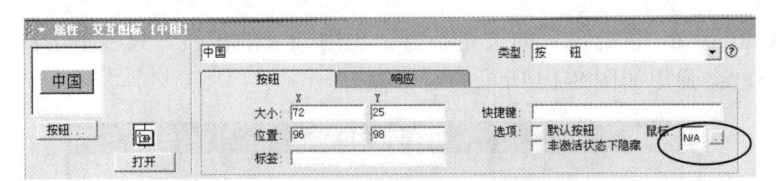

图 8-11 按钮响应属性面板

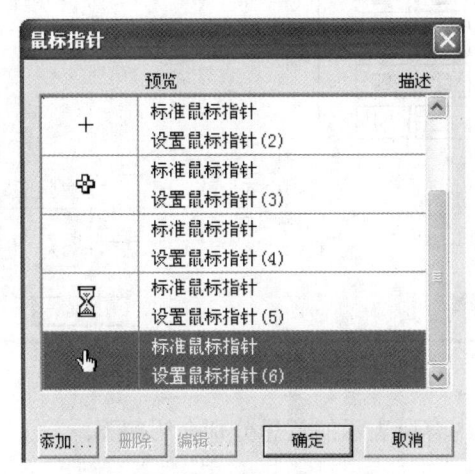

图 8-12 "鼠标指针"对话框

（4）单击"确定"按钮，响应处鼠标的形式就发生改变了。即在程序执行到此交互时，当光标从其他地方移到按钮上时，鼠标的形式将从空心箭头变为手形。

（5）如果想要设成外加的鼠标形式，只要单击图 8-12 中左下角的"添加"按钮，在弹出的对话框中寻找某一鼠标指针形式，单击"确定"按钮，即可在图 8-12 中增加该鼠标指针形式，选中它再单击"确定"按钮，鼠标的指针形式即变为外加的形式了。

3．按钮形状的改变

在图 8-11 中，单击"中国"下的"按钮"，弹出如图 8-13 所示对话框。

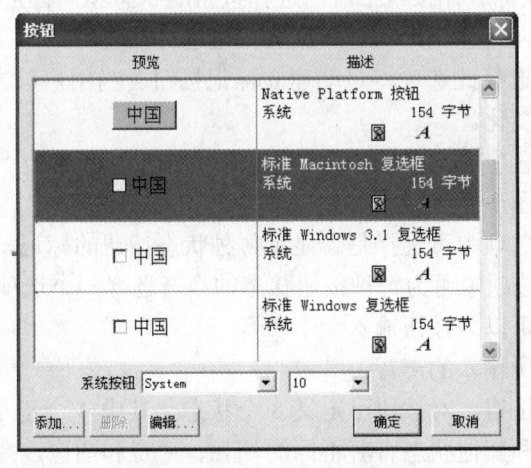

图 8-13 "按钮"对话框

在图 8-13 中，拖动右边的滚动条，选择某一形式按钮（高亮显示），单击"确定"按钮，即可将按钮改成所选中的形状了。

如认为 Authorware 系统自带的按钮不好，想用外来的按钮，只要单击图 8-13 左下角的"添加"按钮，就会弹出如图 8-14 所示的对话框。

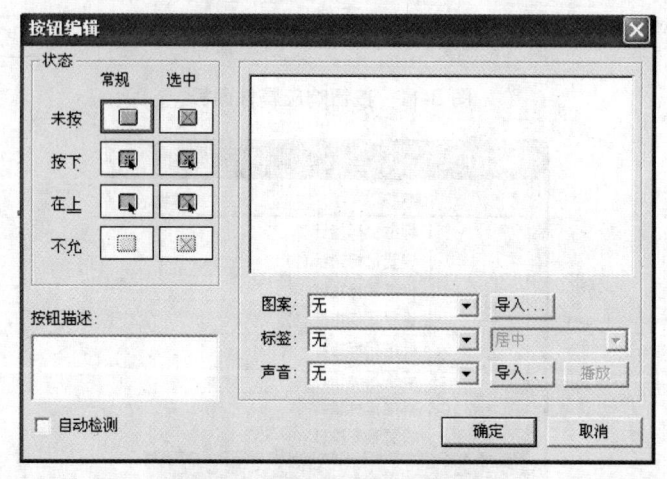

图 8-14 "按钮编辑"对话框

在图 8-14 中，有关各内容所表示的意思分别介绍如下。
(1)"状态"选项组。
①"常规"下，每个按钮有 4 种状态可供选择。
- "未按"表示在按钮没有被按下，且鼠标不在按钮上时的状态。
- "按下"表示单击按钮时的状态，可产生一个闪动的假象。
- "在上"表示鼠标置于按钮上时的状态。
- "不允"表示按钮失效时的状态。

②"选中"下，每个按钮有 3 种状态可供选择。
- "未按"表示选择按钮在演示窗口中的状态。
- "按下"表示当单击按钮时，选择按钮的状态和声音是怎样的。
- "在上"表示当鼠标放在按钮上时，选择按钮的状态和声音是怎样的。

(2)"按钮描述"，在此区域内可对所加的按钮进行描述。
(3)"自动检测"，选择此选项将自动建立标记按钮。当用户单击时，此按钮将在选择状态与正常状态之间反复变化。
(4)"图案"，在此选项中可选择各种状态按钮的图形。其右边"导入"（输入）按钮，单击此按钮，可输入一个图形。
(5)"标签"，在此选项中可选择是否显示每种状态按钮的标记。
(6)"声音"，在此选项中可为每种按钮状态的声音选择一个选项。其右边的"导入"（输入）按钮，单击此按钮可以为按钮输入一个声音。
(7)"播放"，测试所输入的声音。

提示：一个完整的按钮，对按钮可定义 8 个状态，其中 4 个正常状态和 4 个已被选中的状态。每一个状态可以和其他状态有着不同的外观、声音和图像，有兴趣的读者可试一试。

单击"图案"旁的"导入"按钮，在弹出的对话框中选择某一盘符及文件夹，选中某一按钮（此按钮必须是预先编辑好的小图标），再选中"显示预览"进行预览（也可以通过缩略图方式挑选按钮图案），如图 8-15 所示。

如满意的话，单击"导入"按钮，即可将此按钮引入，如图 8-16 所示。

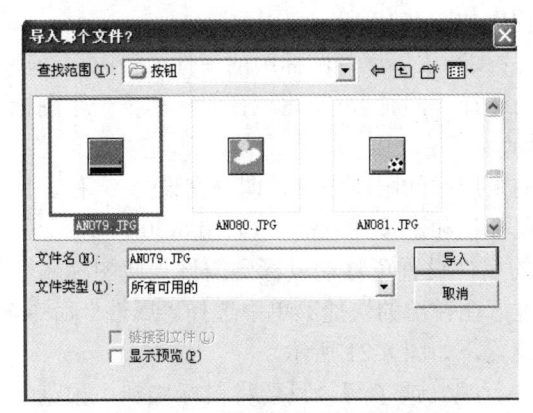

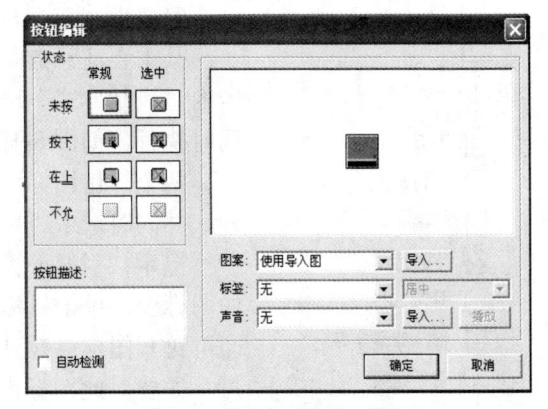

图 8-15 "按钮导入"对话框　　　　　图 8-16 "按钮编辑"对话框

再单击图 8-16 中的"确定"按钮即可增加此按钮。

如要在单击按钮的同时有声音提示，在上述按钮选好的情况下，再单击"声音"旁的"导入"按钮，在弹出的对话框中，选择某一种声音，单击"确定"按钮即可，这样在按此按钮的同时，可听到声音。

提示：按钮位置的移动及大小调整的其他方法为：

（1）双击交互图标，这时在演示窗口就会出现有关按钮的虚线框。

（2）单击按钮上的文字并拖动，即可移动按钮的位置。

（3）单击按钮虚线框，这时在虚线框上就会出现小方块（句柄），用鼠标尖点按小方块并拖动，即可调整按钮的大小。

8.4.2 教学积件实例

【案例】按钮式课件的制作

本实例以常识教学动物声音识别为例，其他学科类同，总体程序设计如图 8-17 所示。

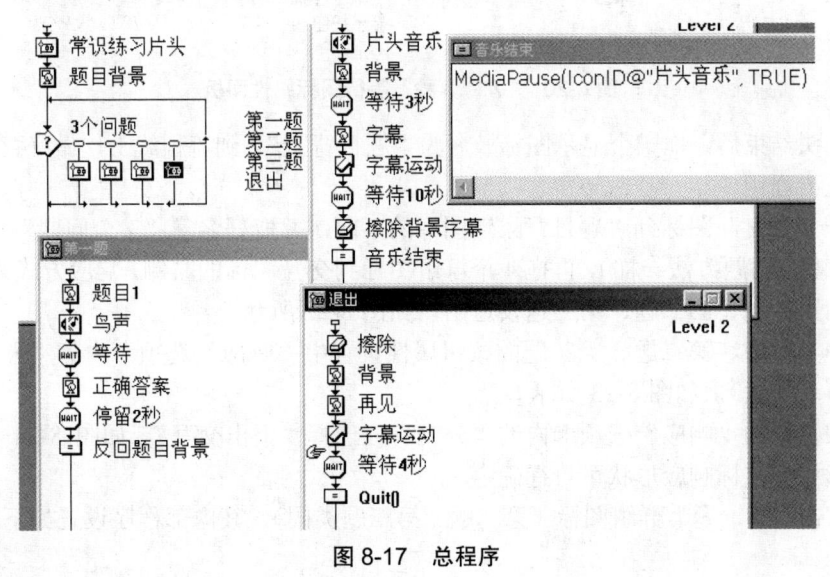

图 8-17 总程序

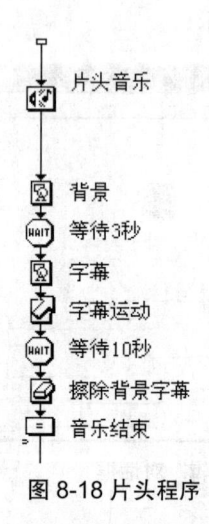

具体制作过程如下：

（1）做片头，片头程序如图 8-18 所示。

其中要注意的是，"片头音乐"声音图标中的属性"计时"选项卡内"执行方式"选项应选择"同时"，即此声音图标和下一个图标同时执行，如图 8-19 所示。

两个等待图标设置均采用时间限制设置，即分别设为 3 秒、10 秒，并同时选中"单击鼠标"和"按任意键"，如图 8-20 所示。

提示：对某一图标的属性设置可移动鼠标到需设置此图标属性的图标上，单击鼠标右键，在弹出的快捷菜单中选择"属性"命令，即可对其图标属性进行设置，如图 8-21 所示。

如要对此图标内容进行观赏或了解，只要将鼠标移到"预览"项，并执行"预览"命令，即可对此图标内容进行观赏，对此图标的其他操作如剪切、复制、删除等，操作方法与上述基本相同。

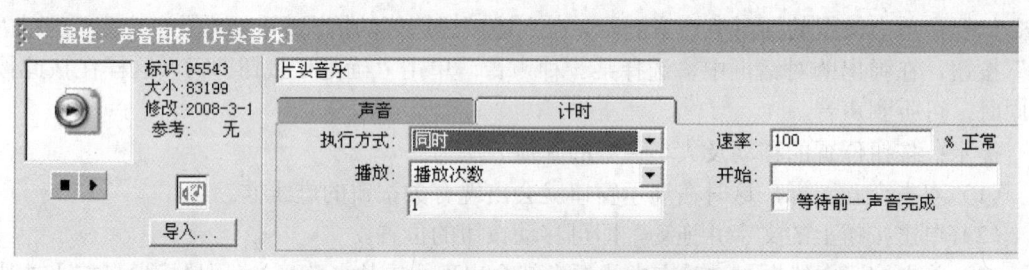

图 8-18 片头程序

图 8-19 "片头音乐"声音图标属性设置

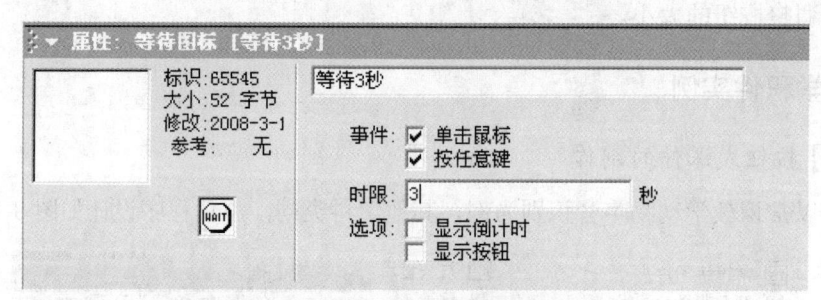

图 8-20 "等待 3 秒"等待图标属性面板

（2）片头结束后，拖一个显示图标（名为"题目背景"）到流程线上，做好背景，将此背景作为交互界面用。

（3）拖一个交互图标到"题目背景"图标的下面，并取好名字"3 个问题"（本例只做 3 个问题，做多个问题方法一样），再拖 4 个群组图标到交互图标的右侧，响应方式为按钮响应，分别取名为第一题、第二题、第三题及退出，如图 8-22 所示。

上述中第一题、第二题、第三题的按钮属性设置中"响应"选项卡内的"分支"应选择"重试"（再试一次），如图 8-23 所示。

退出按钮中的"响应"选项卡内的"分支"应选择"退出交互"，如图 8-24 所示，按钮的位置及形状和鼠标响应形状可自行确定。

（4）双击"第一题"群组图标（第二题、第三题类同），其内部程序设置如下，如图 8-25 所示。

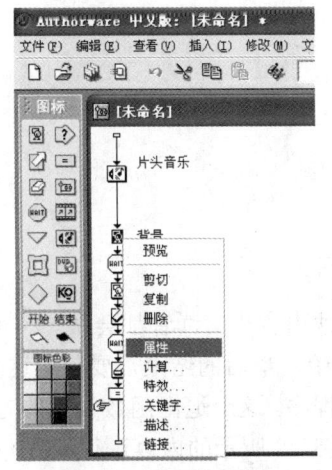

图 8-21　右击快捷菜单　　　　　　　　图 8-22　按钮程序图

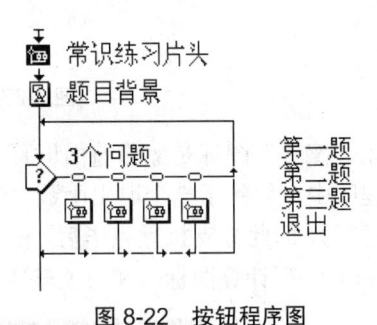

图 8-23　分支设置为重试

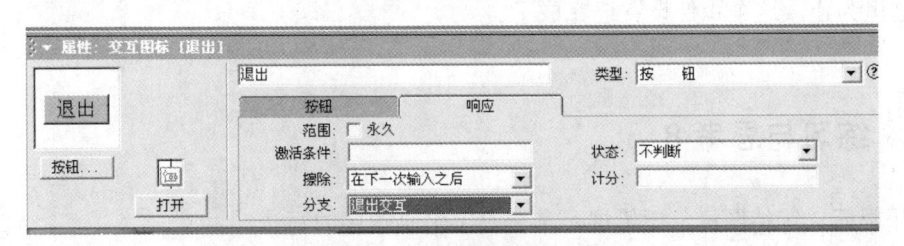

图 8-24　分支设置为退出交互

当然程序内的内容可自行确定，这里值得注意的是图 8-25 中的"返回题目背景"计算图标用到了一个很重要的跳转函数"GoTo"。设置该计算图标的目的是执行这一分支完后，返回到原来的背景，其计算图标内输入"GoTo（IconID@"题目背景"）"，如图 8-26 所示。

注：上述计算图标输入窗口中，除了"题目背景"用中文输入法状态输入中文外，其余的有关字母及符号都必须在英文输入法状态下输入。

（5）双击退出群组图标，其内部程序如图 8-27 所示。

图 8-25　第一题程序图

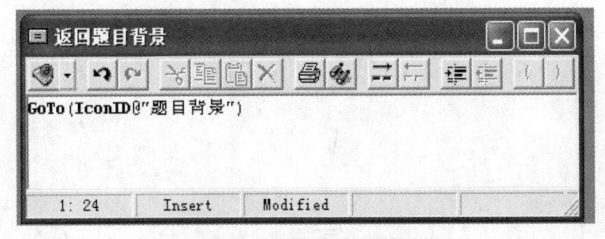

图 8-26　计算图标编辑窗口

203

图 8-27 退出群组内部程序图

上述"擦除"图标是擦除前面屏幕上所有的内容，其他内容相信读者都会做。

此程序中，用到了一个退出函数"Quit"（在程序开发中，最后的结束都要使用这个函数以退出运行），即此分支执行完毕后，将完全退出所设计的程序。这个退出函数设置的方法为：双击"Quit（）"计算图标，在英文输入法状态下输入如图 8-28 所示的内容进行设置即可。

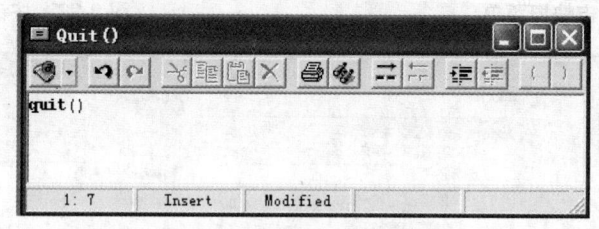

图 8-28 计算图标编辑窗口

到这里为止，这个积件设置已完成了。

练习与思考 8

1. 用显示、等待图标，逐笔展示某一汉字笔画顺序的写法。
2. 选择一个教学内容，参考书中教学积件，做一个含有不少于两个界面的课件。要求：用音乐、等待图标等做一个片头；用按钮交互来完成课件主体。

第 9 章　课件与数据库连接技术

9.1　数据库概述

9.1.1　数据库简介

数据库（Database）通俗地讲就是数据仓库，是按照某种数据模型进行组织起来的，存储在外部存储器中的数据集合。随着数据库技术的发展，数据管理从简单的存储和管理数据，逐渐转变成用户需要的各种数据管理的方式。综述数据库的特点如下：

（1）实现数据共享。数据库可为所有用户包括使用接口方式使用数据库的用户提供同时存取数据库中的数据，并提供共享。

（2）减少数据的冗余度。由于数据库实现了数据共享，从而避免用户重复去建立相同的数据，减少了数据冗余，维护了数据的一致性。

（3）数据的独立性。数据库数据相对于应用程序是独立的，即逻辑独立性，并且不受物理结构的变化影响。

（4）数据集中控制。数据库可对数据进行集中的管理和控制，并通过关系模型表示数据间的组织结构和相互之间的联系。

（5）数据一致性与可维护性。其主要包括安全性控制（防止数据丢失，更新错误和非法使用）、完整性控制（确保数据的完整性）以及并发控制（主要防止同一时间在多路存取过程中采取的保障措施）。

（6）故障修复。数据库管理系统提供一套方法，以防止数据丢失和被破坏。

9.1.2　数据库管理系统

数据库管理系统（DataBase Management System，DBMS）是管理和操纵数据库的大型软件，用于创建、维护和使用数据库以及对数据库进行统一的控制和管理，是数据库安全性和完整性的保障。不管是数据库管理员维护数据库还是普通用户访问数据库数据，都是通过 DBMS 来进行的。它提供了多种功能和接口，以便应用程序和用户使用不同方法去创建，访问和修改数据库。一般地，DBMS 应包括以下几方面的内容。

（1）数据库描述功能：定义数据库的逻辑结构和各种数据库对象。

（2）数据库管理功能：包括系统配置、数据存取和更新、数据完整性和安全性管理。

（3）数据库的查询和操纵功能：包括数据库检索、修改、添加和删除等。

（4）数据库维护功能：包括数据的备份和恢复、数据库的结构维护以及性能监测。

另外，许多 DBMS 还内嵌一些如可视化窗体、报表生成和 SQL 快速查询窗口等易用的工具。为了提高数据库系统的开发效率，现代数据库管理系统一般都为应用程序提供开放式接口。

9.2 Access 2013 的基本操作

数据库的分类有很多，根据不同的应用环境应选择合适的数据库软件。常用的数据库软件包括 Oracle、MySQL、SQL Server、Access 等。其中 Oracle 的功能比较强大，一般用于超大型管理系统软件中；MySQL 是一个开源的关系数据库管理系统，有快速、可靠和易于使用的特点，在 Web 应用方面是最好的关系数据库管理系统之一；SQL Server 由微软开发，是目前应用较为广泛的一款数据库软件；Access 2013 是微软 Office 2013 软件系列里面的组成部分，功能相对不是很强大，但使用非常方便，不用特别配置，一些小型的数据库应用包括开发单机软件经常会用到。在本章中也将以 Access 2013 作为应用数据库。

9.2.1 数据库文件的新建、打开和保存

1. 新建数据库

在"开始"菜单中选择"所有程序"→Microsoft Office 2013→Access 2013，即可启动 Microsoft Access 2013 数据库管理系统，选择模版中的空白桌面数据库（见图 9-1）。在弹出框中将数据库的文件名改为自己需要的名称，如 Test.accdb，然后单击右侧的文件夹图标选择保存位置，最后单击"创建"按钮，就完成了一个数据库文件的创建，同时进入到了数据表视图，并默认创建了一个数据表"表1"（如图 9-2 所示）。其中数据库文件的扩展名为 accdb。

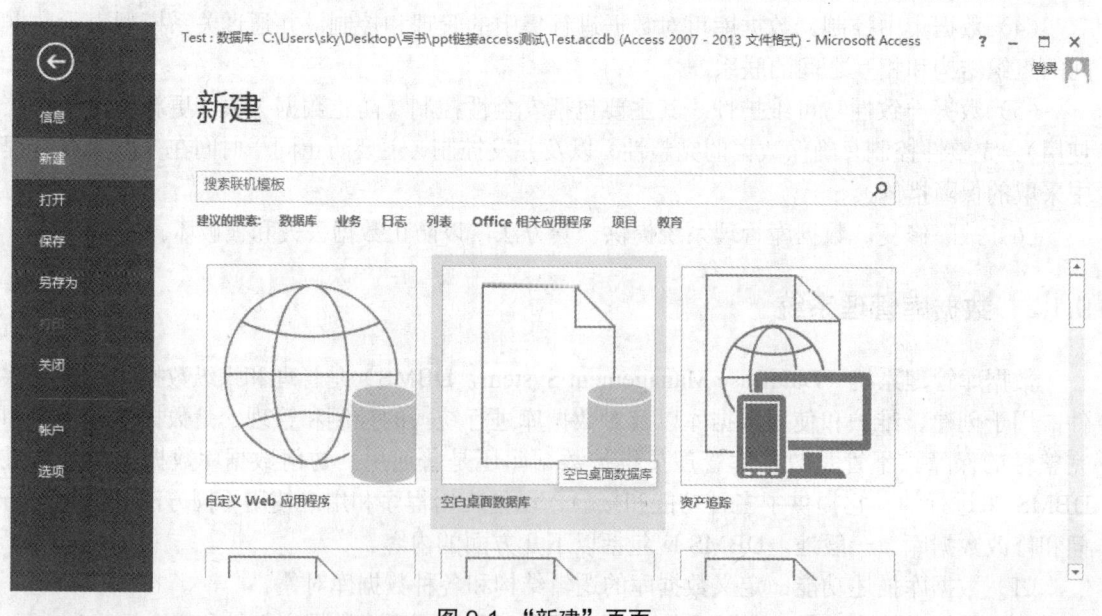

图 9-1 "新建"页面

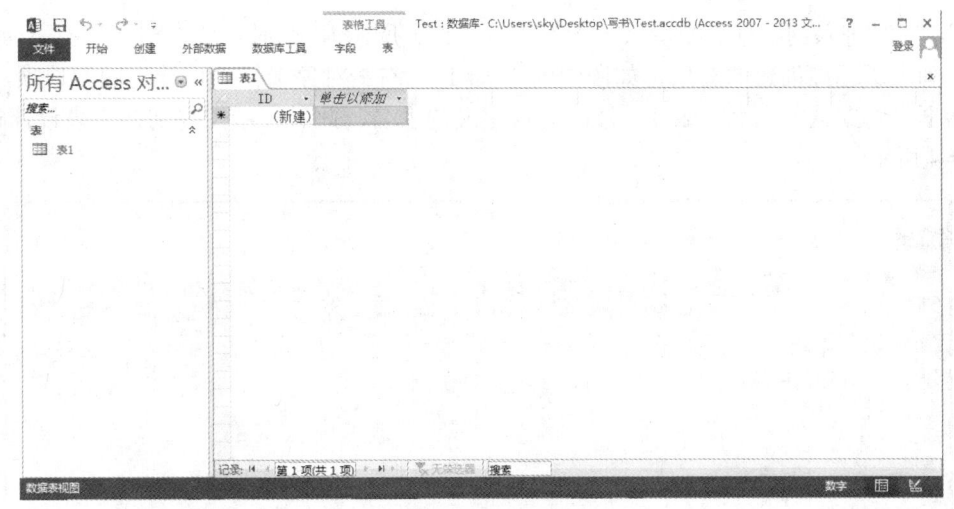

图 9-2　表视图

2．保存 Access 数据库

Access 与其他 Office 文件操作不同之处在于：在新建数据库时系统就已经为文件命名并保存，并且事后无须专门的保存过程，即便对数据表的内容进行过修改，Access 也会自动保存，此特性有效地避免了误操作或意外断电造成的数据丢失。

3．打开 Access 数据库

要打开已有的文件一般有两种方式：①在资源管理器中选择要打开的数据库双击文件名即可；②先打开 Access 数据库软件然后选择"文件"选项卡下面的"打开"按钮，选择需要打开的数据库文件即可（见图 9-3）。最近使用过的数据库文件会被在"打开"按钮右侧列出，可以直接选择一项打开。

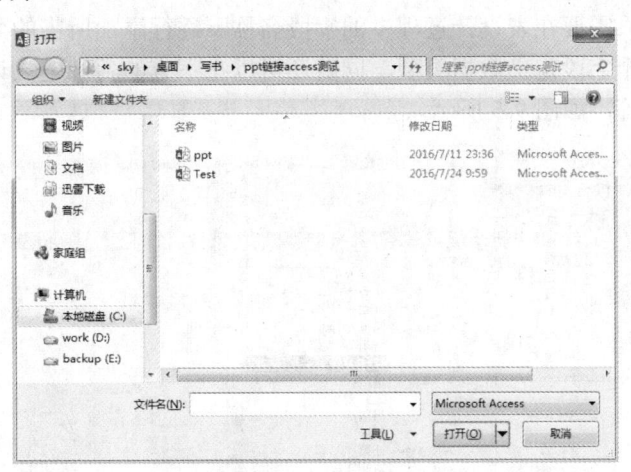

图 9-3　"打开"对话框

9.2.2　数据表的创建、维护与数据录入

1．新建 Access 表

（1）使用表设计视图。如 9.2.1 节所述，当新建数据库完成后，系统自动创建了一张表

"表 1",同时进入到数据表视图(如图 9-2 右半部分所示),此时左侧窗格"所有 Access 对象"下列出了已经创建的对象,如图中的"表 1",右击对象选择"设计视图"选项,在弹出对话框中将默认的表名"表 1"修改为自定义的表名,此时表示图将切换为表设计视图,如图 9-4 所示。

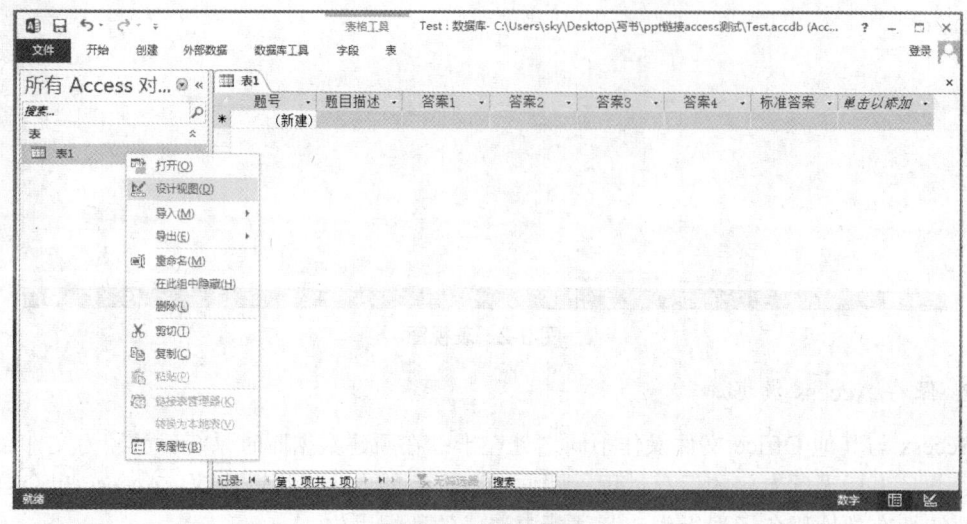

图 9-4 表设计视图

(2)创建数据字典。创建数据字典也就是创建表结构,即为表定义字段个数和每一个字段的名称、数据类型和字段大小等属性。

在表设计视图中默认定义了第一个名为 ID 的字段,这是一个代表主键的自动编号字段(主键在下面介绍)。该字段在多数情况下不一定是用户所需要的,可以将该字段删除,方法是:右击字段所在的行选择"删除行"将其删除。

添加所需字段只需要在表设计过程中的字段名称下逐行添加所需的名称即可,在字段名称的右边可以给每个字段定义数据类型,同时还可以在下方的各种定义该字段的其他属性,如字段大小、格式等,如图 9-5 所示。

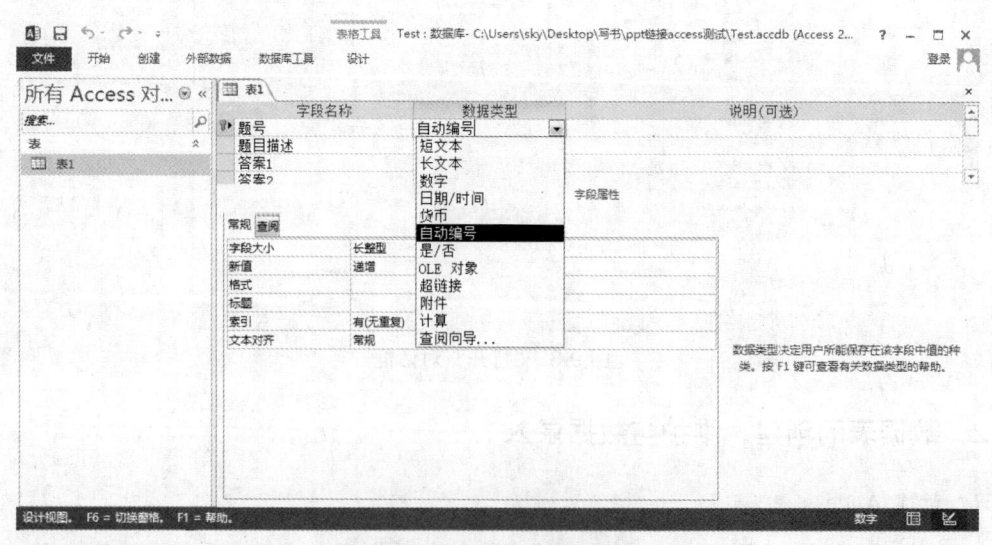

图 9-5 字段添加及属性定义

字段也可以直接在表视图中添加，但是只能定义字段的名称和类型，具体其他属性还是需要在设计视图中进行设置，具体操作方法应该根据自身需要自行体验。

（3）指定主键。通常一个表需要有一个主键，主键的作用好比我们日常生活中的身份证，是为了区别在当前表中每一条记录唯一性的标志。主键可以对表进行索引，能极大地提高查询的速度和效率。如要将某一个字段指定为主键，只要右击目标字段所在行，在弹出的快捷菜单中选择"主键"选项，就完成了主键的指定（见图9-6），此时可以看见主键行左边增加了一个钥匙的图标，说明该字段已经设置为主键。

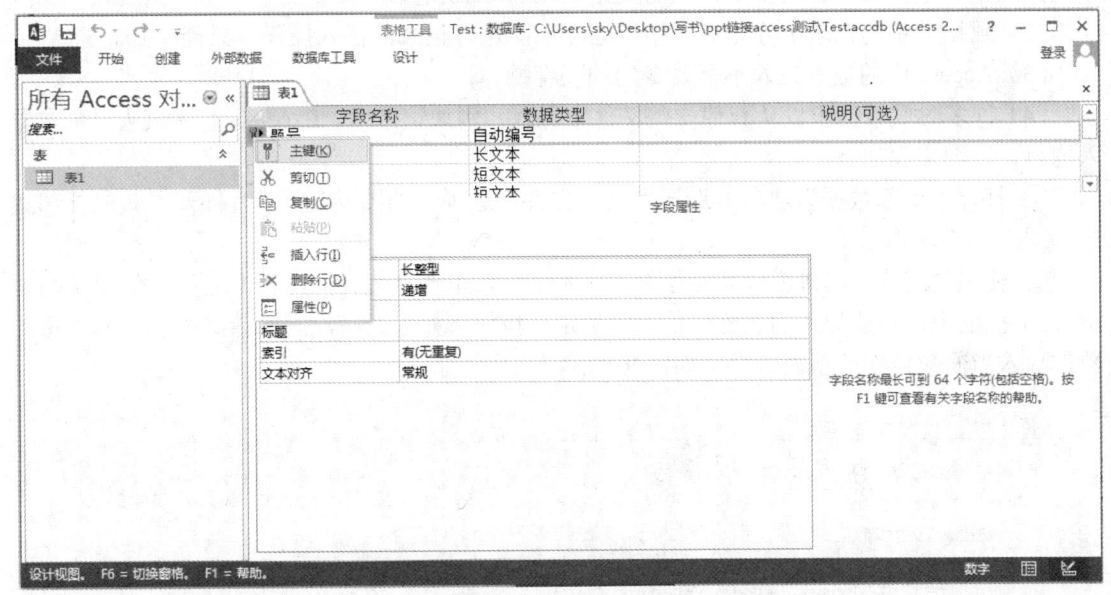

图 9-6　主键的指定

（4）保存表。在对表格设计完成后需要保存表设计，右击表标签（选项卡），在弹出的快捷菜单中选择"保存"命令，即可保存表的数据字典。表的创建就完成了，如需修改表名，在左面窗格对表对象右击再在弹出的快捷菜单中选择"重命名"命令即可。

（5）添加新表。展开"创建"选项卡，在"表格"组中单击"表"或者"表设计"图标，即可新建一个表，如图9-7所示。

图 9-7　导入文本类型数据

2. 修改 Access 表结构

在建立完表格后，许多时候需要对表做一些修改，其中包括：

（1）修改字段属性。可以通过再次打开表的设计视图去修改现有字段的名称、数据类型、字段大小和其他属性。

（2）插入字段。通过设计视图可以在最后一个字段的下一行直接插入，也可以通过右击当前行选择插入行来进行，当前行开始往后的所有行会向下移动一行。

（3）删除字段。右击要删除的字段所在行，然后在弹出的快捷菜单中选择"删除行"选项，即可删除一个字段。

3. 数据的录入

数据的录入、修改和删除都需要在数据表视图中进行。对于数据录入时需要注意以下一些事项：

（1）在 Access 中插入记录应该逐行进行，尤其是指定了主键的表，每一条记录必须要填写主键字段，否则不能填写下一行记录也无法保存数据表。对于添加的数据类型必须要符合字段的数据类型，大小、类型不一致的数据填入 Access 是不予接受的。

（2）数据表中的记录不分先后次序，因此不能进行记录的插入操作，只能追加记录。

（3）Access 中的数据录入不需要专门的保存操作。

（4）许多时候数据可以从其他一些文件中导入，例如记事本、Excel 等，例如从记事本导入题目，详细步骤如下：

① 打开"外部数据"选项卡选择"文本文件"选项，如图 9-7 所示。打开"获取外部数据-文本文件"向导。

② 使用"浏览"按钮选择需要导入的文本文件，单选框选择"向表中追加一份记录的副本"，下拉框中选择要导入的表格，单击"确定"按钮（如果表格没有设计好可以选择"将源数据导入当前数据库的新表中"），如图 9-8 所示。

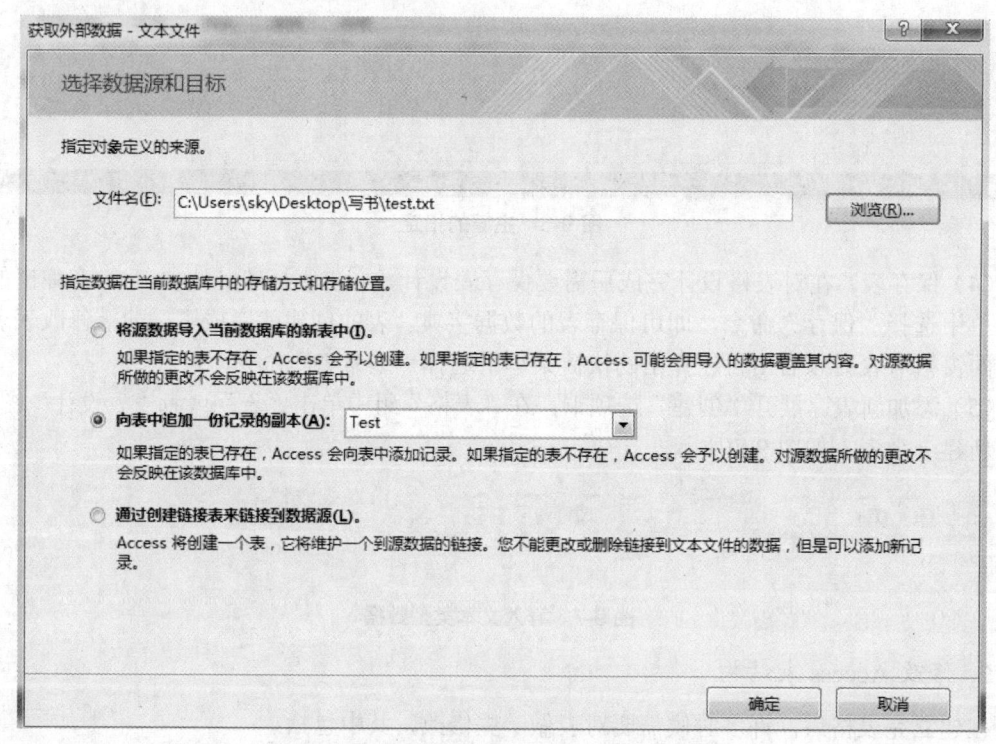

图 9-8 "获取外部数据源-文本文件"向导

③ 选择文本文件内部数据的分隔方式，在本例中使用制表符分隔，所以选择"带分隔符"选项，然后单击"下一步"按钮，如图 9-9 所示。

④ 选择分隔符类型为"制表符"，并且不带字段名称，所以"第一行包含字段名称"选择框不选，单击"完成"按钮即可，如图 9-10 所示。

图 9-9 导入文本向导——选择分隔类型

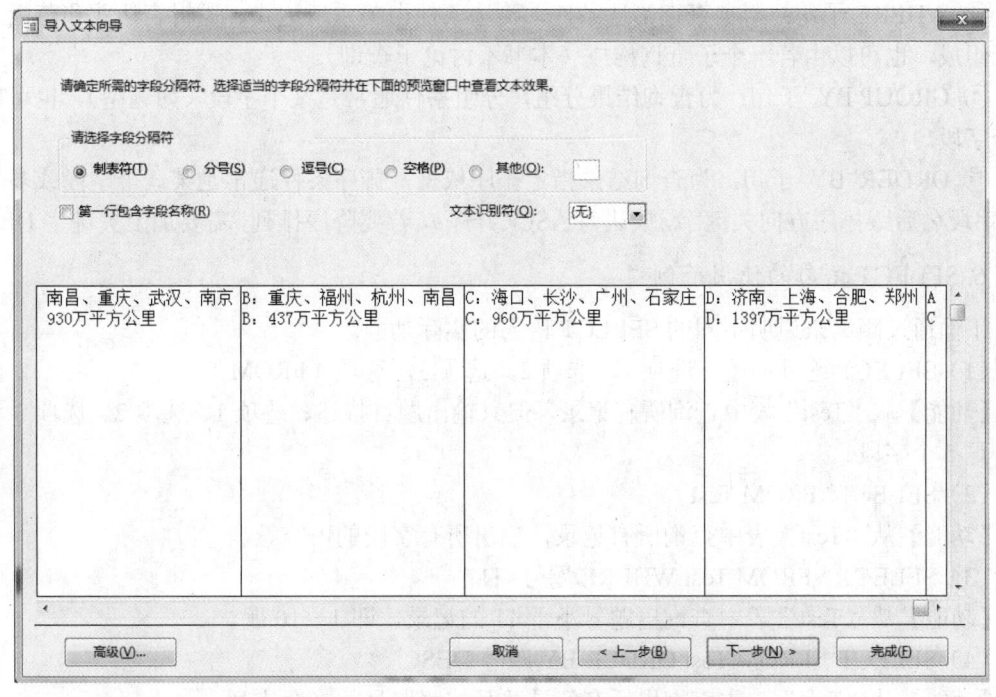

图 9-10 导入文本向导——选择分隔符类型

4. 数据的维护和查询（SQL）

对于数据的维护操作除了 Access 数据库管理系统本身的可视化维护方式，这里着重讲解的是使用 SQL（Structured Query Language）查询语句来维护数据。这是为了更好地掌握使用数据库提供的接口方式以及更加高效地维护数据库，在实际应用中此种方式更加地常用，其适用于不同逻辑结构的数据库管理系统。

SQL 查询常用的包括以下一些方式：选择查询、更新查询、插入查询与删除查询。复杂的 SQL 查询功能非常强大，可以进行复合地条件操作以及多表联合查询。

SQL 语言中用于查询的语句主要是 SELECT 语句。其功能非常强大，使用 SELECT 语句几乎可以完成任何复杂的查询，SQL 语句的语法比较复杂，下面介绍其中最基本、最常用的语句构成元素。

5. 简化的 SELECT 语句的语法

SELECT 语句结构如下：

SELECT <字段列表> FROM <表名列表>

[WHERE <筛选条件>]

[GROUP BY <分组条件>]

[ORDER BY <排序条件>[DESC]]

其中尖括号内为必选参数，方括号内为可选子句。

① 字段列表：决定了查询返回的字段，多个字段之间要用半角逗号分隔；如果要返回所有字段，可用 *号代替，以简化语句的书写。

② 表名列表：字段列表来自哪些表，多个表名之间用半角逗号分隔。

③ WHERE 子句：给定查询筛选条件，筛选条件由关系表达式、逻辑表达式和范围过滤子句组成，也可以由若干个子查询构成（本书不讨论子查询）。

④ GROUP BY 子句：为查询结果分组，分组条件通常是某个字段（如题型），也可以是多个字段。

⑤ ORDER BY 子句：为查询结果指定排序依据，排序条件通常是某一个字段或多个字段，字段名后跟排序方向关键字，默认为 ASC（升序），若要降序排列，需要加上关键字 DESC。

6. SELECT 语句的使用范例

下面通过距离来说明不同的 SELECT 语句的实际功能。

（1）SELECT 题目描述，选项 1，选项 2，选项 3，选项 4 FROM Test

【功能】从"Test"表中查询所有记录，但只输出题目描述、选项 1、选项 2、选项 3 和选项 4 这 5 个字段。

（2）SELECT* FROM Test

【功能】从"Test"表中查询所有记录，输出所有字段的内容。

（3）SELECT * FROM Test WIIERE 题号<11

【功能】从"Test"表中查询出题号小于 11 的记录，即 1~10 题。

（4）SELECT * FROM Test ORDER BY 题号 DESC

【功能】从"Test"表中查询出所有记录并且按照题号的降序排列。

7. 用 SQL 语句维护表中的记录

（1）记录的插入（添加）。

【语法】INSERT INTO <表名>（字段 1，字段 2，…）VALUES（值 1，值 2，…）

【说明】文本型数据必须用单引号限定，否则会出错。

【例 1】 INSERT INTO Test（题目描述，答案 1，答案 2，答案 3，答案 4，标准答案）VALUES ('杭州是哪个省省会', 'A：浙江', 'B：广西', 'C：广东', 'D：合肥', 'A')

【功能】在"Test"表中添加一条记录，为题目描述，答案 1，答案 2，答案 3，答案 4，标准答案分别赋值为杭州是哪个省省会、A：浙江、B：广西、C：广东、D：合肥、A。

（2）记录的编辑（修改）。

【语法】UPDATE <表名> SET（字段 1，字段 2，…）VALUES（值 1，值 2，…）[WHERE 子句]

【说明】WHERE 子句是可选的，其含义与 SELECT 语句中相同。

【例 2】UPDATE Test SET 答案 2 = 'B：湖南' WHERE 题目描述= '杭州是哪个省省会'

【功能】将"Test"表中满足条件（题目描述为杭州市哪个省省会）的记录"答案 2"字段的值改成"B：湖南"。

（3）记录的删除。

【语法】DELETE FROM <表名> [WHERE 子句]

【说明】WHERE 子句是可选的，如果没有 WHERE 子句将删除表中所有的记录。

【例 3】DELETE FROM Test WHERE 标准答案='A' OR 标准答案='C'

【功能】在"Test"表中删除标准答案是 A 或者 C 的所有记录。

9.3 PowerPoint 中的数据库应用

通过节 9.2 的学习，相信大家已经初步掌握了 Access 2013 的基本应用，尤其是对 SQL 语言需要着重地去了解。那么接下来的问题就是如何把数据库应用到具体课件的制作当中去。在本小节的学习中，第一个例子所要解决的问题是：假如要在课件中加入随堂测试，那该如何将数据库和这个随堂测试结合起来呢？

9.3.1 使用 Access 建立题库

有读者可能会问随堂测试为什么要使用数据库,会不会多此一举？接下来让我们稍做分析：以 PPT 为例，要做一个随堂测试，那么对于一个 10 个题的随堂测试可能需要做很多个页面才能做完，在交互时需要考虑更多的细节。如果使用数据库来做，那么甚至使用一个页面就够了。

把上面问题分成两个部分，即分为数据和界面。对于数据部分，也就是试题部分，把它以一定的结构存储在数据库中。对于 PPT 或者 Flash 部分，只需要在页面中布局题目的显示结构就可以了。

1. 设计数据表

打开 Access 2013 软件，选择"空白桌面数据库"，命名为"TestDB"，选择保存目录，如：E:\，选择创建。在左侧窗格中右击表 1，打开设计视图，命名为"Test"，设计字段细节如图 9-11 所示。

本例中没有设置主键。每个字段的说明如下：

【题型编号】数据类型为"短文本"，用于表示不同题型的区分（如：0101 表示选择题，0102 表示判断题等）。

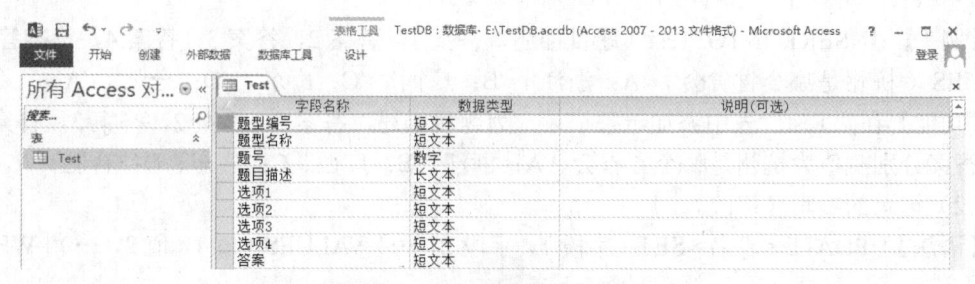

图 9-11 Test 数据表设计视图

【题型名称】数据类型为"短文本",配合题型编号使用,用于显示题型的名称。

【题号】数据类型为"数字",设置字段大小为"字节",用于显示题目的编号(对于不同的题型题目编号可以相同,也可以所有题目使用不同编号,在这种情况下,该字段可以设置为主键)。

【题目描述】数据类型为"长文本",用于题目的详细描述(这里使用长文本类型是为了防止题目描述字符超过 255 个)。

【选项 1】~【选项 4】数据类型为"短文本",4 个选项用于描述不同的答案(具体应用当中根据需要选项可多可少,甚至可以多设少用,如:这里设置 4 个选项,但是在对判断题使用的时候只使用其中 2 个)。

【答案】数据类型为"短文本",用于显示正确答案选项。

在设计表格的时候,读者应该学会根据需求灵活应用。如上面表格许多时候会被设计成两张表格,一张用于描述题目类型,另一张用于描述具体题目,并且需要给两张表建立对应关系。这里不一一涉及,可以作为一个课外思考的问题。

2. 为表格添加数据

9.2 节中已经介绍了给表格添加数据的方法,本例直接使用数据导入的方法将文本文件中的题目导入到表格"Test"中(文本中数据使用制表符分隔),导入结果,如图 9-12 所示。到此已经把需要用到的数据存储到数据库中了,当然如果是一套完整的测试,可能需要更多的题型。接下来的事情就可以交给 PowerPoint 去完成了。

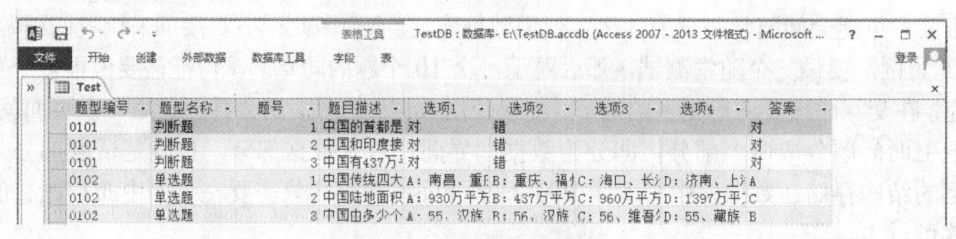

图 9-12 数据表录入题目

9.3.2 PowerPoint 2013 中的 VBA

要在 PowerPoint 里面使用数据处理,一般情况下需要使用 VBA(Visual Basic for Application)来完成。那么究竟什么是 VBA,下面进行简略的介绍。

1. 什么是 VBA?

VBA,是微软开发出来的应用程序共享一种通用的自动化语言,可以认为是应用程序开发语言 Visual Basic 的子集。实际上两者之间有以下几方面区别：

（1）VB 是设计用于创建标准的应用程序，而 VBA 是使已有的应用程序（Excel、PPT 等）自动化。

（2）VB 具有自己的开发环境，VBA 则需寄生于其他的应用程序。

（3）要运行 VBA 必须依赖于其他应用程序，而 VB 不依赖于其开发环境。

VBA 是 Microsoft Office 系列软件的内置编程语言，它以 VB 语言为基础，功能强大，面向对象，可极大地增加 Office 系列软件的交互能力。

我们经常看到一些高手做的多媒体课件中有许多可交互控件（如按钮、文本框、选项框等），使用这些工具可以使课件更具有可操作性和交互性等特点。在用 PowerPoint 制作课件时，同样提供了此类工具，叫做 ActiveX 控件。ActiveX 控件其实就是一种图形对象，使用它可以在 PPT 中执行程序代码用于控制预定义的事件。在使用 VBA 编程之前，需要掌握这些控件的使用方法和作用。

2. PowerPoint 中的 ActiveX 控件

打开 PowerPoint 2013，单击"文件"选项卡，然后选择"选项"，在弹出框左侧菜单中选择"自定义功能区"，在"主选项卡"中选购"开发工具"，如图 9-13 所示，单击"确定"按钮，即可在 PPT 中使用开发工具模块。开发工具选项卡在主界面中显示，如图 9-14 所示，该选项卡主要包括了代码、加载项、控件和修改 4 个区块。控件区域显示了在制作课件过程中经常会使用到的控件。下面列举几种常用的控件

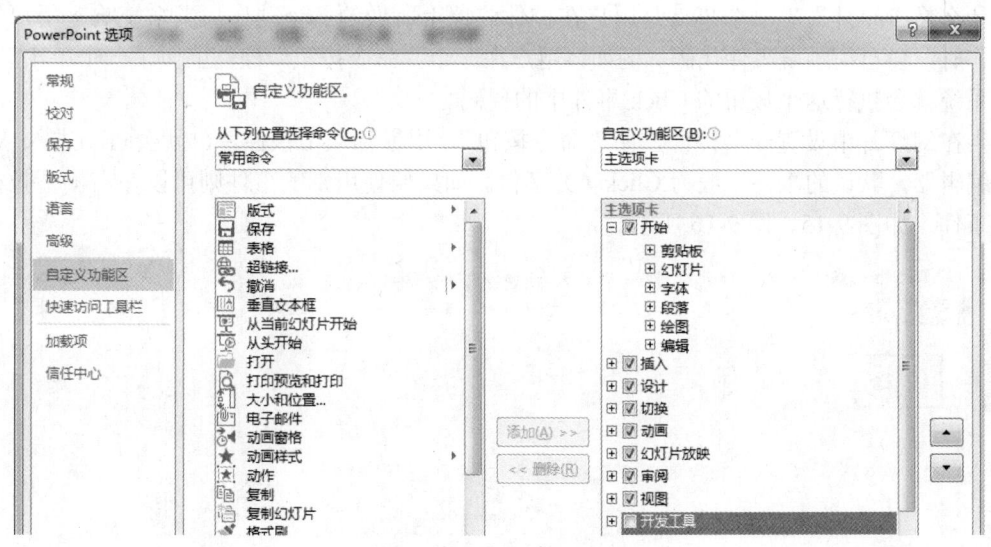

图 9-13 添加开发工具

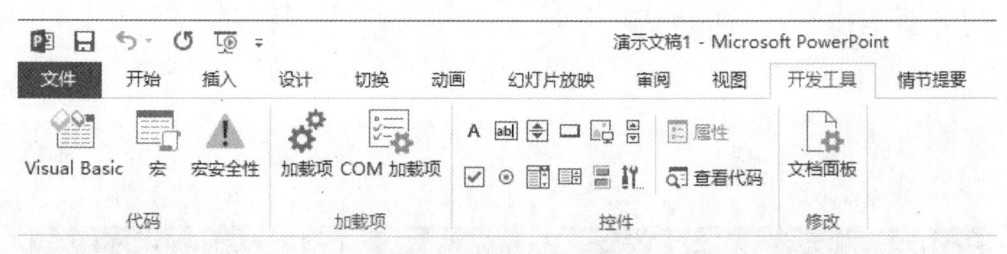

图 9-14 开发工具选项卡

A 标签（Label）：用于表现静态文字信息，如显示判断题、单选题等。

文本框（TextBox）：可以输入文本，也可用于显示文本，可用于制作填空题。

复选框（CheckBox）：是一种选择控件，可用于制作多项选择题。

选项按钮（OptionButton）：通常按组使用，选择时只能选中其中一个，可用来制作单选题和判断题。

命令按钮（CommandButton）：可用于制作按钮，还可以通过按钮控制其他控件和幻灯片播放的顺序以及超级链接。

控件属性：当设置完一个控件后，单击属性按钮可以查看控件的属性窗口。

查看代码：当鼠标选中某一控件再单击该按钮就可以查看该控件的代码窗口或在代码窗口中输入一段代码。

还有列表框、组合框、滚动条等和 Windows 系统中没有列出的很多控件，可以通过"其他控件"按钮查看。其中详细功能这里不再一一赘述，在用到的时候再做讨论。

3. 控件的事件和属性

上面介绍了基本控件，可以给控件添加一些属性，比如颜色、字体、大小等属性。但是在幻灯片播放时单击这些控件时是没有任何动作的，也就是控件此时就是个摆饰，如果要让一个控件工作，那就必须给该控件设置一段程序代码。那么这些代码要放在哪里呢？

（1）事件

什么是"事件"？一个事件是用户在控件对象上所做的一个动作。当系统响应用户的某些动作时，会自动触发事件代码。例如，用户在一个"命令按钮"控件上做了一个单击动作，那么系统就会执行这个按钮的 Click 事件中的代码。

当在幻灯片中设置一个控件，如"命令按钮"，用鼠标双击该控件，就会自动进入 VBA 代码编辑器，默认的事件一般为 Click（）事件。如果要使用别的事件则可以在右侧下拉框中改变事件，如图 9-15、图 9-16 所示。

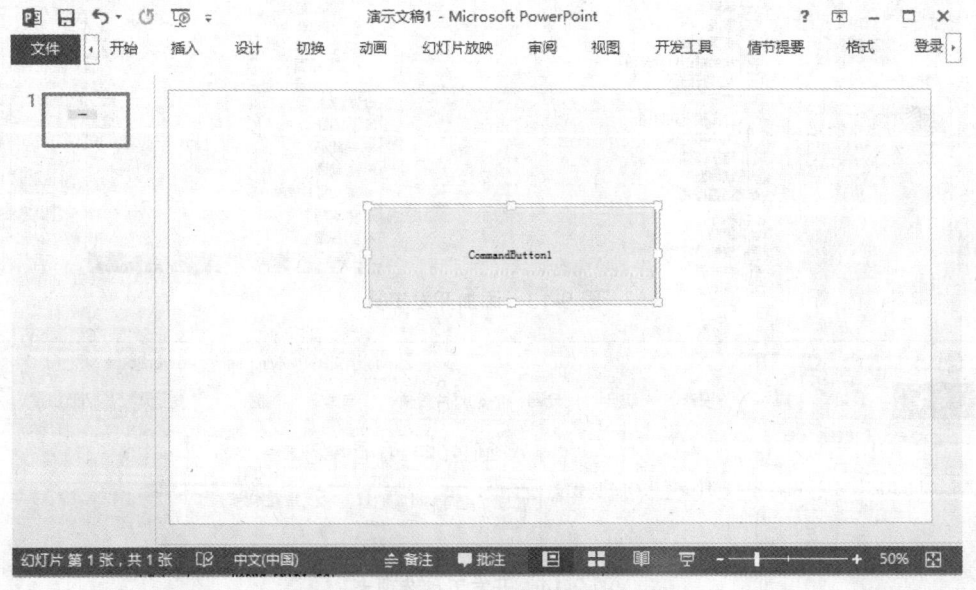

图 9-15　插入一个"命令按钮"控件

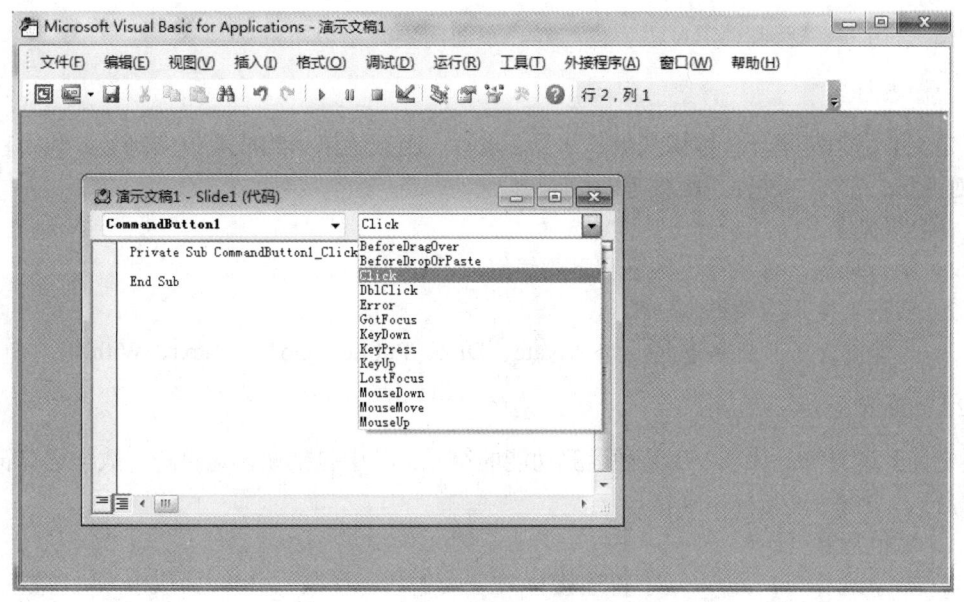

图 9-16　双击按钮进入事件代码窗口

（2）属性

什么是控件的属性？属性就是描述控件对象，让控件对象具体化的一些特性。属性可以在添加控件时预设，也可以根据需要在程序里改变。开发者可以选择打开一个控件的属性面板，选择"按分类序"可以看到如图 9-17 所示的属性面板。从面板中改变属性值从而改变控件的特性。常用的属性介绍如下。

- AutoSize：用于设置控件根据内容来进行自适应大小。
- Enabled：用于激活控件，默认为 True，意为控件可用，False 时则控件不可用。
- Visible：用于设置控件的可视性，默认为 True，意为控件可见，False 时则控件不可见。
- BackColor：用于设置控件的背景颜色。
- Caption：用于设置控件的显示名称。
- （名称）：用于设置控件的名称（注意该属性和 Caption 属性的区别，Caption 设置的名称是用于给用户看的，而（名称）属性则是用于给代码看的）。

其他属性则不再一一介绍，在实例中用到再做详述。

图 9-17　控件属性面板

PowerPoint 中还有许多用于 VBA 编程的对象，如常用的 Slide 对象、Shape 对象、SlideShowWindow 对象等。这些对象提供给用户访问或进行二次开发使用。使用对象可以访问控制 PPT 文件中的具体内容，有兴趣的读者可以找相关资料做详细了解，这里不再详述。

9.3.3　VBA 的基础知识

任何一种计算机编程语言都有自身的规则，规定了"标志符、运算符、数据类型、变量与常量、语句"等规则。VBA 语言也一样。下面简要介绍以下规则。

1. 标志符

【定义】标志符是一种标识变量、常量、过程、函数等语言构成单位的符号,利用它可以完成对变量、常量、过程、函数等的引用。

【命名规则】

(1) 字母打头,有字母、数字和下画线组成,如 Ab_1。

(2) 字符长度不应超过 40 个。

(3) 不能与 VB 保留字重名,如 Private、Dim、Public、GoTo、Next、With 等。

2. 运算符

【定义】运算符是代表 VB 某种运算功能的符号。其中包括赋值运算符、数学运算符、逻辑运算符、关系运算与位运算符。

(1) 赋值运算符:=。

(2) 数学运算符:&、+(字符连接符)、+(加)、-(减)、Mod(取余)、\(整除)、*(乘)、/(除)、-(负号)、^(指数)。

(3) 逻辑运算符:Not(非)、And(与)、Or(或)、Xor(异或)、Eqv(相等)、Imp(隐含)。

(4) 关系运算符:=(相同)、<>(不等)、>(大于)、<(小于)、>=(不小于)、<=(不大于)、Like、Is。

(5) 位运算符:Not(逻辑非)、And(逻辑与)、Or(逻辑或)、Xor(逻辑异或)、Eqv(逻辑等)、Imp(隐含)。

3. 常用数据类型

VBA 共有 12 种数据类型,常用的类型如下:字符串型(String)、字节型(Byte)、整数型(Integer)等,剩下的在实例中出现后再做解释。下面举几个实例。

【代码】Dim a,b,c As Integer

【说明】定义了 3 个变量,a、b 和 c,指定它们的类型为整数型,注意定义变量必须使用"Dim"关键字。

【代码】a = 3

【说明】给 a 赋值 3。

【代码】b = a + c

【说明】给 b 赋值,使其结果等于 a 和 c 相加的结果。

9.3.4 VBA 常用结构语句

任何程序都由 4 种结构的语句组成,VBA 也一样。这 4 种结构分别为:顺序结构、循环结构、分支结构和模块结构。接下来主要介绍前面 3 种。

1. 顺序结构

顺序结构是程序按照编写顺序地执行,即从上往下一行一行地执行。例如:在幻灯片上设置一个按钮,双击该按钮打开代码窗口,在按钮的 Click 事件中输入以下代码:

```
Private Sub CommandButton1_Click（） 'Click 事件开始
Dim a，b，c As Integer '定义 3 个变量 a，b，c
a = 4         '给 a 赋值 4
b = 3         '给 b 赋值 3
c = a + b     '定义 c 的表达式
MsgBox "c 的计算值是：" & c '显示信息窗口，并显示 c 的值，其中&是字符串连接符
End Sub 'Click 事件结束
```

上面这段代码非常简单，顺序自上而下一句一句地执行，读者可能会疑惑到每一行语句后面有一个"'"符号开始文字，这是 VB 中的注释符号，该符号后面的文字不会被编译只起到说明作用。这里还有一些程序编写的经验留给读者，一般程序编写的顺序可以分为 3 个部分：第一部分为定义变量、设置变量初值；第二部分为主要功能段，用于完成需求的任务；第三部分为结束部分，通常输出结果。

2．分支结构

分支结构用于根据不同的条件判断，根据判断执行不同的程序段。

（1）If 条件 1 Then 表达式 1

这种结构只有一行，意为：判断条件 1，如果符合则执行表达式 1，否则跳过这句执行下一行。

【例如】If a>1 Then MsgBox "a 的值大于 1"

（2）If 条件 1 Then
　　　表达式 1
　　　…
　　　表达式 n
　　　End If

这种结构有多行构成，意为：判断条件 1，如果符合条件则执行表达式 1 直到表达式 n，以 End If 标志分支结束。

【例如】If a>10 Then
　　　　b=a   'b 赋值等于 a
　　　　c=a+a   'c 赋值等于 a 和 a 之和
　　　　End If

（3）If 条件 1 Then
　　　表达式 1
　　　Else
　　　表达式 2
　　　End If

这是一种双条件结构，满足条件执行表达式 1（可为多个表达式），不满足条件执行表达式 2（可为多个表达式）。

【例如】If a>10 Then   '条件判断，如果 a>10
　　　　b=a   'b 赋值为 a
　　　　Else   '否则，也就是 a>10 条件不满足

```
            b=c              'b 赋值为 c
         End If              '结束
```
（4）
```
    If  条件 1 Then
        表达式 1
    Else If 条件 2 Then
        表达式 2
        …
    Else
        表达式 n
    End If
```

这是一种多条件结构，首先判断条件 1，满足则执行表达式 1（可为多表达式）；不满足则判断条件 2，满足执行表达式 2（可为多表达式）；如此类推可以执行多次判断，具体次数应根据实际需求而定。

【例如】判断学生成绩，在 PPT 幻灯片中加入一个"命令按钮"控件，双击该按钮进入代码页面，在按钮过程中间输入以下代码。

```
Dim score As Integer          '定义一个整数型变量 score
score=InputBox（"输入成绩"）   '在对话框中输入成绩，注意要输入数字
If score<60 Then              '如果 score<60
MsgBox（"不及格"）             '对话框显示不及格
ElseIf score<80 Then          '如果 score<80
MsgBox（"及格"）               '对话框显示及格
ElseIf score<90 Then          '如果 score<90
MsgBox（"良好"）               '对话框显示良好
Else                          '其他条件
MsgBox（"优秀"）               '对话框显示优秀
End If                        '判断结束
```

（5）除了 If 分支结构还有 Select Case … End Select 分支结构。这里不再详述。

3. 循环结构

（1）
```
    While 条件 1
        表达式 1
        …
    Wend
```

这是一种条件循环结构，只要满足条件 1 循环体内的程序就会执行，直到条件 1 不满足退出循环。

【例如】
```
Dim a，b As Integer      '定义 a 和 b 为整数型变量
a=10                     '设置 a 的初值为 10
b=0                      '设置 b 的初值为 0
While a>0                '判断条件 a>0，满足则开始循环
b=b+a                    'b 赋值为 b+a
```

```
a=a-1                              'a 赋值为 a-1
Wend                               '循环结束位置
MsgBox ("b 等于: " & b)              '最后输出 b 的值, 这里 b 的结果为 55
```

这里要注意以下几点,其中语句 b=b+a 的意思是,b 的初值为 0,a 的初值为 10,这时 b 和 a 相加的结果是 10,然后把结果赋值给 b,执行完该语句的时候 b 的值应变为 10;同理 a=a-1 第一次运行的结果时 a 变为 9,然后再此判断条件 a>0,读者应该能看出每次循环 a 都会减 1,最终 a 变为 0 时,条件 a>0 这个条件就不再满足了,循环结束。最后 b 的值实际上就是 b=10+9+…+1,结果是 55。

(2) For 循环变量=初值 To 终值
    表达式 1
    …
    表达式 n
    Next 循环变量

这是一种固定次数的循环结构,循环次数是循环变量的终值和初值之差再+1。

```
【例如】Dim a, b As Integer         '定义 a 和 b 为整数型变量
b=0                                '设置 b 的初值为 0
For a=1 To 10                      '设置循环变量 a 的初值为 1, 终值为 10
b=b+a                              '循环体内 b=b+a
Next a                             '循环变量 a 递增 1, 进入下一次循环
MsgBox ("b 等于: " & b)
```

该例最终得到的结果 b 也等于 55,读者可以比较(1)和(2)两种循环结构的相同点和不同点以便更加深刻地理解循环结构。

(3) 其他循环结构如 do…loop 和多重 For…Next 循环这里就不再详述。

9.3.5　VBA 中的过程和函数

过程是构成程序的一个模块,也就是为完成一定任务而编写的一段程序,一般该段程序是用来完成一个相对独立的功能的。使用过程可以使程序条理更加清晰,结构明确。VBA 具有以下两种通用过程:Sub 过程和 Function 过程,也是在制作课件时经常会用到的。过程和函数有一个明显的区别在于 Sub 过程是没有返回值的,而 Function 过程一般情况下需要有返回值。

1. Sub 过程

【语法结构】
```
Sub 过程名称()
语句 1
…
语句 n
End Sub
```

【例如】利用输入框来输入姓名,然后利用输出框显示姓名信息。

```
Sub getname ()                     '定义一个过程, 过程名为 getname, 过程开始
Dim name As String                 '定义一个字符串型的变量 name
```

Name = InputBox ("请输入姓名：")　　'通过输入框输入姓名，并且赋值给 name
MsgBox ("你的姓名是："& name　　　'利用输出对话框来输出你的姓名
End Sub　　　　　　　　　　　　　　'过程结束

过程写完了，那么怎么来调用这个 Sub 过程呢？读者可在 PPT 幻灯片上添加一个按钮，双击该按钮，进入按钮的代码页，然后在按钮代码内部输入"Call getname（）"调用过程，如图 9-18 所示。

```
Sub getname()
    Dim name As String
    name = InputBox("请输入姓名：")
    MsgBox ("你的姓名是：" & name)
End Sub
Private Sub CommandButton1_Click() 'Click事件开始
    Call getname
End Sub 'Click事件结束
```

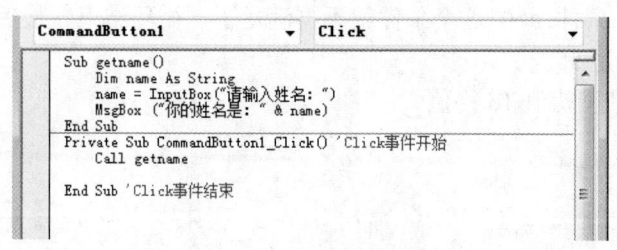

图 9-18　Sub 过程的调用

上面例子没有使用参数，很多时候 Sub 过程可以带参数。在过程名后面的（）里加上参数。这里不做展开。

2. Function 过程

【语法结构】

Function 函数名（参数 As 数据类型）
...
End Function

【例如】设计一个函数计算 Sum 求和，参数和返回值的类型都是 Integer。

Function sum（s As Integer）As Integer　　'定义整数型的 sum 函数，参数 s 为整数型
Dim temp，i as Integer　　　　　　　　　　'定义 temp，i 两个整数型变量
temp=0　　　　　　　　　　　　　　　　　　'temp 的初值赋为 0
For i=1 To s　　　　　　　　　　　　　　　 'For 循环开始，循环变量从 1 开始到 s 结束
temp=temp+i　　　　　　　　　　　　　　　　'temp 赋值为 temp+i
Next i　　　　　　　　　　　　　　　　　　'进入下一次循环，即 i=i+1，到 i=s 结束
sum=temp　　　　　　　　　　　　　　　　　'把 temp 的结果赋值给 sum，即 sum 的返回值
End Function　　　　　　　　　　　　　　　'函数结束

读者可以同样使用上面 Sub 过程例子所使用的方法，对该函数进行调用，函数有返回值则可以将其作为参数来使用，具体代码如图 9-19 所示。

```
Function sum(s As Integer) As Integer
    Dim temp, i As Integer
    temp = 0
    For i = 1 To s
        temp = temp + i
    Next i
    sum = temp
End Function
Private Sub CommandButton1_Click() 'Click事件开始
    Dim x As Integer
    x = InputBox("请输入要求和的整数：")
    MsgBox ("得到的求和是：" & sum(x))
End Sub 'Click事件结束
```

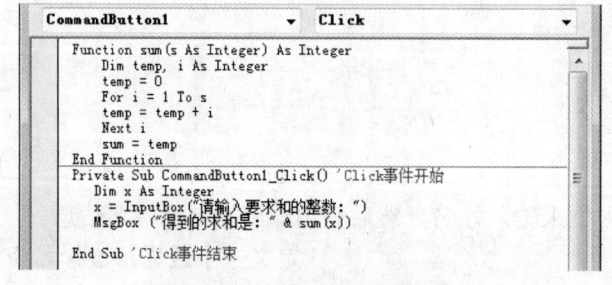

图 9-19　Function 过程的调用

除了通用函数过程，VBA 还有几种内置函数，如测试函数、数学函数、字符串函数、输入输出函数等，这些函数是已经设计好的，在使用的时候直接应用就可以，比如前面例子中我们已经使用的 InputBox 函数和 MsgBox 函数。其他函数有很多，这里不再一一介绍，在具体使用时再做详细讲解。

9.3.6 使用 VBA 制作 PPT 随堂测试实例

接下来即将进入实战部分，读者通过前面对 VBA 部分的学习应该对 VBA 有了一定的认识了，可能会感觉到比较难，或者对于前面的知识点还只是有一个笼统的概念，不用担心，只要多去做练习就能够掌握。在学习过程中要养成良好的习惯，对编写的每一句语句都需要去搞懂，通过积累，相信可以较快地掌握这门技术。

前面我们已经使用 Access 2013 制作好了需要使用的试题库，接下来要搭建试题的展示平台，也就是利用 PPT 的幻灯片通过放置控件来展示题目。下面的内容通过边做边分析来详细地描述制作过程。

1. 界面设计前的准备工作

（1）选择保存类型

打开 PowerPoint 2013 软件，使用 9.3.2 中讲述的方法先调出"开发工具"选项卡，然后新建一个"空白演示文稿"，将幻灯片中的占位符删除。将幻灯片保存，文件名为"Test"，保存类型选择"启用宏的 PowerPoint 演示文稿"，如图 9-20 所示，注意此处保存类型一定要启用宏不能选择普通演示文稿，否则将导致 VBA 脚本无法保存。

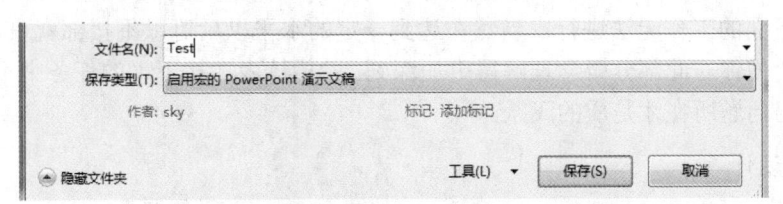

图 9-20　保存启用宏的 PowerPoint 演示文稿

（2）启用宏

PowerPoint 软件默认是关闭宏的，为了启用宏，需要打开"开发工具"选项卡→"宏安全性"，选择"宏设置"内容下面的"启用所有宏"，然后单击"确定"按钮，如图 9-21 所示。

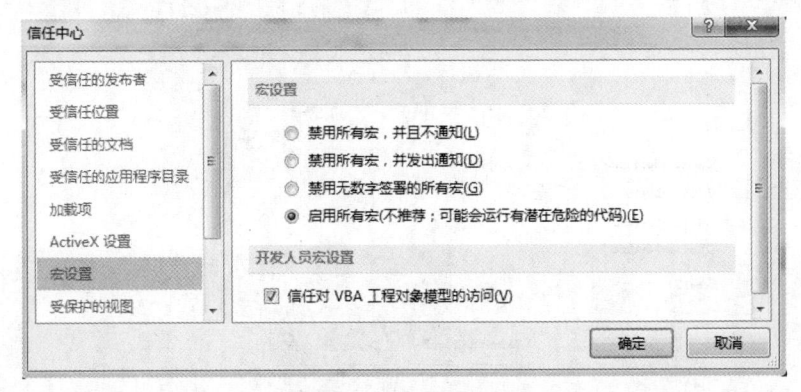

图 9-21　启用所有宏

（3）添加数据库引用

在 PowerPoint 中对于此数据库类型的引用默认是关闭的，没有此引用将无法对 Access 数据库进行操作，所以需要打开此引用。首先单击"开发工具"→"查看代码"，将弹出代码窗口。单击代码窗口主菜单中的"工具"→"引用"，打开"引用"对话框。找到"Microsoft ActiveX Data Objects 2.0 Library"选项，在左侧选择框中打钩，单击"确定"按钮，如图 9-22 所示。现在就可以在代码中进行数据库操作了。

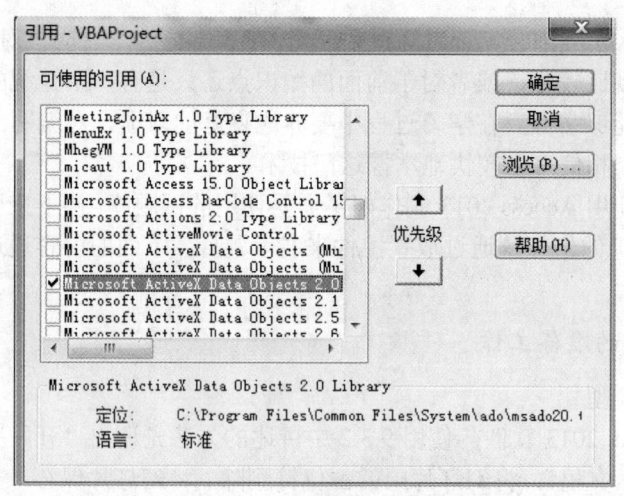

图 9-22　添加数据库引用

到此，界面搭建以前的准备工作就做完了。这些工作非常重要，以上三点一个都不能少，否则将导致下面的工作无法进行。当然在达到一定的水平以后可以不按部就班，很多时候在出问题以后会使你对此部分概念理解得更加深刻，希望读者在接下来的任务中不要害怕做错，做错了能找出问题所在才是质的飞跃。

2．界面设计

在 PowerPoint 界面上单击"开发工具"，在这里使用了 4 个控件，分别为：标签、文本框、命令按钮和选项按钮。将这些控件布局到幻灯片中，如图 9-23 所示。

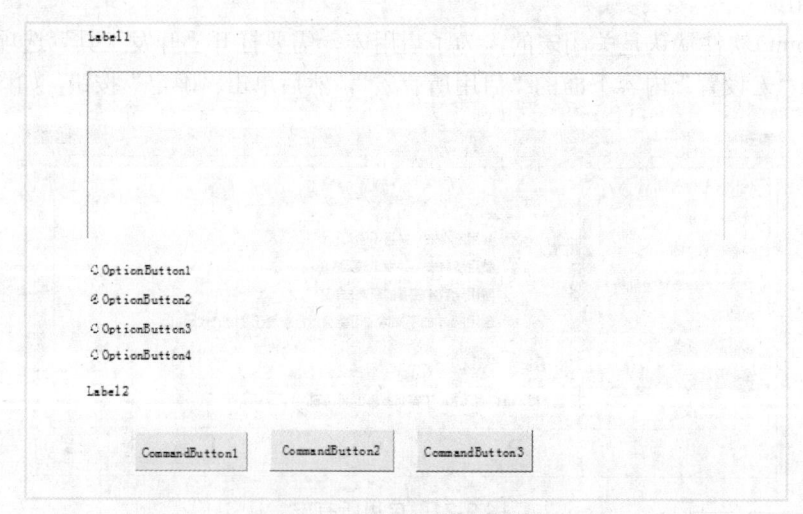

图 9-23　给幻灯片添加控件

接下来给这些控件重命名，以便在编写代码时更容易辨识，以图 9-23 中的"Label1"为例，该控件是用于显示题目类型用的，将其命名为"Title"，这就需要选中"Label1"控件打开其属性面板，选中"按分类序"。在"杂项"分类中找到"（名称）"属性，在右边输入"Title"，如图 9-24 所示，在"外观"分类中可以看到一个称为"Caption"的属性，该属性用于描述在幻灯片中显示的值，也就是我们在图 9-23 中看到的"Label1"，在这里可以将其清空（该操作也可以在代码中进行）。

用同样的方法给文本框"TextBox1"的"（名称）"属性改为"ItemContent"；选项按钮"OptionButton1"到"OptionButton4"的"（名称）"属性值分别改为"Option1""Option2""Option3""Option4"，其"Caption"属性值清空；标签"Label2"的"（名称）"属性值改为"Answer"，"Caption"属性值清空；命令按钮"CommandButton1"的名称属性值改成"ShowAnswer"，"Caption"

图 9-24　label1 的属性

属性的值改为"显示答案"；"CommandButton2"的"（名称）"属性值改成"PrevContent"，"Caption"属性的值改成"上一题"；"CommandButton3"的"（名称）"属性值改成"NextContent"，"Caption"属性的值改成"下一题"。到此所有控件的名称以及它们显示的值都已经设置结束，改完以后的界面应如图 9-25 所示。读者可能在图中看不到"Label1"控件和"Label2"控件，这是因为它们的"Caption"属性值被清空，从而不显示任何内容。

界面设计完成了，接下来的工作是需要从 Access 数据库中把试题读出来然后将其显示到刚设计完的界面中去。从上面的设计过程中，有心的读者应该已经发现每一个控件对应的是显示数据库中相应的字段。那么如何让数据库中的字段显示到控件当中去呢？接下来详细地描述该过程。

图 9-25　布局完成以后的设计界面

3. 代码设计

单击界面空白处，再选中"开发工具"选项卡，然后单击"查看代码"按钮打开代码窗口。

(1) 定义全局变量

① 定义 ADODB.Connection 对象：ADODB.Connection 对象用于创建一个达到某个数据源（数据库）的连接。通过此对象，可以对一个数据库进行访问和操作。定义对象时应使用保留字"New"，如：语句"Dim cn As New ADODB.Connection"，该语句定义了一个名为"cn"的 ADODB.Connection 的对象。

② 定义 ADODB.Recordset 对象：ADODB.Recordset 对象用于容纳一个来自数据库表的记录集，由记录和列（字段）组成。此对象是最重要且最常用于对数据库的数据进行操作的对象。如语句"Dim recordset As New ADODB.Recordset"，该语句定义了一个名为"recordset"的 ADODB.Recordset 的对象。

③ 定义一个 String 类型变量"sql"，用于传递 SQL 查询语句。

④ 定义两个整数型变量"ccount""rcount"。因为从数据库中读出的数据是用行列的方式存储在"recordset"中的，这里"ccount"用于表示读取记录时当前是第几行，而"rcount"表示总记录有多少行，这样就可以清楚地知道当前读到的是第一行还是最后一行。因为我们在设计功能时有"上一题"和"下一题"两个按钮，当读到第一行时，"上一题"按钮应该无效，而读到最后一行时，"下一题"按钮应该无效，详细代码如图 9-26 所示。

```
Dim recordset As New ADODB.recordset
Dim cn As New ADODB.connection
Dim constring, sql As String
Dim ccount, rcount As Integer
```

图 9-26　定义全局变量

(2) 定义过程

定义一个过程"ShowRecord()"用于将"recordset"中的记录填入到相应的控件当中去，详细代码如图 9-27 所示。

```
Sub ShowRecord()
        Title.Caption = recordset(1).Value
        Answer.Caption = recordset(8).Value
        ItemContent.Text = recordset(2).Value & "、" & recordset(3).Value
        Option1.Caption = recordset(4).Value
        Option2.Caption = recordset(5).Value
    If recordset(0).Value = "0101" Then
        Option3.Visible = False
        Option4.Visible = False
    ElseIf recordset(0).Value = "0102" Then
        Option3.Visible = True
        Option4.Visible = True
        Option3.Caption = recordset(6).Value
        Option4.Caption = recordset(7).Value
    End If
End Sub
```

图 9-27　ShowRecord( )过程代码

【代码说明】

语句 1 "Title.Caption = recordset（1）.Value"：将题目类型显示控件"Title"的"Caption"属性赋值为"recordset"对象当前行的第 2 列的值，"recordset"对象中的每一列可以按照数字来排列，第 1 列用 0 表示，第 2 列用 1 表示，如此第 n 列则用 n-1 来表示。读者可以在这里回顾一下 TestDb.accdb 中的 Test 表格，字段对应列的排序分别是："题目编号"（0）、"题目名称"（1）、"题号"（2）、"题目描述"（3）、"选项 1"（4）、"选项 2"（5）、"选项 3"（6）、"选项 4"（7）、"答案"（8）。那么语句 1 的意思就是把"题目名称"显示到"Title"控件中。

语句 2 "Answer.Caption = recordset（8）.Value"：参考语句 1，该语句的意思为将"答案"显示到"Answer"控件中。

语句 3 "ItemContent.Text = recordset（2）.Value & "、" & recordset（3）.Value"：该语句的意思是先将"题号"和"、"以及"题目描述"连接在一起，然后显示在"ItemContent"控件当中，注意由于"ItemContent"控件为文本框，没有"Caption"属性，其显示的文字要通过设置"Text"属性来实现。

语句 4 "Option1.Caption=recordset（4）.Value"：意为将"选项 1"显示到"Option1"控件当中。

语句 5 "Option2.Caption=recordset（5）.Value"：意为将"选项 2"显示到"Option2"控件当中。

语句 6 "If recordset（0）.Value="0101" Then"到语句 14 "End If"：该语句为"If…Else If…End If"结构，这是一个双重判断分支结构。这里使用该结构用于区分不同的题型而设置。如本例使用的题目类型有判断题和单选题两种题型，判断题只有 2 个选项，而单选题有 4 个选项，那么使用双重判断分支结构可以区分出判断题还是单选题，并且控制判断题的时候显示 2 个选项，单选题的时候显示 4 个选项，其实两者之间的区别在于是否显示"Option3"和"Option4"。语句 6 到语句 14 中使用的判断条件是"题型编号"，其中"0101"代表了判断题，"0102"代表了单选题。整个判断逻辑如下：语句 6 "If recordset（0）.Value = "0101" Then"判断"题型编号"是不是"0101"（判断题），如果是则执行语句 7 "Option3.Visible=False"和语句 8 "Option4.Visible=False"（判断题可以直接把"Option3"和"Option4"隐藏，并且不需要赋值）。语句 9"ElseIf recordset（0）.Value="0102" Then"判断"提醒编号"是不是"0102"（单选题），如果是则执行语句 10 "Option3.Visible=True"、语句 11 "Option4.Visible=True"、语句 12"Option3.Caption=recordset（6）.Value"和语句 13"Option4.Caption=recordset（7）.Value"（选择题则显示"Option3"和"Option4"，并且把"选项 3"赋值给"Option3"、"选项 4"赋值给"Option4"）。

到此整个"ShowRecord"过程结束。

（3）初始化

初始化是把变量等参数赋为默认值，把控件设为默认状态，把没准备的准备好。由于 PPT 退出播放以后程序中执行的代码不会结束，从而导致下次播放时出现错误，所以为了避免这些错误的发生应当使用初始化。这里介绍两个 VBA 内置的过程。

① OnSlideShowPageChange()过程。当 PPT 中单击"幻灯片放映"按钮时会执行该过程，那么需要初始化的一些事件就可以放在该过程中执行。在本例的该过程中初始化包括：设置数据库连接，设置 SQL 查询语句，为"recordset"对象读取数据库表格等，如图 9-28 所示。

```
Sub OnSlideShowPageChange()
    constring = "provider = microsoft.ace.oledb.12.0;" & "data source =" & ActivePresenta
    cn.ConnectionString = constring
    cn.Open
    sql = " select * from test"
    recordset.Open sql, cn, adOpenStatic, adLockReadOnly
    ccount = 1
    rcount = recordset.RecordCount
    Call ShowRecord
    NextContent.Enabled = True
    PrevContent.Enabled = False
End Sub
```

图 9-28 利用 OnSlideShowPageChange（）初始化

【代码说明】

语句1"constring="provider=microsoft.ace.oledb.12.0;"&"data source="& ActivePresentation. Path & "\TestDb.accdb；""（图9-28中一部分限于长度没有显示）：设置了一个链接字符串，其中"provider"是ADODB.Connection中用于设置或返回数据源的一个属性。"microsoft.ace.oledb.12.0"表示连接数据库的接口，Access 2010及2013版本都可以使用该接口。"data source"表示数据源。"ActivePresentation.Path"表示PPT演示文稿所在的目录名。"\TestDb.accdb"配合"ActivePresentation.Path"一起使用意为当前演示文稿所在目录下面的"TestDb.accdb"数据库，即演示文稿应和数据库文件放在同一目录，如果读者将数据库放在其他文件夹则不需要使用"ActivePresentation.Path"而应指明详细路径如"C：\TestDb.accdb"。那么语句1的作用就是给字符串变量"constring"赋了一个完整的数据源（包括了接口方式和详细位置）。

语句2"cn.ConnectionString = constring"：给"cn"对象的"ConnectionString"赋值，结果为语句1中数据源，这样"cn"对象就被告知其应该连接哪个数据源了。

语句3"cn.Open"："cn"对象得到数据源以后，执行"Open"方法打开数据源。

语句4"sql = " select * from test""：给字符串变量"sql"赋值，即从数据表"test"读出所有记录。

语句5"recordset.Open sql，cn，adOpenStatic，adLockReadOnly"："recordset.Open"通过4个参数完成将数据表读入。参数1"Source"可以是一个SQL查询（"sql"）；参数2"ActiveConnection"可以是一个已经打开的数据源连接（"cn"）；参数3"CursorType"指游标类型，用于在"recordset"的记录中移动（"adOpenStatic"表示可以任意移动，其他用户对记录的操作不可见，在本例中不需要考虑其他用户，因为这里只有单用户）；参数4"LockType"指并发控制，用于协调并发操作时使用的策略（"adLockReadOnly"表示用只读方式操作记录。本例中只读操作就可以满足需求）。那么语句5的作用就是"recordset"对象对"cn"对象所指数据源使用"sql"查询得到数据表中的内容，并且游标可以自由移动，并发控制使用只读操作。

语句6"ccount = 1"：设置当前记录"ccount"的位置为第1条，数据读取时默认总从第1条记录开始。

语句7"rcount = recordset.RecordCount"：设置记录总条数"rcount"为"recordset"对象读取的记录总数（"recordset.RecordCount"表示数据集总数）。

语句8"Call ShowRecord"：让数据显示到PPT幻灯片中的控件当中（即显示第1条记录），这是一个过程的调用语句，"ShowRecord"即前面定义的过程"ShowRecord（）"。

语句9"NextContent.Enabled=True"：设置命令按钮控件"NextContent"的状态为激活，即当记录为第1条时按"下一题"按钮是起作用的。

语句10"PrevContent.Enabled=False"：设置命令按钮"PrevContent"的状态为不激活，即当记录为第1条时按"上一题"按钮是不起作用的。

至此幻灯片放映时执行的初始化结束。

② OnSlideShowTerminate（）过程。即当PPT幻灯片结束放映（退出放映）时执行的过程。放映结束时应执行一些保护操作，如：关闭"recordset"对象（如果不关闭下次再播放时将会出错），关闭"cn"对象释放连接等，如图9-29所示。

```
Sub OnSlideShowTerminate()
    If recordset.State <> adStateClosed Then
        recordset.Close
        Set recordset = Nothing
        cn.Close
    End If
End Sub
```

图 9-29　OnSlideShowTerminate( ) 过程

【代码说明】

语句 1 "If recordset.State <> adStateClosed Then" 到语句 5 "End If"：是一个单条件结构，通过状态判断数据源和数据集是否关闭，没有关闭的则关闭。整个逻辑结构如下：

语句 1 "If recordset.State <> adStateClosed Then" 判断 "recordset" 对象的状态 "State"，如果该状态不是关闭的（"adStateClosed"）则执行语句 2 "recordset.Close" 关闭数据集，并执行语句 3 "Set recordset=Nothing" 释放 "recordset" 对象，再执行语句 4 "cn.Close" 关闭 "cn" 对象。至此当过程结束时把占用的对象就都释放了，从而避免了再次放映时发生错误。

（4）为各按钮添加代码

① 命令按钮 "显示答案"（即 "ShowAnswer"）：双击该按钮添加代码，如图 9-30 所示。

```
Private Sub ShowAnswer_Click()
Answer.Visible = True
End Sub
```

图 9-30　命令按钮 "ShowAnswer" 代码

【代码说明】

语句 1 "Answer.Visible = True"：让标签控件 "Answer" 显示，即通过设置 "Answer.Visible" 属性的值为 "True" 显示答案（"False" 表示不显示）。

② 命令按钮 "上一题"（即 "PrevContent"）：双击该按钮添加代码，如图 9-31 所示。

```
Private Sub PrevContent_Click()
    NextContent.Enabled = True
    Answer.Visible = False
    If ccount = 1 Then
     PrevContent.Enabled = False
    Else
     recordset.MovePrevious
     ccount = ccount - 1
     Call ShowRecord
    End If
End Sub
```

图 9-31　命令按钮 "PrevContent" 代码

【代码说明】

语句 1 "NextContent.Enabled = True"：设置命令按钮 "下一题" 为激活状态。

语句 2 "Answer.Visible = False"：当题目跳到下一题时，答案默认应该不显示，即只有当单击 "显示答案" 按钮以后才出现。

语句 3 "If ccount = 1 Then" 到语句 9 "End If"：这是一个单条件双分支结构。详细意义如下：

语句 3 "If ccount = 1 Then" 判断当前读到的记录是不是第 1 条，如果是则执行语句 4 "PrevContent.Enabled = False"，即让 "上一题" 按钮失效；否则则执行语句 6 "recordset.MovePrevious"，即让 "recordset" 对象中的记录游标向前一条移动（执行 "MovePrevious"

方法）；然后执行语句 7 "ccount = ccount-1"，即当前记录号应减去 1（如：当前记录为记录集的第 2 条，点了"上一题"以后应变为第 1 条），再执行语句 8 "Call ShowRecord"将更新以后的记录显示到控件当中去（即显示上一题）。

③ 命令按钮"下一题"（即"NextContent"）：双击该按钮添加代码，如图 9-32 所示。

```
Private Sub NextContent_Click()
    Answer.Visible = False
    PrevContent.Enabled = True
    If ccount = rcount Then
        NextContent.Enabled = False
    Else
        recordset.MoveNext
        ccount = ccount + 1
        Call ShowRecord
    End If
End Sub
```

图 9-32　命令按钮"NextContent"代码

【代码说明】

语句 1 "Answer.Visible = False"：当题目跳到上一题时，答案默认应该不显示，即只有当单击"显示答案"按钮以后才出现。

语句 2 "PrevContent.Enabled = True"：设置命令按钮"上一题"为激活状态。

语句 3 "If ccount = rcount Then"到语句 9 "End If"：这是一个单条件双分支结构，详细意义如下：

语句 3 "If ccount = rcount Then"判断当前读到的记录是不是最后一条，如果是则执行语句 4 "NextContent.Enabled = False"，即让"下一题"按钮失效；否则执行语句 6 "recordset.MoveNext"，即让"recordset"对象中的记录游标向后一条移动（执行"MoveNext"方法）；然后执行语句 7 "ccount = ccount +1"，即当前记录号应加 1（如：当前记录为记录集的第 1 条，点了"下一题"以后应变为第 2 条），再执行语句 8 "Call ShowRecord"将更新以后的记录显示到控件当中去（即显示下一题）。

至此整个实例就完成了，希望读者详细阅读本实例所讲解的每一条代码。在达到一定程度以后，读者可根据自己的需求编写自己的代码。本例中代码实现的效果的方法不是唯一的，读者也可以修改其中代码或按照自己的思路来完成同样的效果。通过本例希望读者对 VBA 编程有一个初步的认识。

9.4　Flash 中的数据库应用

9.3 节讲述了 Access 数据库在 PowerPoint 中的应用实例，本节将讲述 Access 数据库在 Flash 中的应用。读者在学习本节时，应该与 9.3 中的实例进行比较，找到其共通性，发现其不同点，这样才能更好地认识和掌握本章内容。

9.4.1　Flash 与数据库交互基本原理

实际上 Flash 是无法直接连接操作数据库的，但是确实可以和 ASP 网页进行数据交互，那么就可以借助 ASP 网页与数据库交互，从而使 Flash 间接地和数据库进行交互。其基本原理如图 9-33 所示。

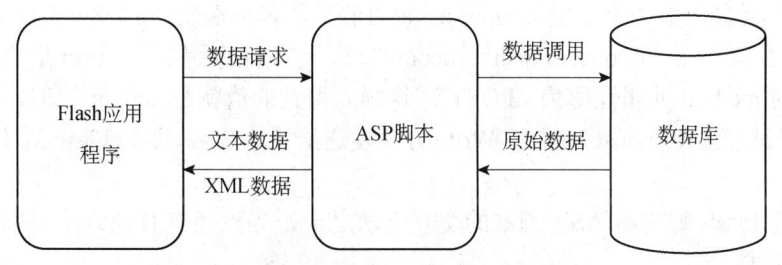

图 9-33　Flash 应用程序与 ASP、数据库的关系

1. LoadVars 类

Flash 提供了 LoadVars 类用于在 Flash 应用与服务端程序（如 IIS 服务器）之间传输变量。可以对 LoadVars 类的 sendAndLoad 方法与 ASP 脚本页进行数据传递，从而得到或者发送其中的相关变量信息。

（1）LoadVars 类的主要方法

LoadVars.load（）：从指定的 URL 下载变量。

LoadVars.send（）：将变量通过 LoadVars 对象传送到 URL。

LoadVars.sendAndLoad（）：将变量通过 LoadVars 对象传送到 URL，并将服务器的响应下载到目标对象。

（2）LoadVars 类的一些主要属性

LoadVars.loaded：指 load 或 sendAndLoad 操作是否完成的布尔值（True 表示已完成，False 表示未完成）。

LoadVars.onLoad：该事件在完成 load 或 sendAndLoad 操作时调用。

本节实例中使用了 LoadVars.sendAndLoad 与 LoadVars.onLoad 完成了与 ASP 脚本的交互。

2. ASP 脚本与 Flash 应用的交互

ASP 脚本可使用 Response 对象的 Write 方法响应客户端的请求，并向客户端动态地发送响应数据。可使用 Request 对象来收集客户端的请求，如可以使用 Form 集合来获取客户端提交的表单中的内容（客户端提交表单的 method 属性值必须为"POST"）。

用简单代码来表述 ASP 脚本与 Flash 应用程序之间的交互，如下所示：

在 Flash 脚本中（AS2.0）：	在 ASP 页面中：

var send_lv:LoadVars = new LoadVars();
var result_lv:LoadVars = new LoadVars();
send_lv.ccount = 1;
send_lv.sendAndLoad("http://192.168.3.10/accessconn.asp",
result_lv,"POST");
	Dim msg
	Dim a
	a = Request.Form("ccount")
	msg = "Hello!"
	Response.Write(msg)

上面代码的大致意义是：

Flash 应用程序定义了两个 LoadVars 类型的对象 send_lv 与 result_lv。在 send_lv 对象中加入一个变量 ccount 并赋予值为 1，send_lv 通过 sendAndLoad 方法将 ccount 变量和它的值一起发送给服务器中的 asp 脚本页（http：//192.168.3.10/accessconn.asp），表单的 method 属性值为

231

"POST",并且将表单响应的结果存储到 result_lv 对象中。

ASP 脚本页定义了 2 个变量 msg 与 a。a 的值是从客户端发送的表单中获取的,即 Flash 脚本中发送的内容(a = Request.Form("ccount"))。这里注意用到了 Form 集合,这势必要求客户端提交的 method 的属性值为"POST",这样 a 得到的值就是 ccount 的值,也就是 1。msg 的值"Hello!"则通过 Response 对象的 Write 方法发送给了客户端,即为 Flash 脚本中的 result_lv 对象得到。

以上就是 Flash 脚本与 ASP 脚本的交互方法之一,当然还有其他方法可以进行交互,这里不再一一详述。

3. ASP 脚本与 Access 数据库的交互

在 9.3 节中使用已经讲述了 VBA 与数据库的交互方法,ASP 脚本的语法也选择使用 VBScript。两者基本一致,详细方法将出现在具体实例中,这里暂不赘述。

9.4.2　Flash 脚本与数据库交互应用实例

读者在 9.4.1 中了解了 Flash 与数据库交互的基本原理,接下来的实例是将 9.3 节中的随堂测试实例通过 Flash 来实现。对于数据库的建立请详细参考 9.3 节这里不再重复。接下来要完成的任务包括:搭建 IIS 服务器、编写 ASP 脚本页及 Flash 应用。

1. 搭建 IIS 服务器

这里使用的 IIS 服务器搭建在本地,操作系统使用的是 Windows 7。详细步骤如下:

(1)单击"开始"菜单→控制面板,在控制面板中单击"程序",再在程序面板中单击"打开或关闭 Windows 功能",出现"Windows 功能"窗体。单击"Internet 信息服务"左边的复选框使其出现被选状态,如图 9-34 所示。

(2)单击"Internet 信息服务"左边的"+"号,然后单击"万维网服务"左边的"+"号,接下来单击"应用程序开发功能"左边的"+"号,在"ASP"左边复选框中打钩,如图 9-35 所示,然后单击"确定"按钮。

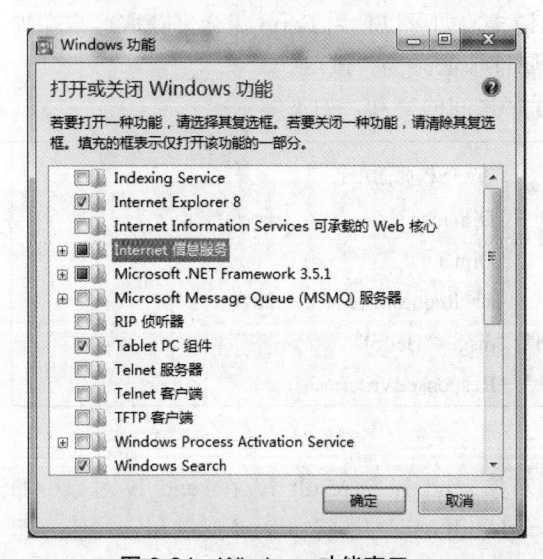

图 9-34　Windows 功能窗口 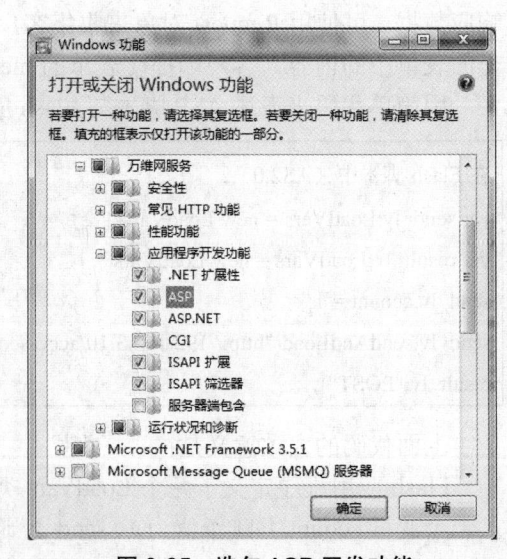　　　　图 9-35　选勾 ASP 开发功能

(3)打开 IIS 服务器管理程序。可以通过按键盘上的"Win"键弹出开始菜单，然后在搜索框中输入"IIS"会出现"Internet 信息服务（IIS）管理器"的快捷连接，如图 9-36 所示。

(4)单击打开 IIS 管理器，如果系统是 64 位的操作系统，还需要启用 32 位应用程序（因为 ASP 不支持 64 位），单击"应用程序池"，在最右侧"操作"选项卡下单击"设置应用程序池默认设置"出现"应用程序池默认设置"窗口，在"启用 32 位应用程序"右侧的下拉框中选中 True（默认为 False），然后单击"确定"按钮如图 9-37 所示。

图 9-36　打开 IIS 管理程序

(5)搭建自己的网站。右击"网站"再选择"添加网站"，出现"添加网站"窗口。添加网站名称（如：Test）、添加网站物理路径（如：E:\Test）、选择 IP 地址为本机地址（如：192.168.3.10 为本机地址）、修改端口号（如：8080），单击"确定"按钮，如图 9-38 所示。注意此处端口号不能和其他端口冲突，否则网站将无法启动，修改端口以后也将导致在访问网站时需要携带端口号（HTTP：//192.168.3.10：8080）不携带则默认使用 80 端口。

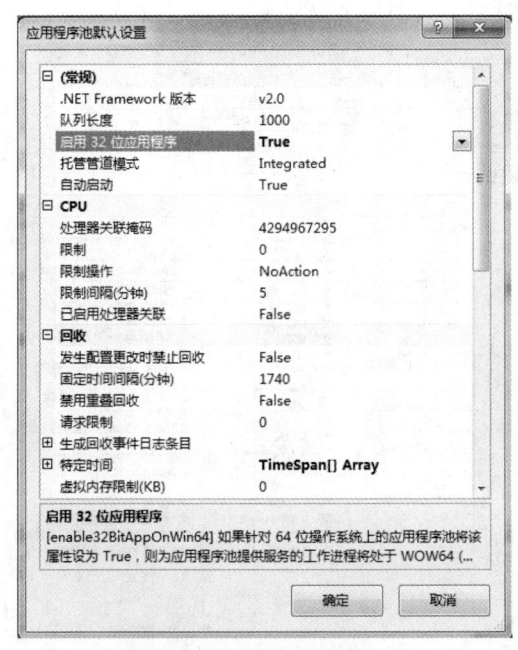

图 9-37　启用 32 位应用程序

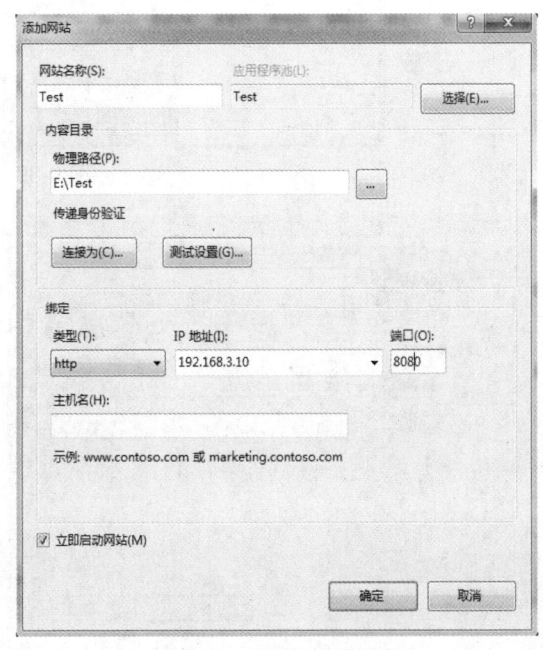

图 9-38　新建 Test 网站

2．建立 ASP 脚本页

(1)新建站点

打开 Dreamweaver CS6 软件，在主菜单中单击"站点"→"新建站点"，弹出对话框，在对话框中输入站点名称和本地站点文件夹，这里使用"Test"作为站点名称，本地站点文件夹选择"E：\Test\"，如图 9-39 所示。单击左侧"服务器"选项再单击"+"号添加调试服务器。在弹出对话框中的"基本"选项卡下，修改服务器名称（如：Test，此处可不改，但在操作时尽量保持命名一致）；连接方法下拉框选择"本地/网络"；填写服务器文件夹地址（如 E:\Test，该物理地址与 IIS 中的地址一致）；填写 Web URL（如：http：//192.168.3.10：8080/，此处设置与 IIS 中的主机地址设置一致，因为调试需要使用 IIS 环境，其中 192.168.3.10 为作者的本机地址，读者在应用时应使用自己的机器地址），最后单击"保存"按钮如图 9-40 所示。

（2）新建 ASP 网页

按快捷键 Ctrl+N 弹出新建文档窗口，在页面类型中选择"ASP VBScript"，布局选择"无"，单击右下方"创建"按钮新建一张 ASP 网页，如图 9-41 所示。

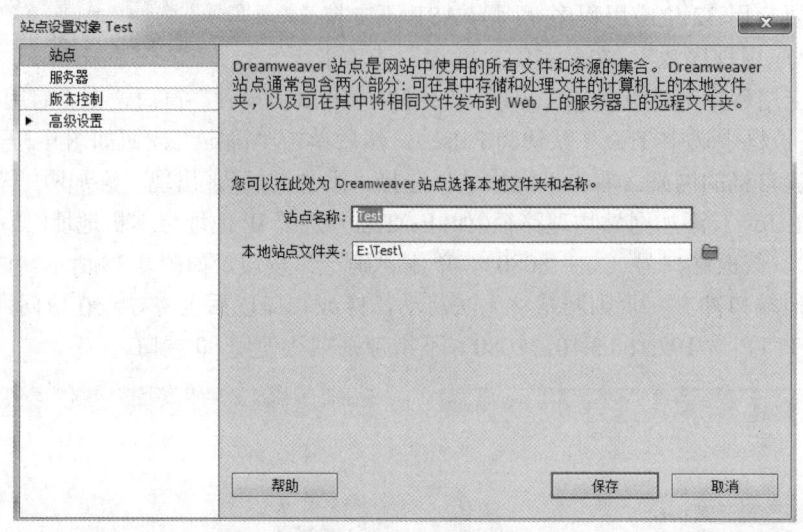

图 9-39 新建站点

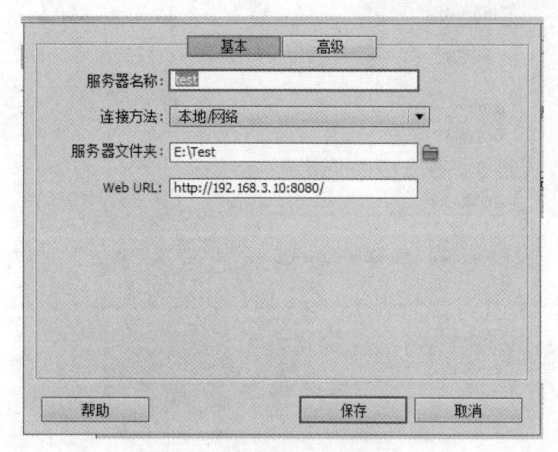

图 9-40 新建测试服务器

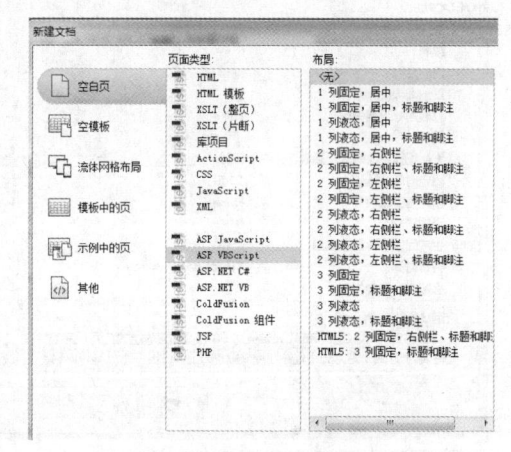

图 9-41 新建 ASP VBScript 网页

（3）编写 ASP 脚本

新建网页以后编写 ASP 脚本代码如下：

① 将第一行中的"CODEPAGE="65001""中的 65001 改为 936（防止在 Flash 中出现乱码），如下所示：`<%@LANGUAGE="VBSCRIPT" CODEPAGE="936"%>`。

② 使用"<%"与"%>"新建代码段（VB 代码必须写在这一对符号之内）。在此代码段中完成数据库的连接以及与 Flash 的交互。具体代码如下：

```
<%
dim sqlstr
```

```
dim content
set conn = server.CreateObject（"adodb.connection"）
   conn.open "provider = microsoft.ace.oledb.12.0；data source ="&Server.MapPath（"testDb.accdb"）
set rcdset   = server.CreateObject（"adodb.recordset"）
sqlstr = "select * from test"
rcdset.open sqlstr，conn，1，1
'以上代码为连接数据库并从数据库中将原始数据读入到 rcdset 数据集中
rcdset.AbsolutePosition = Request.Form（"ccount"）
   content ="&Txmc="&rcdset（1）&"&Tmbh="&rcdset（2）&"&Tmms="&rcdset（3）&"&Xx1="&rcdset（4）
&"&Xx2="&rcdset（5）&"&Xx3="&rcdset（6）&"&Xx4="&rcdset（7）&"&Da="&rcdset（8）&"&"
Response.Write（content）
   rcdset.close
   conn.close
%>
```

【代码说明】

数据库连接部分从"dim sqlstr"行到"rcdset.open sqlstr，conn，1，1"行是 Access 数据库连接部分，这一部分与 9.3 节中 VBA 连接 Access 数据库基本相同，不再赘述。要注意的是"conn.open "provider = microsoft.ace.oledb.12.0；data source ="&Server.MapPath（"testDb.accdb"）"行与 9.3 节中 VBA 的连接串有一个不同点在于两者的"data source"，这里使用了"Server.MapPath（"testDb.accdb"）"作为数据库的位置，意为当前目录下的"testDb.accdb"，即数据库和当前页在同一个目录下。

语句"rcdset.AbsolutePosition=Request.Form（"ccount"）"意为从提交表单页中提取"ccount"的值，并将这个值作为定位赋值给数据集"rcdset"的"AbsolutePosition"属性，即"rcdset"指向的记录为第"ccount"条，也就是从题库里面读取第"ccount"题。"AbsolutePosition"属性用于设置或返回一个值，此值可指定 Recordset 对象中当前记录的顺序位置（序号位置）。

语句"content="&Txmc="&rcdset（1）&"&Tmbh="&rcdset（2）&"&Tmms="&rcdset（3）&"&Xx1="&rcdset（4）&"&Xx2="&rcdset（5）&"&Xx3="&rcdset（6）&"&Xx4="&rcdset（7）&"&Da="&rcdset（8）&"&""是将当前指向的题目按字段读取出来给变量"content"，以便发送给 Flash 应用程序。这里需要注意的是赋值的格式，让 Flash 应用程序按照以变量的方式读取数据需要并用""&变量名称=变量值&""这样的格式发送，否则 Flash 将无法辨认。如 rcdset 中记录的答案存储在 rcdset（8）位置（即数据库中的"答案"字段），那么在给 Flash 应用程序传递变量时（这里以"Da"作为变量名）应写为 "&Da="&rcdset（8）&"&""（不同的字符串使用"&"符连接，注意""中的"&"当作普通字符，而""外的"&"则是连接符）。

语句"Response.Write（content）"意为将"content"的值通过"Response"对象的"Write"方法输出给 Flash 应用程序。

语句"rcdset.close"与"conn.close"用于操作完成以后关闭数据集和数据库连接。这就好比物品使用完后请放回原处。

到此整个 ASP 脚本就编写完成了，最后的任务只要在 Flash 应用程序里将数据布局显示。

3. 建立 Flash 应用页

（1）建立 Flash 布局页

① 打开 Flash CS6 软件，新建文档（Ctrl+N），选择使用"ActionScript2.0"脚本，设置宽度为 640 像素，高度为 480 像素，单击"确定"按钮完成建立。

② 建立 3 个图层分别命名为"内容""按钮""action"，如图 9-42 所示。

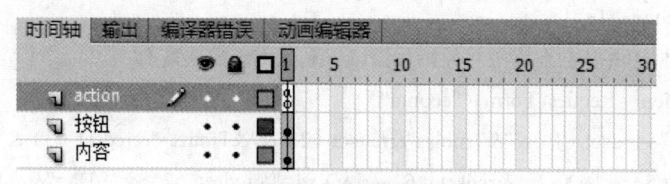

图 9-42　建立图层

③ 选择"内容"图层加入动态文本框（由于得到的数据是从变量中获取的，此处使用动态文本框最合适），并且在动态文本框的属性面板中给动态文本框加上实例名称，如图 9-43 所示。

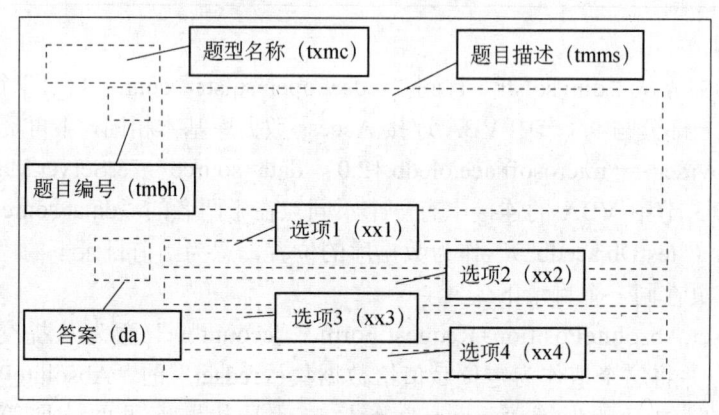

图 9-43　动态文本框布局及其实力名称

④ 选择"按钮"图层，添加按钮，此处按钮请读者动手制作。按钮包括 3 个普通按钮（"答案""上一题""下一题"）和一个隐形按钮（用于选择使用），完成对按钮的布局，如图 9-44 所示。

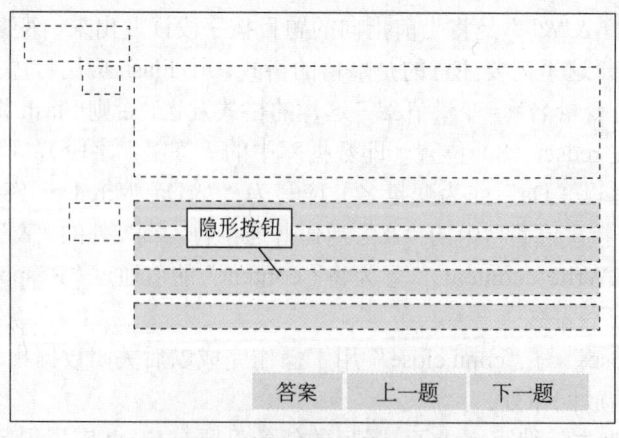

图 9-44　按钮及隐形按钮的布局

（2）添加 Flash 脚本

① 添加帧动作。选择"action"图层的第 1 帧并右击，选择动作添加如下脚本：

```
System.useCodepage = true;
var send_lv：LoadVars = new LoadVars（）;
var result_lv：LoadVars = new LoadVars（）;
stop（）;
send_lv.ccount = 1;
send_lv.sendAndLoad（"http：//192.168.3.10/accessconn.asp"，result_lv，"POST"）;
result_lv.onLoad = function（success）{
    if（success）{
        txmc.text = result_lv.Txmc；
        tmbh.text = result_lv.Tmbh+"、";
        tmms.text = result_lv.Tmms；
        xx1.text = result_lv.Xx1；
        xx2.text = result_lv.Xx2；
        xx3.text = result_lv.Xx3；
        xx4.text = result_lv.Xx4；
    }
};
```

【代码说明】

语句"System.useCodepage = true;"：通知 Flash Player 是使用 Unicode 来解释外部文本文件，还是使用运行播放器的操作系统的传统代码页来解释外部文本文件（默认为 False）。当该属性设置为 False 时，Flash Player 按 Unicode 解释外部文本文件。当该属性设置为 True 时，Flash Player 使用运行播放器的操作系统的传统代码页来解释外部文本文件。该语句用于处理一些乱码现象，如果在 Flash 应用显示外部内容时出现乱码可以使用该设置。

语句"var send_lv: LoadVars = new LoadVars（）;"：定义一个 LoadVars 类型实例"send_lv"用于将数据传递给服务器。

语句"var result_lv: LoadVars = new LoadVars（）;"：定义一个 LoadVars 类型实例"result_lv"用于接受来自服务器的数据。

语句"stop（）;"：将帧停止于当前帧。虽然本例只有 1 帧，但是 Flash 默认的是循环播放的，为了防止循环播放则在此处应使用"stop（）;"。

语句"send_lv.ccount = 1;"：给"send_lv"添加一个变量"ccount"并且赋值为 1，用于传递一个初始值给服务器，当服务器收到该变量（ASP 脚本中的"rcdset.AbsolutePosition = Request.Form（"ccount"）"即读取的是该值）时就知道读取的是哪一条记录。

语句"send_lv.sendAndLoad（"http：//192.168.3.10/accessconn.asp"，result_lv，"POST"）;"：使用了 LoadVars 对象的"sendAndLoad"方法将"send_lv"中的变量发送给服务器并且要求响应。该语句中第一个参数是 URL 地址，即位于服务器接收数据的 ASP 脚本页（本机的 http：//192.168.3.10/accessconn.asp）；第二个参数是服务器响应的接收者（即要求响应的数据发送给"result_lv"）；第三个参数是发送表单 method 方法设置为"POST"（与 ASP 脚本中的

"Request.Form（"ccount"）"相对应）。

语句"result_lv.onLoad = function（success）{"到结束"};"：是 LoadVars 类 onLoad 事件的一种标准写法，意为当"result_lv"加载成功时则执行语句中的"if（success）{"与"}"之间的部分。也就是当"result_lv"得到服务器的响应时，将服务器发送的数据做处理，此处的处理是将服务器中的数据按变量名称读取出来分别存放到相应的动态文本框中去（如："txmc.text = result_lv.Txmc；"就是将实例名称为"txmc"的文本赋值给响应数据中提取出来的变量"Txmc"的值），该结构中没有给显示答案的动态文本框"da"赋值，是因为答案只有在单击"答案"按钮时再显示。

脚本添加完成以后可以尝试发布 Swf 文件并播放，一切顺利应该出现以下结果，如图 9-45 所示。

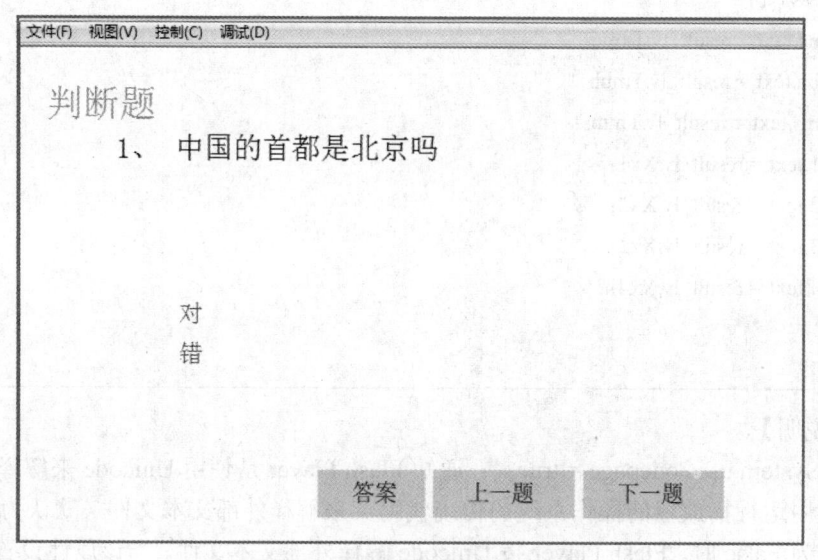

图 9-45　AS 脚本读取数据库结果

② 添加按钮动作。右击"答案"按钮选择"动作"，添加按钮动作如下：

```
on（release）{
    da.text = result_lv.Da;
}
```

【代码说明】

响应鼠标释放事件"release"，让动态文本框"da"的文本赋值为服务器响应数据中的变量"Da"的值。

右击"上一题"按钮选择"动作"，添加按钮动作如下：

```
on（release）{
    xx1.textColor = 0xcc0099;
    xx2.textColor = 0xcc0099;
    xx3.textColor = 0xcc0099;
    xx4.textColor = 0xcc0099;
```

```
        da.text = "";
    if（send_lv.ccount > 1）
    {
        send_lv.ccount--;
    }
    send_lv.sendAndLoad（"http：//192.168.3.10/accessconn.asp", result_lv, "POST"）;
    result_lv.onLoad = function（success）
    {
        if（success）
        {
            txmc.text = result_lv.Txmc；
            tmbh.text = result_lv.Tmbh + "、";
            tmms.text = result_lv.Tmms；
            xx1.text = result_lv.Xx1；
            xx2.text = result_lv.Xx2；
            xx3.text = result_lv.Xx3；
            xx4.text = result_lv.Xx4；
        }
    };
}
```

【代码说明】

响应鼠标释放事件"release"，先重置 4 个选项的颜色（如语句：xx1.textColor = 0xcc0099；）。由于这里使用改变颜色来表示答题时所做的选择，因此进入下一题时应将颜色复原。语句中通过设置动态文本框的"textColor"属性来改变颜色，颜色为用 16 进制数表示的数值（用 0x 开头表示 16 进制）。

语句"da.text ="";"：重置答案文本框不显示答案。

语句"if（send_lv.ccount > 1）"：判断当前的题号大于 1（即当前不是第 1 题），如果是则执行语句"send_lv.ccount--;"，即当前不是第 1 题则还可以有上一题，否则表示目前已经是第 1 题了（不能再有上一题）。

接下来部分在帧动作中已经讲述，这里不再重复。

右击"下一题"按钮在弹出的快捷菜单中选择"动作"，添加按钮动作如下：

```
on（release）{
    xx1.textColor = 0xcc0099；
    xx2.textColor = 0xcc0099；
    xx3.textColor = 0xcc0099；
    xx4.textColor = 0xcc0099；
    da.text = "";
    if（send_lv.ccount < 6）
    {
```

```
            send_lv.ccount++;
    }
    send_lv.sendAndLoad（"http：//192.168.3.10/accessconn.asp", result_lv, "POST"）;
    result_lv.onLoad = function（success）
    {
        if（success）
        {
            txmc.text = result_lv.Txmc;
            tmbh.text = result_lv.Tmbh + "、";
            tmms.text = result_lv.Tmms;
            xx1.text = result_lv.Xx1;
            xx2.text = result_lv.Xx2;
            xx3.text = result_lv.Xx3;
            xx4.text = result_lv.Xx4;
        }
    };
}
```

【代码说明】

此处代码基本与"上一题"按钮相同，唯一不同的是此处需要判断是否达到最后一题。语句"if（send_lv.ccount < 6）"用于判断当前的题号（第几题）是否小于6（6为数据库里题目的总数，这里直接使用而没有使用让程序自动获取是因为如果自动获取代码会相对复杂，有些过程容易混淆所以选择直接使用，有兴趣的读者可以自己尝试），如果是则表示没有到达最后一题，执行语句"send_lv.ccount++;"题号+1；如果不满足（即 send_lv.ccount 大于或等于6）则表示到达最后一题不再执行题号+1。

右击选项1上方的"隐形"按钮在弹出的快捷菜单中选择"动作"，添加按钮动作如下：

```
on（release）{
    xx1.textColor = 0x00ff00;
    xx2.textColor = 0xcc0099;
    xx3.textColor = 0xcc0099;
    xx4.textColor = 0xcc0099;
}
```

【代码说明】

该按钮动作改变了当前选项的颜色，并且选择以后需要还原其他选项的颜色。读者此处应能根据上面按钮"上一题"中的代码说明看懂此处代码。

剩下的选项2到选项4则留给读者自行思考该如何写代码。

至此整个实例就完成了，希望读者详细阅读本实例中所讲解的每一条代码。在达到一定程度以后，读者可根据自己的需求编写自己的代码。本例中代码实现的效果的方法不是唯一的，读者也可以修改其中代码或按照自己的思路来完成同样的效果。通过本例希望读者对

Flash 脚本连接数据库有一个初步的认识。

练习与思考 9

1. 尝试使用 PPT 加 Acesss 制作一个课堂练习，在里面包含判断题、单选题和多选题。
2. 尝试使用 Flash 加 Access 制作一个课堂练习，在里面包含判断题、单选题和多选题。

参考文献

[1]（美）萨尔曼·可汗. 翻转课堂的可汗学院——互联时代的教育革命［M］. 杭州：浙江人民出版社，2014.

[2] 王国辉. 微课在高中信息技术教学中的应用浅析［J］. 信息化教学，2013（31）.

[3] 晋春等. 高校课程化微课视频的设计与实践［J］. 现代教育技术，2016（3）.

[4] 王岚，张一春，微课的评价指标体系研究［J］. 教育现代化，2015（5）.

[5] 杨欢耸. 现代教育技术［M］. 上海：上海交通大学出版社，2015.

[6] 周文君，张玲，张晓彬. PowerPoint 2010 多媒体课件制作案例教程［M］. 上海：上海交通大学出版社，2015.

[7] 刘嫔，张卉. PowerPoint 多媒体课件制作案例教程［M］. 北京：人民邮电出版社，2015.

[8] 何克抗，吴娟. 信息技术与课程整合［M］. 北京：高等教育出版社，2007.

[9] 杨欢耸. Authorware 多媒体课件的制作与开发［M］. 杭州：浙江大学出版社，2008.

[10] 詹国华. 大学计算机应用基础教程2版［M］. 北京：清华大学出版社，2010.

[11] 姜忠元. 现代教育技术基础［M］. 北京：中国社会科学出版社，2013.

[12] 张剑平. 现代教育技术［M］. 北京：高等教育出版社，2013.

[13] 刘美凤. 多媒体课件教学设计［M］. 北京：高等教育出版社，2013.

[14] 张洪定，王岚. 多媒体课件制作技术［M］. 北京：高等教育出版社，2014.

[15] 朱施南. 现代教育科学探秘［M］. 武汉：武汉理工大学出版社，2003.